U0677855

中部地区农村幼儿教师专业发展探究

汪瑜 著

湖北省人文社科重点研究基地农村教育与文化研究中心项目『农村幼儿教师专业发展的现状调查及对策研究』（项目号：2020—20JZ08）成果

WUHAN UNIVERSITY PRESS
武汉大学出版社

图书在版编目（CIP）数据

中部地区农村幼儿教师专业发展探究/汪瑜著.—武汉：武汉大学出版社,2022.11
ISBN 978-7-307-23190-0

Ⅰ.中…　Ⅱ.汪…　Ⅲ.乡村教育—幼教人员—师资培养—研究—中国　Ⅳ.G615

中国版本图书馆 CIP 数据核字（2022）第 132780 号

责任编辑:沈继侠　　　责任校对:鄢春梅　　　整体设计：韩闻锦

出版发行：武汉大学出版社　（430072　武昌　珞珈山）
（电子邮箱：cbs22@ whu.edu.cn　网址：www.wdp.com.cn）
印刷:武汉邮科印务有限公司
开本:720×1000　1/16　印张:16.75　字数:280 千字　插页:1
版次:2022 年 11 月第 1 版　　2022 年 11 月第 1 次印刷
ISBN 978-7-307-23190-0　　定价:58.00 元

版权所有，不得翻印；凡购我社的图书，如有质量问题，请与当地图书销售部门联系调换。

前　　言

《教师教育课程标准（试行）》关于幼儿园教师教育课程设置的内容中，"教师教育发展"被列为职业道德与职业发展领域的课程模块，这是幼儿园教师教育课程改革的重大举措，也是幼儿园教师培养和高素质、专业化队伍建设的标志性课程。

幼儿园教育有其特殊性和自身的规律，幼儿园教师专业与其他教师专业相比既有共性，又有其独特性。幼儿园教师是履行幼儿园教育工作职责的专业人员，是幼儿学习活动的支持者、合作者、引导者，是幼儿健康发展的促进者，需要经过严格的培养和培训。通过严格的培养，帮助幼儿教师形成正确的教育信念和责任感，具备一定的教育知识和教育能力，获得教育实践经历与体检，形成问题意识，培养一定的解决问题的能力，奠定专业发展基础。

基于此，本书的编写尝试解决以下三个问题：一是如何体现育人为本、立德树人、立教圆梦的幼儿园教师的教育理念；二是怎样把专业认知和实践取向相结合，引导幼儿园教师发现和解决实际问题，在学习和实践过程中建立职业信念，积累专业发展经验；三是如何落实并贯彻幼儿园教师的专业性和独特性。编者经过反复思考考证，按照以下要求编写本书：

第一，编写指导思想。以《教师教育课程标准（试行）》《幼儿园教师专业标准（试行）》为基本依据，突出幼儿园教师的职业特点和专业要求，体现教师教育专业特色。

第二，编写原则。坚持职前学习与职后应用相结合、理论与实践相结合、专业引领与案例分析相结合、可读性与直观性相结合，体现实践取向的职业教育特点。

第三，编写体例。基于学习对象及其特点，本书分为八章：第一章，幼儿教师专业发展的背景；第二章，幼儿教师专业的发展；第三章，幼儿园教师专业发展的基本标准与要求；第四章，幼儿教师专业发展的现状；第五章，某中部地区农村幼儿教师专业发展的现状调查研究；第六章，中部地区农村幼儿教师专业发展的路径分析；第七章，中部地区幼儿教师专业发展的支持策略；第八章，幼儿园教师的专业发展规划。

　　本书每章以正文娓娓道来、务实求真、学以致用的文风，采用图文并茂、理论联系实际、简明易懂的编写方式，以期引导学习者自主阅读，达到自主学习，揣摩提高的学习目的和效果。本书主要供高等学校学前教育专业和幼儿师范院校的学生使用，幼儿园教师（转岗教师、从事学前教育的非学前教育专业的毕业生）、幼教管理干部均可使用。

汪　瑜

2021 年 11 月

目　　录

第一章　幼儿教师专业发展的背景

教师这一职业，既古老又悠久，它的产生经历了一个缓慢的过程。在原始社会末期，由于剩余产品的出现使得社会上一部分人可以不直接参加生产劳动，人类社会产生了第一次大分工，造成了阶级分化，人类走进阶级社会。[①]阶级分化造成了体脑劳动的分离，也造成了僧侣和官吏对文字的垄断，其结果是僧侣和官吏同时掌握了通过文字记载的生产和生活经验的传授资格，因此，历史上出现过"以僧侣为师"和"以吏为师"的现象。

在古代的两河流域，寺庙是社会生活的中心，它不仅具有宗教功能，而且兼有社会经济方面的多种功能。寺庙里有较为充实的图书资料和观象台等设备，在社会急需文士的情况下，寺庙就成为了教育的场所，僧侣承担了教师的职能。在古代埃及，宫廷学校的教师都是由法老选派的有学识的官员兼任，也就是"以吏为师"；在古代印度，不断兴起的佛教教育替代了父亲所承担的教育子女的职责。在以寺庙为基地进行教育活动的过程中，僧侣承担着教师的职责；在中国古代，"学在宫府"也是"以吏为师"的。从西周开始到明清时期，国学、乡学的教师无一不由现职官员和退休官员担任。中西方古代以僧侣、官吏兼而为师的现象有深刻的社会根源：一是阶级分化造成了统治阶级对文字和知识的垄断；二是人类发展处于低级阶段，生产力水平不高，不能提供一批不为官而专门施教的教师。

在中国的春秋战国时期，随着社会政治与经济的发展，出现了"士"阶层。他们以自己掌握的文化知识兴办私学，教书育人，打破了"学在官府"的局面。在"士"阶层中产生了中国最早的专职教师和教育家，如孔子就是士阶层中最杰出的教师和教育家。教师的出现促进了文化知识的创造和传播，打破了统治集团对知识和教育的垄断，活跃了当时的民主政治气氛。自此，教

[①]　刘启艳. 论教师教育的内涵及必然性 [J]. 贵州教育学院学报，2003（5）：8-11.

师，以传授知识作为专门职业的角色出现在了历史舞台上。

第一节 教师职业的性质

教师是一种专门职业已毋庸置疑，早在 1966 年国际劳工组织、联合国教科文组织就召开了"教师地位之政府间特别会议"，并发表《关于教师地位的建议》，强调教师的专业性质。建议中明确指出：教育工作应被视为专门职业，它是一种公共业务。这种职业要求教师经过严格而持续不断的学习和研究获得并维持专业知识和专门技能；它还要求对所辖学生的教育和福利具有个人及共同的责任感。这里不仅强调教师是一种专门职业，更主要的是对教师提出了更高的要求，要求教师不仅具有广阔的文化视野，还要有高度的学科专业水平；要求教师不仅有崇高的职业道德，还必须有较高的理论水平和相应的能力。1994 年我国颁布的《教师法》规定：教师是履行教育教学职责的专业人员。这从法律的角度确认了教师的专业地位。但是对照职业专业化标准，我国教师专业发育还不成熟，表现在以下几个方面：①从整体来看，我国中小学教师的专业知识和专业能力不够强。②教师缺乏自主权，表现在教师的依赖性，依赖专家；表现在教师的服从性，服从教育行政部门的指令，教师、学生、家长很少参与决策，教育民主化不够。③缺少专业团体，很少组织学术讨论等专业活动。④目前教师职业还没有成为公众仰望的一种职业。我国教师职业发展还没有完全达到专业化程度，所以必须通过改革，加快教师专业化进程，提高教师专业化水平，促进教师教育向专业化方向发展。

一、厘清对教师专业化的认识

通常随着一个国家对教师职业专业化认可度的提高，教师的社会经济地位会得到提升，师范生生源质量能得到提高，教师教育的物质条件等也将有所改善。

教师专业化是国际教育的趋势。从世界各国的情况来看，教师专业化确实是国际教育的趋势。20 世纪 80 年代以来，教师专业化则形成了世界性的潮流，极大地推动了许多国家教师教育新理念和新制度的建立。1986 年，美国的卡内基工作小组、霍姆斯小组相继发表《国家为培养 21 世纪的教师作准备》《明天的教师》两个重要报告，同时提出以教师的专业性作为教师教育改革和教师职业发展的目标。20 世纪 80 年代末，英国开始实施教师聘任制和教师证书制度，教师专业化进程不断加快。1989—1992 年，经济合作与发展组织（OECD）相继发表了一系列有关教师及教师专业化改革的研究报告，如《教师培训》《教师质量》《学校质量》《今日之教师》等。1996 年，联合国教科文组织召开的第 45 届国际教育大会上对教师专业化达成了一致认识，提出"在提高教师地位的整体政策中，专业化是最有前途的中长期策略"。

近年来，随着信息技术的高速发展，经济全球化进程的日益加快，社会、家庭对教育质量的要求空前提高。而教育质量的提高离不开高素质的教师队伍。在这一背景之下，加强以教师专业化为核心的教师教育改革，已成为国际教育的趋势。

二、我国教师教育发展的简单回顾

从我国教师教育发展的历史看，不重视教师专业化问题，对教师队伍建设、教育水平、教育事业发展都会带来负面影响；反之，重视教师专业化问题，就会促进教师教育的发展。就我国而言，完整意义上的教师专业化的起点，是 1902 年京师大学堂师范馆的设立。至今教师教育已经走完 100 年的历程，但专业化水平还很低。其间由曲折折大致经历了以下几个阶段：前 50 年，在半殖民地半封建的旧中国，师范教育的发展岌岌可危；中华人民共和国成立后的前 17 年，师范教育开始进入真正的发展时期，但由于经济基础和外部环境等因素的制约，发展不充分，发育不完全，"文化大革命"的十年，大部分师范院校被迫停办，整个师范教育事业难以为继，更不用说师范教育朝专业化方向发展；粉碎"四人帮"以后，我国进入了新的历史发展时期，师范教育经过调整、改革、整顿、提高，开始逐步走向正规。特别是改革开放为师范教育发展创造了良好条件，改革开放时期是我国师范教育发展的最好时期，教师教育逐步走向专业化。随着知识经济时代的到来，教育在我国发展中所具有的先导性、全局性与基础性地位与作用更加明显。这样一来教师教育专业化问题就显得日益突出。教师的专业发展得到党与国家的大力支持，我国的教师教育正逐步走向专业化。比如范院校的数量和在校学生的人数，都在全国高校中占 1/4，而且教师教育质量大大提高。这对于中国社会与教育的发展起到了巨大的促进作用，教师教育专业化程度也在不断提高。

三、加强对教师专业化的认识

从面向 21 世纪我国教育发展的要求来看，师资队伍建设越来越重要，对教师专业化的认识是师资队伍建设的关键。21 世纪是充满竞争和挑战的时代，这个时代面临着新一轮的技术革命，各行各业迅速发展。我国的教师教育面临着世界范围经济竞争和综合国力竞争的挑战，也面临着我国社会经济高速发展的挑战。为适应新技术革命的挑战，未来的人不能只善于接受原有的东西，而应该有创新能力，这种需要强烈呼唤大量高素质的人才。人才的涌现靠教育，教育的发展靠教师，教师在实施科教兴国和可持续发展战略中肩负着不可替代的使命。

20 世纪末，我国已基本普及了九年义务教育，中小学教师的数量和质量是"瓶颈"因素。完成"普九"任务后，要巩固和提高义务教育质量，关键仍是师资。在中小学要积极推进素质教育，提高教师的素质是根本。基础教育强烈要求教师教育尽快提高质量和效益，这是基础教育向教师教育直接发出的严峻挑战。另外，高等教育和其他各种专门教育、职业教育、学前教育的发展都依赖于高质量的师资。师资的培养要求提高培养规格，改革人才培养模式，这就需要进一步提高教师的专业化程度。

第二节　学前教师的职业特性

一、中国学前教师教育的历史沿革

有一个经典的故事被多次引用：1988 年，在巴黎。75 位历年的诺贝尔奖获得者相聚在一起。席间，记者问到其中一位："您在哪所大学哪个实验室学到了您认为最重要的东西？"这位白发苍苍的学者沉思片刻后回答："在幼儿园。"众人将吃惊的目光投向这位老人。记者继续问道："在幼儿园学到了什么？"老人平静地回答："学到把自己的东西分一半给小伙伴，不是自己的东西不要拿，用过的东西要放回原处，吃饭前要洗手，做错事要表示道歉，午饭后要休息，要仔细观察大自然。从根本上说，我学到的最最重要的东西就是这些。"①

在中国民间有句老话叫作"三岁看大，七岁看老"，看似朴素的一句话却道出了人的早期发展在其终身发展中的重要作用，揭示了学前教育显现的价值。

联合国教科文组织 1996 年在《教育：财富蕴含其中》的报告中明确指出，"受过幼儿教育的孩子与没受过这一教育的孩子相比，往往更能入学，过早辍学的可能性也少很多"；"学前教育的不足或缺乏这种教育，均可严重影响终身教育的顺利进行"。可见，学前教育不仅对个体发展意义重大，而且对整个教育事业影响巨大，它是真正的基础教育。

中国幼教有百余年的历史，但对高素质学前教师的呼唤在当下才变得特别强烈。

1903 年，国人在创办中国第一所幼儿园的同时，还创办了幼教师训机构——湖北幼稚园附属女子学堂，它标志着中国学前教师教育开始萌芽。

萌芽时期的学前教育，对教师的要求是什么？在 1904 年《奏定蒙养院章程及家庭教育法章程》中规定："乳媪必宜多设……省城至少须在五十以外，乳媪既多，其中必有识字者，即令此识字之乳媪为诸人讲授……若堂内乳媪全无识字者，即专雇一识字之老成妇人入堂，按本讲授。"从这一规定可以看出，我国最初的保教人员具备的条件是：一是有生育经验的保姆或奶妈；二是以识字者为最好，不识字也可以；三是事前未经训练，需有人按书本讲授保育之事。这可以看作中国最早对幼儿园教师素质的规定。

1907 年，上海务本女塾的吴朱哲从日本保姆养成所学成回国，创设了"保姆传习所"，讲授保育法、修身学、图画等科目。"保育法"内容涉及"论游戏""恩物"等。相比 1904 年有所进步，且兼有日本和西方特色。

"五四"运动以后，我国幼儿教师的培养正式起步，幼儿教师的素质开始逐步提升。

1927 年，陶行知创建了中国乡村幼稚师范教育。陈鹤琴继而提出"要国家宣布优质教育在学制上的正式地位""要大量造就优质师资""先要大量设立幼稚师范""我们应当有一所专门适应幼稚师范师资的学校——由政府设立一个幼稚教育学院来训练工作"，并于 1940 年亲自筹办了中国第一所公立的幼

---

① 梁杰. 百年幼教话沧桑［N］. 中国教育报，2003-10-16.

稚师范——江西幼稚师范学校，增设了一个幼稚师范专科，以培养幼稚师范师资。这是中国幼儿园教师和师资两级培养机构的创举，使幼稚师资培养有了科学性的进步。

中国幼稚园第一位男性教师张宗麟于南京东南大学教育系毕业后，在陈鹤琴创办的南京鼓楼幼稚园任研究员，后协助陶行知，担任晓庄幼稚师范（名为第二院）指导员。他在1926年写的《幼稚师范问题》一文中，提出中国急需富有国家精神的幼稚师范的意见，并对进入幼稚师范的学生水平提出了规范化意见，还认为幼稚师范课程需"适合我国的国民性"和"养成随时改进、实验研究的精神"。中华人民共和国成立后，幼儿园教师教育的发展进入新的历史时期。幼儿园教师教育体系逐步形成，对幼儿园教师的素质要求也有实质性的提高。1951年10月颁布的"新学制"规定：培养幼儿园师资的师范学校称为幼儿师范学校，并规定师范学校和初级师范学校均要附设幼儿师范科，这是我国首次把独立的公立幼儿师范学校列入学制。1952年3月，教育部颁发《幼儿园暂行规程（草案）》，规定幼儿园教师称为"教员"。到20世纪50年代中期，我国基本形成了既有中等和高等两个层次的职前教育，又有多种形式的职后教育的幼儿园教师教育体系。20世纪60年代，幼儿师范学校多次修改幼师的教学计划，以提高教育质量，以北京师范大学和南京师范大学学前教育专业为代表的高等幼儿园教师教育也得到初步发展。

1978年，教育部发布《关于加强和发展师范教育的意见》，幼儿园教师教育进入迅速发展阶段。1981年，教育部下发的《幼儿园教育纲要（试行草案）》中改称"教员"为"教师"，体现了幼儿教育观念的改变，即强化幼儿园教师的教育职责。经过十几年的发展，到20世纪90年代初，独立幼儿师范学校成为幼儿园师资的主要来源。为了提高幼儿园教师的培养质量，教育部三次调整三年制幼儿师范学校的教学计划。90年代中后期，高等幼儿教师教育有了较快发展，一些综合大学也设置了学前教育专业，学前教育专业呈现出多样化的培养目标和课程设置。1994年，经国务院学位委员会批准，我国第一个幼儿教育学博士学位授予点诞生了。2001年，我国第一位进博士后流动站研究学前教育的学者出站。2003年以来，高等师范学院学前教育专业研究生教育也逐渐发展起来。

自2010年起，党和政府开始大力发展学前教育，教育部出台了三年学前教育行动计划，各地中、高级师范院校，一些中职、高职学校纷纷开办学前教育专业，培养幼儿教师。一个多层次、比较完善的幼儿园教师教育体系逐步形成。

二、中外学者对幼儿教师的探讨

中外学者对幼儿教师的探讨已有比较丰富的成果，各有特点，也有共识。依据《世界教育大系》所提供的资料①，英国《今日幼儿教育》一文认为：幼儿园教师应具备的品质是关怀、友好、同情、乐于助人、耐心、礼貌、诚实、敏感、奉献、智慧、信任、热情、善良、理解力、爱和温和。尤其是热情和关怀，会让教师将自己的智慧、热情、才能带进课堂，带给儿童。文章特别强调，教师的职能已经转为越来越少地传递知识，越来越多地激励儿童思考，帮助儿童学会发现，而不是拿出现成的真理。教师必须集中更多的时间和精力去从事那些有效果的和有创造性的活动。

英国对合格幼儿园教师的具体要求是：了解正常儿童的身心发展情况和相应的激发性游戏；了解如何教导基础的读写算和基本的身体动作协调；了解儿童期的异常行为和人格，并知道怎样利用支持性的服务；了解家庭环境对儿童人格和教育成就的影响，算清楚怎样才算作适当的环境和家庭，以便协助儿童家长；了解语言发展的本质，并且有判断能力，以便能确定困难和寻找专家的帮助；了解相关的医药和社会服务知识。

美国学者班纳和卡农在他们的《现代教师必备素质》② 一书中，把学识、道德、威信、秩序、想象、同情、耐心、性格、快乐九大要素视为现代教师必备的素质，并认为有些素质在教育中比其他素质更为重要。比如说，一个教师没有学识、想象和同情，就不能进行教育，就如同一个牧师没有信仰，一个画家没有视力一样。教师具有道德，不仅是因为他们作为值得信任的教育者这个角色的需要，更是因为如果教师具有道德，他们的学生就会学习去做一个有道德的人。教师在课堂上表现出快乐，不仅是为了促进学生学习，而且是向学生展示获得和运用知识能够带来的快乐。

---

① 顾明远，梁忠义．世界教育大系——幼儿教育［M］．长春：吉林教育出版社，2000：79.

② 冷启中．现代教师必备素养［M］．长春：吉林大学出版社，2010：43.

香港学者李辉在《幼教改革对幼儿园教师现有素质结构的冲击及有关对策》① 一文中，对幼儿园教师素质结构提出了自己的构想，其中有四个相互关联的方面。

（1）普通素养。即人文素养和科技素养。前者指政治、经济、社会、文化、哲学、历史等知识背景；后者为科学知识和科技运用能力。

（2）专业素养。即专业知识和专业能力。前者为理论基础、课程与教材、教育方法、教育管理、学习与发展等；后者包括教学能力（计划、准备、实施、评估）、辅导能力、行政能力（班级管理、参与园务）、沟通能力（表达能力、社交技巧）、研究能力等。

（3）专业态度。即教育信念与教育态度。前者指教育哲学（理想主义与现实主义）、教育观（国家本位对儿童本位）、教学观（教师主导对儿童主体）、平等教育与因材施教等；后者包括对学生、家长、同伴、领导以及自己的教学工作和事业发展的态度。

（4）人格特质。分别是身体健康、精神饱满；情绪稳定、性格开朗；仪态端庄、举止优雅；幽默风趣、谈笑风生；好学进取、自我成长；思考敏捷、行事果断；做事积极、有条有理；做事主动、认真负责；富有爱心、耐心、细心；待人诚恳、亲切友善。

北京师范大学教授庞丽娟，在她的《新纲要与幼儿园教师的专业素质：幼儿园教育指导纲要解读》② 一书中，把对儿童和儿童发展的承诺，全面正确地了解儿童发展的能力，有效地选择、组织教育内容的能力，创设发展支持性环境的能力，领导和组织能力以及不断地进行专业化学习六个方面视为幼儿园教师必备的基本素质。

三、幼儿教师应具备的基本素质

中外教育者对幼儿园教师的探讨仁者见仁，智者见智，就其共识而言，我们认为学前教师应具备以下方面的素质：

---

① 李辉. 幼教改革对幼儿现有素质结构的冲击及有关对策 [J]. 学前教育，2004（5）：48-49.

② 庞丽娟. 新纲要与幼儿园教师的专业素质：幼儿园教育指导纲要解读 [M]. 南京：江苏教育出版社，2018：103.

1. 德性方面

德性是教师素质中最重要的成分，从某种意义上说，教育是一种信托行为，教师受托于学生的父母、社会，去掌控学生的权益和身心发展。这种受托人的责任使教育充满了深刻的道德意义。

关心和爱心是幼儿教师德性修养的重要内容，是教师事业心、敬业精神和职业道德的综合体现。北师大庞丽娟教授就明确指出，热爱儿童是幼儿教师对儿童和儿童发展首先作出的承诺。学前教育是爱的职业，爱心是幼儿教师应该具有的基本素养。有爱心的教师会很清楚，幼儿的事再小也是大事。某一个幼儿，对教师来说是几十分之一，对一个家庭来说，则意味着全部，对一个民族来说，则意味着未来。幼儿稚嫩、弱小，处于生命成长的初期，他所经历的每一步都对其未来产生着重要的影响。作为教师，不仅要把幼儿当作成长中的个体、未来的社会成员来培养，还应对儿童一生的学习和发展负责，为其一生的成长打下良好的基础，这也是教师必须对儿童和社会作出的承诺。凡有爱心的教师还应有这样的信念，即每一个儿童都能够学习、能够学好，都能成为优秀的儿童和未来社会的合格成员；同时还要致力于将书本的、生活的经验内容转化为儿童容易理解和接受的内容和形式，努力支持和帮助儿童的学习和成长，为每一个儿童的长远发展奠定良好基础。

2. 学识方面

幼儿教师的职业特性决定了其学识涵养不是单一的，而是一个复合的结构。这个结构由通识性基础知识、教育科学知识、幼儿教育专业知识等组成。通识是人文社科和自然科学知识，它们是回答幼儿无数个"为什么"所必需的，也是作为接受过中等、高等教育的"人"所必需的，也构成一个人的文化底蕴。教育科学知识是作为教师所必备的知识，主要是教育学、心理学、教育方法、课程与教学论等基础教育理论知识。幼儿教育专业知识是幼儿教师所必备的知识，主要有幼儿心理学、幼儿教育学、幼儿园课程以及幼儿园五大领域的教育（科学、健康、语言、艺术、社会等）。

3. 技能方面

幼儿教师是一个专业技术岗位，需要特定的专业技能和专业标准。2011年12月，教育部颁布了《幼儿园教师专业标准（试行）》，从专业理念与师德、专业知识、专业能力三个维度对幼儿园教师的专业标准作了要求。

与中小学不同，幼儿园所实施的是生活教育，幼儿在幼儿园里的每一日生活皆是教育。幼儿教师专业技能是表现在对幼儿每一日生活指导及保教活动中的，比如，了解幼儿、合理选择幼教内容、创设孩子成长的支持性环境，组织调控孩子活动等技能。在幼儿园里，没有弹唱说跳、绘画、书写、计算等教育教学基本功，没有熟练的组织管理技能技巧和活动设计技能，要做好幼儿教育工作肯定是不行的。从这意义上讲，幼儿教师应当是"全才"。

4. 身心方面

健全的体格、愉快的情绪、天真烂漫的童心，这是理想的幼儿教师不可或缺的。幼儿园是一个特殊的生命生态园，因为这里是由稚嫩并生长着的生命构成的群体，这里需要健康、活力、生机、乐趣。无论是伶俐活泼的年轻教师，还是饱经风霜的老教师，他们在一帆风顺还是身陷烦恼、遭遇困难挫折时，只要面对孩子就要保持和激发童心和童趣，真诚相待，欢快游戏，让孩子在无忧无虑中尽情享受幼年生活的美好。

从有利于幼儿人格健康发展和幼儿教师自身健康发展的角度看，"快乐"可以说是幼儿教师需要养成的一种素质，包括了调控自己的情绪；对幼儿的快乐和发展的正确理解；有意识地以"幼儿快乐"来规范自己的言等。

第二章 幼儿教师专业的发展

（1）幼儿教育发展的必要性。幼儿教育是教育的第一环节，是基础教育和高等教育的基石，将决定后续教育的质量，其价值不容忽视。此外，如果幼儿教育发展不好，就会对孩子的一生造成损害，不利于他们健康成长，也不利于民族的发展和社会的建设。由于社会发展水平不断提高，我国对幼儿教育的需求越来越大，国家及社会各方面对其重视程度也越来越高，这加速了幼儿教育的发展，大量公立幼儿园、私立幼儿园和早教机构应运而生。但是，由于我国幼儿教育发展迅速，还未形成完善的管理机制，幼儿教育的质量在一定程度上也难以得到保障。因此，提高幼儿教育质量十分重要。决定幼儿教育质量的因素有很多，其中最为核心的因素是幼儿教师的专业发展水平。如果幼儿教师专业发展水平高，就能促进幼儿教育事业的发展、帮助幼儿健康成长。反之，则会阻碍幼儿教育事业的发展，同时也会对基础教育的发展产生不利影响，其重要程度应引起学界、社会和政府的高度重视。

（2）幼儿教师专业发展的现实需要。长期以来，人们觉得幼儿教师只是负责"看孩子"，不需要特别专业，所以就导致了什么人都可以当幼儿教师。由于幼儿教师的从业门槛较低，因此其专业化程度并不高。并且，有少数幼儿园教师虐待幼儿，新闻上往往能看到诸如此类的报道。如果一个幼儿教师自身专业水平较高，具有坚定的职业理想，热爱幼儿教育事业，热爱每一个孩子，用饱满的热忱投入教育教学中去，就能够有效地避免这些现象的发生。学前儿童自身的身心发展水平较低，其好奇心和模仿意识比较强，幼儿教师能够激发其内在的潜能、发展其个性特征和使幼儿适应急速变化的未来社会，幼儿教师的言行举止对他们的发展具有潜移默化的影响。幼儿教师的专业发展水平决定了其拥有什么样的教育观念，在面对幼儿的反应时会做出什么样的行为，在教育教学中遇到困难时应该如何处理，等等。如果幼儿教师自身专业水平较低，就会对幼儿的身心发展产生负面影响，并对他的一生造成不可弥补的伤害。提高幼儿教师的专业发展水平则可以在很大程度上避免这类问题，并且其还是保障幼儿身心健康发展的必要条件。

专业化是指某一职业真正成为一个专业，从业人员成为专业人员并得到社会承认这一发展的过程和结果。就教师专业化而言，将教育教学视为专业，把教师视为专业人员，是教师专业化最基本的含义。幼儿园教师专业化就是通过专门的培养与培训，树立明确的专业理念与道德，获得与幼儿园教育相关的专业知识和专业能力，较高的专业自主权，并获得社会认可的专业成长的过程和结果。幼儿园教师专业化包括4个方面的基本含义：第一，幼儿园教师专业既包括领域专业性，也包括学前教育的专业性和特殊性。我国对幼儿园教师任职资格既有学历规定，也有必备的职业道德规范、专业知识和能力要求。第二，幼儿园教师培养有专门的机构、课程标准和内容，以及相应的专业规范和措施。第三，幼儿园教师的入职、资格考试与认定，以及教育机构的设立与认定，有严格的准入和管理制度。第四，幼儿园教师专业发展是一个持续的过程，教师岗位的设立与认定，有严格的准入和管理制度。第四，幼儿园教师专业发展是一个持续的过程，教师专业化也是一个发展的概念，既是一种状态，又是一个不断深化的过程。顾明远先生认为，教师专业化至少包括这样几个方面：经过教师教育专业训练，取得教师资格证书；有较高职业道德，敬业爱生，有终身学习的意识，不断进修学习。幼儿园教师专业化也遵循这一基本规律，对其的培养与培训有专门的机构，入职具有认定条件，履职具有自身独特的专业要求、执业标准。而且专业化的幼儿园教师强调专业精神、专业知识、专业能力和自我专业意识。这既是幼儿园教师的专业核心，也是支撑其专业化的基础。

教师专业化是指教师在专业上具有自己独特的专业要求和专业条件，有专门的培养制度和管理制度。1993年10月31日，中华人民共和国主席令第15号公布的《中华人民共和国教师法》规定："教师是履行教育教学职责的专业人员，承担教书育人，培养社会主义事业建设者和接班人、提高民族素质的使命。"这是我国从法律层面确认教师的专业地位，明确教师作为专业人员的基本任务。1995年12月，国务院颁布了《教师资格条例》（国务院令第188号），2000年9月，教育部发布实施的《教师资格条例实施办法》（教育部令第10号），规定了教师资格认定条件、资格认定申请、资格认定和资格证书管理。1999年5月，我国颁布的第一部对职业进行科学分类的《中华人民共和国职业分类大典》，将职业归并为 8 类，其中教师就属于"专业技术人员"类。我国从法律和职业分类层面充分肯定了教师是专门性职业，即专业技术人员。

2012 年 2 月，教育部印发的《幼儿园教师专业标准（试行）》（以下简称《专业标准》）指出："幼儿园教师是履行幼儿园教育工作职责的专业人员，需要经过严格的培养与培训，具有良好的职业道德，掌握系统的专业知识和专业技能。"《专业标准》是国家对合格幼儿园教师专业素质的基本要求，是幼儿园教师实施教育教学行为的基本规范，是引领幼儿园教师专业发展的基本准则，也是幼儿园教师培养、准入、培训、考核等工作的重要依据。也就是说，构建幼儿园教师专业体系的关键是建设高素质的专业化的幼儿园教师队伍。

第一节　教师专业发展概述

教师职业是一种专门化职业，应从两个方面来理解：一是把教学视为专业；二是把教师视为专业人员。教师专业发展是通过教师个体专业化和教师职业专业化两个方面来实现的。

教师个体专业化是指教师在整个专业生涯中，依托专业组织，通过终身专业训练，习得教育专业知识技能，实施专业自主，表现专业道德，逐步提高自身从教素质，成为一个良好的教育专业工作者的专业成长过程。

教师专业化发展是指教师作为社会职业人的专业成长过程；是从一个"普通人"发展成为"教育者"的专业发展过程；是教师职业理想、职业道德、职业情感、社会责任感不断成熟、不断提升和创新的过程。

一、教师专业发展的内涵

（一）教师专业发展的基本含义

利特尔认为，教师专业发展过程也可以看作教师职业生涯的演进过程。从这一广泛意义上讲，教师专业发展的机会可能会影响并反映教师个人生活的三方面：教室中的生活、教研室中的生活和职业生涯的开展。

教师专业发展可以用教师课堂工作中表现出的知识、技能和判断力的提高来衡量，亦可用其对专业团体所作的贡献来衡量，还可用教学工作在个人生活中的意义来评判。

教师职业专业化是教师群体专业化的发展和一种社会承认形式。教师专业化在本质上强调的是成长和发展的过程。我国学者认为：教师专业发展是教师体系内在结构不断更新、演进和丰富的过程。教师专业发展具有以下特点：自主性、阶段性、连续性、情景性和多样性。教师专业发展的内容是很丰富的，主要体现在：知识系统、教育实践和教育研究能力、积极情感和高尚人格等方面。教师专业发展的特征体现在：目标明确的、现代的发展，自主的、能动的发展，开放的、有刺激的发展，循过程、按阶段、有规划的发展，多种路径和模式的发展，多样化途径和策略的发展。

教师职业是一个终身学习、不断解决问题的过程，是职业理想、职业道德、职业情感、社会责任感和对所教学科的价值认知、审美等方面的理解与把握，是教育实践能力、教育经验等不断成熟、不断提升的过程。

（二）教师专业发展的界定

教师专业具有双重学科性：教师既要掌握学科的知识和技能，也要掌握教育教学的知识和技能（学术性与示范性），并把两者统一起来。教育教学是教师专业的重要内容。

（三）教师专业发展的内容

国内外教师专业发展的内容，已有研究归纳起来有三类：第一类是指教师的专业成长过程；第二类是指促进教师专业成长的过程（教师教育）；第三类是两者兼而有之。

教师专业发展的概念还把教师看作一个"反思实践者"，一个具有缄默性知识基础的人，能够对自己的价值和与他人的协调实践关系不断进行反思和再评价的人。中国台湾学者罗水清认为，教师专业发展乃是教师提升专业水准与专业表现而经自我抉择所进行的各项活动与学习的历程，以期促进专业成长，改进教学效果，提高学习效能。

第三类表述的代表人物威迪恩认为教师专业发展有五层含义：协助教师改进教学技巧的训练；学校改革整体活动，以促进个人最大成长，营造良好的气氛，提高学习效果；是一种成人教育，增进教师对其工作和活动的了解，不只是停留在提高教学成果上；是利用最新的教学成效的研究，以改进学校教育的一种手段；专业发展本身就是一种目的，协助教师在受尊敬的、受支持的、积极的气氛中，促进个人的专业成长。

二、教师的专业结构

以往对教师专业结构的研究主要有两方面：一是对"专业特质"的研究；二是对"教师素质"的研究。20 世纪 70 年代中期以前，一些社会学家曾致力于建立一套具有普遍意义的"专业特质"，以便把教师与其他职业区分开来。如曾荣光在这类研究中把教师专业所必须具备的核心特质归纳为"专业知识"和"服务理想"两方面。对"教师素质"结构的分析、研究已有很多，如马超山、张桂春从动力系统（思想品德）、知识系统和能力系统三个方面来构建教师的素质结构模型。这些研究虽面向教师个体，但主要从对教师素质要求或优秀教师所具备素质角度开展的。以叶澜教授为代表的学者从教师作为一名专业人员的角度对教师的内在专业结构进行分析研究，由此他们认为教学是一项极为复杂的工作，要成为一名真正的教学专业人员，需要经过长期的专业学习过程，所以教师自身的专业发展意识在成长过程中显得十分重要。只有具备自我专业发展意思的教师，才会产生内在的专业发展动力，进而获取专业发展。

从教师专业发展的角度来说，教师专业结构应涵盖以下三方面：

（一）教育信念

所谓教育信念是指教师自己选择、认可并确信的教育观念或教育理念。

1. 教师自己的信念体系

从自己教学实践经验中逐步累积形成或由外界直接接受的教育观念，是一种经过深思熟虑并富于理想色彩的教育理念。

2. 教师的教育信念

专业理念：教师专业行为的理性支点。宏观上：教育观、学生观、教育活动观。

微观上：关于学习者、学习的信念；关于学科的信念；关于学会教学的信念；关于自我和教学作用的信念。

教育信念在教师专业结构中位于较高层次，它统摄着教师专业结构的其他方面。

（二）教师专业能力

1. 一般能力

教师在智力上应达到一定水平，它是维持教师正常教学思维流畅性的基本保障。

2. 特殊能力

一是与教师教学实践直接相联系的能力，如语言表达能力、组织能力、学科教学能力等；二是教师对教学实践认识的教育科研能力。

（三）教师专业动机和专业态度

1. 专业动机

专业动机是指教师工作积极性的维持以及教师职业满意度的持续。

2. 教师自我专业发展的需要和意识

教师自我专业发展的需要和意识是教师自我专业发展的内在动力，包括三个方面：

（1）对自己过去专业发展过程的意识。

（2）对自己现在专业发展状态、水平所处阶段的意识。

（3）对自己未来发展的规划意识。

自我专业发展意识是教师真正实现自主专业发展的基础和前提，它可以增强教师对自己专业发展的责任感，使自己的专业发展保持"自我更新"的取向。

第二节　教师专业发展的阶段

一、关于教师专业发展阶段的不同观点

中外教师教育研究者对此进行过大量研究，其中具有代表性有以下几种：

1. 美国学者费斯勒的观点

费斯勒认为教师专业发展要经历的阶段包括：

职前阶段：师院或大学初始培养阶段，包括教师担任新角色或工作时的再培训。

入职阶段：教师工作最初几年。

形成能力阶段：努力提高教学技能和能力，寻找新资料、新方法和新策略。

热心和成长阶段：不断寻求进步，热爱自己的工作，创新、改进、丰富自己的教学。

职业受挫阶段：教学操守经受挫折，教师职业满意度下降。

稳定和停滞阶段：除了分内工作，不再想做其他任何事情，只满足于做到对教师的基本要求。

职业泄劲阶段：离开教学岗位前的状态（或愉悦；或苦涩）。

职业退出阶段：退出教学岗位（正式退休或自愿退职；其他原因）。

2. 中国学者王秋绒的观点

（1）师范生。即在师范院校就读的学生，还没有亲身经历过教育教学实践。

（2）实习教师。

蜜月期：实习教师体会到教师的快乐，全身心投入教学工作。

危机期：面临实际遇到的问题越来越多，现实压力越来越大，产生危机感。

动荡期：面对现实与理想教师角色之间的差距，或重新自我预期趋于妥协或准备脱离教学岗位。

（3）合格教师。教师专业发展是一个多维度的发展过程，涵盖着心理发展、专业智能发展、职业周期发展等多维度的发展阶段。它们既相互独立又相互依赖、相互促进、各发展阶段之间有着密切联系。

①心理发展阶段。具有自我保护能力，但仍然表现出单向心理依赖；虽墨守成规，但开始具有独立思考能力和一定的批判性；具有从事教师职业的良心和道德，心理上表现出有条件依赖；具有自治和独立能力，有道德原则，能综合思考以及反思。

②专业智能发展阶段。具有保证自己生存的一般技能；获得基本教学技能；具有拓展教学灵活性，能够依照教学目标、学生具体需要和教学情境，适时、灵活地运用教学基本技能；形成了教学智能乃至教学风格；有能力帮助同事提高教学智能；逐步摆脱了教学常规羁绊，开始对同事的专业发展承担责任，有的还参与校外的培训工作或学校的教育决策，或参加教育行政部门各个层次的教育决策。

③职业周期发展阶段。

入职期：具有职业新鲜感，但在教育、教学上是新手。

稳定期：形成了深思熟虑的专业志向，具有较为熟练的教育、教学行为方式。

成熟期：具有新的挑战和关注，逐步达到专业发展最佳水平。

准备退休。

二、教师专业发展的阶段

基于长期以来我们对教师专业发展的研究以及对其他学者研究成果的借鉴，我们认为教师的专业发展分为五个阶段，即职前准备、生存期、巩固期、复兴期、成熟期五个阶段。

（一）职前准备

在师范院校（或综合性大学）学习或接受教育理论和实践的培养训练，是教师职前准备阶段。在这个阶段准教师们必须学习相关的教育理论，参加教育见习、实习的实践锻炼，开发并形成教师职业所需要的行为习惯和技能。此阶段能否发现与发展自己从事教师工作的能力，树立起基本的教育信念，与日后能否很好地成长有很高的关联度。因此，职前阶段打下的基础以及建立起来的职业认知与状态，影响着教师未来的发展和职业的生命力。

幼儿教师的职前准备尤其要重视培养对幼儿的情感，学习儿童身心发展的相关学科理论知识，掌握幼儿教育教学的理论与技能技巧，建立幼儿教育的科学理念及教育信念。当他们对"爱幼儿吗""了解幼儿吗""能与幼儿快乐地交往吗""活动设计的一般方法有数吗"等问题有了肯定回答并有一定实际体验之后，他们入职幼儿教师行列，从事学前教育工作才有最起码的"底气"。

（二）生存期

刚入职的新教师不仅面临着由师范生（或仅有教师资格证的人）向正式教师角色的转换，面临着从大学校园到中小学、幼儿园教育教学实际的变化，而且也面临着所学理论与实践的"磨合期"。其间需要教师在教学实践过程中对理论、实践及其关系进行反思，以克服对于教学实践的不适应。

"骤变与适应"是这一阶段的突出特点。初任教师们特别关注专业发展中的最低要求——专业活动的"生存"技能。他们要寻找各种方式来应用他们所学到的关于如何与学生共处的知识和技能。这些教师会对班级管理、计划制订、与有特殊需要和兴趣的儿童共处等复杂问题感到一定程度的不知所措。尽管这一阶段的教师有很高的热情，但他们可能会因为工作现实而感到沮丧或者紧张不安。

此阶段教师专业发展应主要围绕其日常困境来开展，帮助他们学习如何在实践中应用所学的策略和方法，支持与肯定他们的教学能力、教学动机。还可以通过鼓励、技术支持和技能培训等方式来为这些新教师提供有价值、有效的服务。

（三）巩固期

此时的教师逐步进入了"任务关注"阶段，这是教师专业结构诸方面稳定、持续发展的时期。随着教学基本"生存"知识、技能的掌握，教师自信心日益增强，由关注自我的生存转移到更多地关注教学上来；由关注"我能行吗"转到关注"我怎样才能行"上来，但自我专业发展意识的强度还较弱。他们对专业发展的重视，多是为了满足进修专业的要求，为了更好地完成教学任务，以获得职业阶梯的升迁和更高的外在评价。

从"生存关注"到"任务关注"过渡的条件有：彻底承诺献身教学；成为受益者；拥有妥善管理的班级和满意的师生关系；掌握了职位关键的一整套教学技能；与其他作为专业人员的同事保持密切联系；恰当处理工作需要和家庭需要之间的关系。

此阶段大多数教师已经掌握了开展班级日常工作所需要的基本技能。他们开始关注那些没有达到预期发展水平的儿童或者影响班级管理的有特殊问题的儿童。

这一阶段专业发展主要通过让这些教师和新教师分享已经掌握的知识、技能或者已经完成的任务等方式来展示他们的价值。同时为他们提供能够解决有挑战行为或者发展迟缓儿童的问题的方法和途径，或者鼓励他们参加有指导性或自定步调的学习、相关会议或培训。

（四）复兴期

在岗位上工作几年后，教师可能会变得有点坐立不安，至少他们已经准备在教学方法上增加一些新想法。此阶段的教师能够自如地处理与教学工作有关的日常任务以及有特殊需要的儿童。这些教师知道他们在教学上以及教育领域中仍然有许多需要学习的地方。他们自信，愿意尝试新事物，希望寻求更好的工作方式；他们有足够的基础知识来探索新的观点，并且对于检验他们的教育实践持开放态度；他们能从阅读材料、会议、研讨会、专业团体以及教育实践共同体中获益，他们同样喜欢那些能够探索新观点和运用他们所学来的新知识、新方法去帮助其他教师专业成长。

（五）成熟期

成熟期的教师更加关注"自我更新"，教师的专业发展动力转移到了专业发展自身，而不再受外部评价或职业升迁的牵制，直接以专业发展为指向。同时，教师已经可以自觉地按照教师专业发展的路线和自己目前的发展状况，有意识地自我规划，以谋求最大限度的自我发展。

目前虽不能确切地预测一个教师达到成熟需要多长时间，但一般认为第三年到第十五年是一个教师在教育实践中成熟的阶段。成熟的教师对于他们的教学实践自如、自信、达观。他们不仅能够处理日常问题，还能处理班级中出现的复杂问题。这些成熟的教师经常是其他教师的导师，有些可能对方案发展或者管理任务感兴趣。许多处于成熟期的教师寻求培训别人的机会，将其作为促进自身发展的一种方法。他们还有可能对领导经验感兴趣，比如，他们会领导团队来策划一个班级、学校、园所的活动，或者实行一个新的项目或方案。

总之，我们应该把教师专业发展的不同阶段看作一个连续体上的点，每个阶段不是像一所大房子中的独立房间一样彼此独立，其发展过程也不是脱离一个阶段再进入下一阶段。教师专业发展的进程较慢，可能同时表现出几个发展阶段的特征，也可能会因为教学环境变化在不同阶段之间转换。比如，一个达到复兴期或者成熟期水平的教师，当他所在学校、园所的环境发生重大变化时，也可能需要面对生存期或巩固期的任务。因此，应该将教师专业发展阶段看作相互关联的和不断发展的，这一点非常重要。

三、"自我更新"取向教师专业发展

教师具有较强的自我专业发展意识和动力，自觉承担专业发展的主要责任，激励自我更新，通过自我反思、自我专业分析、自我专业发展设计与计划的拟订，自我专业发展计划实施和自我专业发展方向调控等方法来实现自我专业发展和自我更新的目的。

（一）"自我更新"取向教师专业发展的基本特征

1. 将自己的专业发展过程作为反思对象

自我更新是教师在了解教师专业发展一般路径的基础上展开的。它要求教师在专业发展过程中，参考教师专业发展的一般路径不断对自己的专业发展过程进行批判性反思，并将此作为采取进一步专业发展行动的依据，强调教师不仅是专业发展的对象更是自身专业发展的主人。

教师拥有个人专业发展自主的权利，亦即教师能够独立于外在压力，订立适合自己的专业发展目标、计划，选择自己需要的学习内容，有意愿和能力将所订立的目标和计划付诸实现。只要有利于个人专业发展，就能把"自主"与外在因素协调起来，从而实现自我更新，不断进步。

实行自我发展管理。无论是在正式的教师教育情境下，还是非正式的教师教育的日常生活情境中，教师均表现出实施自我教育的意愿和能力。能够自觉在日常教育教学工作中自学，以寻求提高。

2. 目标直接指向教师专业发展

把个人的专业结构改进作为根本，把教学工作看作一种专业，把教师作为专业人员去追求个人专业结构的不断改进与完善。因为仅仅把教师专业发展看作职业阶梯，一旦达到既定层次的阶梯，则可能失去进一步发展的动力。

"自我更新"取向阶段教师在教育观方面的变化：

学生观的转变：学生不仅是自己工作的对象，而且是学习的主人。教学中除了让学生理解所教的内容之外，还意识到要鼓励学生自己去发现、构建"意义"。

教学观的转变：不再把教学看成"教给"学生如何去理解的过程，而是帮助学生去理解、构建"意义"的过程。教学不再仅限于帮助学生学习知识，而且要在师生互动过程中使得学生获得多方面的发展。

教师知识结构发展的重点转到学科教学法知识及其在教学实践中的应用，不再把专业学科知识作为重点。

3. "自我更新"取向阶段教师个人实践知识的拓展

个人实践知识是指教师关于课堂情境和在课堂教学中如何处理所遇到困境的知识。它建立在学科专业知识和一般教学法知识基础上，是一种体现教师个人特征和教学智慧的知识。

教师拥有个人实践知识，标志着教师专业发展的重大进步，意味着教师开始有了自己个人特点的专业知识结构的构建。因为他不再仅是接受前人总结出来的普遍适用"原理"或"规律"，或是书本知识，而是自己在探索、形成鲜明"个人特征"的知识结构，是一个积累、发展和创造的过程。

4. "自我更新"取向阶段教师专业发展的特点

（1）自觉的专业发展意识（不仅是沿着职业发展前行）。

（2）专业智能发展范围由内及外，不断拓展（能迅速把握课堂；能把自己的班级与整个学校联系起来）。

（3）开始追求卓越和专业成熟（视野开阔，考虑教师角色与社会发展的

21

关系）。

（4）保持开放的心态，接纳新的教育思想和观念，为我所用。

四、教师专业学习的课程

美国《明天的教师》一书中提出教师专业学习的课程计划至少需要包括以下五个方面：

（1）把教学和学校教育作为一个完整的学科来研究。

（2）学科教育学知识，即把"个人知识"转化为"人际知识"的教学能力。

（3）课堂教学中应有的知识和技能，即能够创造一种集体氛围，使各类师生都能学习并得到发展。

（4）教学专业独有的素质、价值观和道德责任感。

（5）各方面对教学实践的指导。

五、教师专业发展的策略

本书针对教师专业发展"自我更新"取向提出四条实践性建议。

1. 保证自我反思的经常化、系统化

教师对自我专业发展的反思是"自我更新"取向教师专业发展的基础，没有对自我专业发展过程的反思，就没有"自我更新"取向教师专业发展。

2. 利用多种检测手段了解自己专业发展的起点

检测内容：一是对教师内在专业结构的检测，通过检测可以了解教师内在专业结构的不足，以便更有针对性地制订目标和计划克服原有的专业结构可能对专业发展带来的不利影响；二是对教师自我专业发展意识的检测，通过检测，可以得知目前教师本人所具备的专业发展准备程度和自我发展能力。

3. 记录关键事件，经常与自我保持专业发展对话

记录对自己专业发展影响较大的关键事件，不仅可为事后回顾、反思自己的专业发展历程提供基本素材，而且叙述过程本身就是对自己过去的教学经历予以归纳、概括、反思、评价和理解的过程。在这一过程中，教师会更清晰地看到自我成长的轨迹和内在专业结构的发展过程，进而为能够更好地实行专业发展的自控和调节奠定基础。

4. 与其他教师相互合作、交流

"自我更新"取向教师专业发展强调教师自己主动地、积极地追求专业发展，保持开放的心态，随时准备接受好的、新的教育观念，更新自己的教育信念和专业职能。教师之间要打破隔离，敢于承认自己在专业发展过程存在的问题，寻求同事的合作与帮助，尽快地成熟起来，成为专家型教师。

第三节 新课程理念对教师专业发展的要求

为适应新课程改革专业化发展的要求，教师应不断提升自己的专业技能。新课改形势对教师的教学技能有了更高的要求，它包括：①开发课程资源意识的能力，包括课程资源的选择（如教材不仅指课本，也包括音像制品及其他可利用的资源）、课程参与、重构、研究、创新、开发、评价、积累的意识等。②应用现代信息技术的能力，包括运用信息工具获取信息、处理信息、创造并使用信息，发挥信息效益、加强信息协作、增强信息免疫能力等。③改变教学方法的能力，教学过程应稳中有变，以激发学生的学习兴趣，促进学生发展为前提，能指导学生进行社会实践与探究学习，并能驾驭课堂，应对教学突发事变的能力。④具有教学机智，富有幽默感，能熟练发挥语言（特别是肢体语言）功能的能力，具有极高的语言素养，善于反思、总结，并能进行教学科研的能力。

一、与时俱进的进取精神

教师应具有敏感的忧患意识。社会在发展，人类在进步，教育也在发生着变化。教师应在这种变化中把握时机，跟上时代的步伐，加强忧患意识，防止心态疲劳，不断提升自己的素质，不断追求创新；同时应具有强烈的沟通与合作意识，这包括教师之间、师生之间的沟通与合作意识。

二、终身学习的能力

21世纪是倡导终身学习的社会，教师应把学习作为一种生活方式，要有强烈的学习欲望。学习不仅能提升智慧，更能增强教师的文化底蕴。读书学习的过程就是吸收、成长的过程。不读书会影响教师教育教学理论的提高，影响教师知识水平和精神境界的提升，影响教师对学生学习的关注以及与学生的沟通。只有不断地学习，才能增强自身的文化底蕴，才能学会抢抓教学的有效资源，从而确立符合新课改要求的教育教学的资源观。

三、学以致用的价值取向

教师应在实践中学会运用，在实践中学会选择。只有通过学习，才能使知识在实践中加以合理运用，并学会选择教育的内容、时机、途径和方法，以此提升自己的教研意识和教学水平。

新课改要求教师不能只是知识的传播者，而且要成为学习者、指导者、研究者等多种角色。然而教育者所面对的教育实践却极为复杂，他必须要面对有内在不确定性的情境过程本身，并且进行相应的"行动中反思"。这种知识因其丰富的特殊性只能用贴近实践者自己的语言来表述。教师不仅要具有可以通过直接教学获得的一般性的专业知识，还要在自己的专业实践活动过程中不断获得实践知识。

教师教育的目标制定、课程选择、课程实施等均是与人们对教师专业化程度的定位密切相关的。一般来说，社会对教师职业专业化程度认可越高，相应教师的社会经济地位就会得到提升，师范生生源的质量、教师教育的物质条件等也将会有所改善。

课程开发思想的发展与教师专业发展之间有着密不可分的联系。一方面，强调教师参与的课程开发思想要求"把课程还给教师"，这实际上给教师提出了更高的素质要求；另一方面，教师在课程开发过程中获得的专业发展又会有助于他们更有效地投入新的课程开发过程中。教师在课程开发过程中地位和作用的变化加速促进了教师专业发展的提出和实施，而且教师参与课程开发已成为教师专业发展的一个重要途径。

第四节　幼儿教师专业发展

一、幼儿教师的专业发展

幼儿教师的专业发展是教师专业化的重要组成部分，他们的专业发展程度直接影响幼儿教育的质量。一个学前教育专业的学生，或者说准幼儿教师，要从一个"普通人"成为一个"学前教育专业人员"，必须经过专业发展，必须具有一定的专业水平才能在幼教岗位上工作。

庞丽娟教授在《新纲要与幼儿园教师的专业素质》和《幼儿园教育指导纲要解读》中提出幼儿园教师专业化的 6 个特征：

（1）对儿童和儿童发展的承诺。这是对儿童全面、积极、健康的成长负责。

（2）全面、正确地了解幼儿。这是幼儿园教师对儿童进行有效教育的前提。

（3）有效地选择、组织教育内容。教师能否选择合适的教育内容进行有效的施教是检验教师教育实践能力的首要标准。

（4）创设发展支持环境的能力。

（5）领导和组织能力。

（6）不断地进行专业化学习的能力。

1993 年全美幼教协会发表的《早期教育专业化发展的概念体系》中指出，幼儿教师的专业化应体现在：对儿童发展有着深刻的理解和体悟，将心理学、教育学知识运用于实践；善于观察和评价儿童的行为表现，以此作为课程计划的依据和设计个性化课程的依据；善于为儿童营造和保持安全、健康的氛围；计划并履行适宜儿童发展的课程，全面促进儿童的社会性、情感、智力和身体方面的发展；与儿童建立积极互动关系，成为儿童发展的支持力量；与幼儿家庭建立积极有效的关系；支持儿童的个体发展和学习，使儿童在家庭、文化、社会背景下得到充分理解；对教师专业化予以认同。

美国幼教专家凯茨将专业化幼儿园教师进行了形象的比喻：能抓住孩子丢来的球，并且把它丢回去，让孩子想继续跟他玩游戏，并在玩的过程中能够不断创造出新的游戏来。凯茨认为"专业幼儿教师"与"非专业幼儿教师"的差异在于：专业人员的反应是运用可靠的专业知识与见解作判断，其目的着眼于儿童长期发展的利益；而非专业人员的反应则多视当时的情况而定，以能在最短的时间内解决事情为判定标准来决定行为反应，而不是以儿童长期发展的利益为目标。

依据《幼儿园教育指导纲要（试行）》对幼儿教师要求的新精神和教师专业发展的一般趋势，结合本书第一章中关于幼儿教师应具有的专业素质的论述，我们认为幼儿教师专业发展的成熟，大体应包含以下特征：

1. 专业伦理

专业伦理是规范教师专业行为的准则，是教师专业成熟的必要条件。医生的专业伦理关系到病人的健康甚至生死；教师的专业伦理关系着一个人的发展，关系到国家、民族的前途。

专业伦理包括师德中的"爱儿童、爱事业、为人师表"等；专业态度：对儿童的关爱和尊重；专业精神：事业心、责任心；专业规范：保持适当的仪表、健康的身心、适宜的谈吐举止；专业人格：亲切温和、自然幽默、自信有活力、亲和力、情绪稳定等。

2. 专业理论和技能

幼儿教师专业理论和技能是与幼儿教育的实际操作结合在一起的。幼儿教师不仅要学习掌握儿童心理学、教育学，最主要的是要将这些理论融于幼儿在园的一日生活中，在对幼儿进行教育的过程中形成自己的实践智慧，提升教育质量，促进幼儿发展。

3. 专业参与

所有公认的专业一般都有专业组织。中国学前教育研究会及其在全国各地的分会就是这样的专业组织，它集中了中国幼教界优秀的教育者、研究者和管理者，在推进幼儿教师教育、提升学前教育地位、推动学前教育政策法规制定和实施、维护幼儿教师权益、发展幼教专业理论等方面发挥了不可替代的作用。专业组织对本专业的成果认可、人员认可、标准认可以及专业资源拥有最高权威性。幼儿教师的专业参与就是要加入这样的专业组织中，成为其中的一员，这对他们获取专业成长资源、接受专业熏陶、发表专业见解、交流专业信息是非常有利的。

4. 专业创新

创新是一种有意义、有价值的改变。幼儿教师如果仅仅把接受过的教育当成终点，没有质疑和批判精神，没有探究和改变精神，在专业发展的道路上就不可能走得远。有创新的热情，就会有不断学习进取的热情，有参加专业组织、团队的热情，有对问题和幼儿进行研究的热情，也就有了专业发展的动力。

二、幼儿教师专业发展的阶段

教师专业发展主要表现为教育教学专长的积累和提升，因此可把幼儿教师专业发展分为：新手教师、熟练的新手教师、胜任型教师、业务精干型教师和专家型教师五个阶段。

1. 新手教师

这一阶段的教师是经过了系统的学前教育专业学习和教育实习后，刚刚从事幼教工作的教师。他们的特征如下：一是分析思考和处理问题的方式偏理论化；二是解决问题缺乏灵活性；三是容易刻板、教条地照搬书本知识来制定教育规范、计划。此时他们最需要了解的是与幼儿教育有关的实际情况和具体的教学情境，积累经验比死记硬套书本知识更为重要。

2. 熟练的新手教师

这个阶段的教师已有一定经验，但还不是很成熟。他们的特点如下：一是实践经验与书本知识逐渐结合，基本掌握了二者在幼儿教育过程中的内在联系；二是教学方法和策略方面的知识与经验有所提高，处理日常工作有一定的灵活性；三是经验对教学行为有一定的指导作用，但还不能很好地区分教学情境中的重要信息和无关信息；四是对自己的教学行为缺乏清晰认识，有时责任心还不够强。

对幼儿教师来说，以上这两个阶段是"求生存"的阶段。"求生存"是每一位刚步入幼儿园工作的老师所面对的最初挑战。由于教学技能不熟练，甚至有所欠缺，常常会面对幼儿的行为不知所措。虽然没有太大的身体压力，却常常感到疲劳。那么如何面对最初的挑战呢？以下建议可以尝试去做：

（1）每当遇到挫折时，可以考虑寻求园长或园内有经验教师的协助。对于幼儿行为问题及教学上的疑惑，尽可能提出来和他们讨论。这样不但可以使自己获得更多的处理方法，还能了解园内的教育理念、教育原则和特色优势。

（2）可以和同事交换意见和心得体会，分享工作上的快乐，分担挫折，在精神上互相支持，促进自我成长。

3. 胜任型教师

进入这一阶段的教师，教学行为已有明确的目的性，能够区分出教学情境中的重要信息，并选择有效的方法或手段达到教学目标；他们对自己的教育教学行为表现出更多的责任心，对于成功和失败会表现出强烈的情绪反应，但对自己教学行为的反思还不够自觉，处理问题的灵活性、流畅性也还不够。

他们的工作重点已经开始从处理挫折转向幼儿园的课程教学上，也能运用一定的教学技能技巧来应对幼儿的各种反应，开始创造自己的教学风格。但这个阶段的教师因为适应了工作又积累了一定的经验，所以容易出现"高原现象"。因此，这一阶段的教师要注意利用适当的机会，如园本研修、教师会议等，提出自己所遇到的问题或困惑，和同事一起讨论，一起思考解决问题的方案。还应该参加相关的讲座和培训，接受新的理念，了解专家学者对类似问题的看法以及解决问题的建议。整理自己的教学经验与心得体会，发扬长处，力争创造出自己的教学风格。

4. 业务精干型教师

此阶段教师有以下特征：一是具有较强的直觉判断能力。由于在长期的教学实践中积累了经验，他们对教学中出现的与以往教学情境类似的情况能迅速作出判断并有相对应的行为反应；二是教学技能方面接近认知自动化水平。在教学活动中，业务精干型的老师无需太多的意志努力就能对教学情境作出准确的判断和有效的处理，尽管如此，他们仍未达到完全的认知自动化水平；三是教学行为已经达到了快捷、流畅、灵活的程度。

除此之外，他们还能够客观诚实地面对自己专业方面的长处与短处，在教学上寻找新的方法和路径，能结合自己的喜好、能力、经验，创造出独特的教学行为，并能充实与改进自己的教学内容。

此阶段的教师要注意主动参与各种增进自己专业的学习机会，如各种研讨会、座谈会、专业课程学习，阅读相关理论书籍，观摩其他教师的教学活动，与同行多接触，多交流，对已有经验进行分析整理，力求从实践上升到理论。参与专业组织，寻求更多的社会资源来发展自己，争取成长为专家型教师。

5. 专家型教师

此阶段的教师已经有了自己的教育教学实践智慧，他们对教学情境的观察与判断不需要太多的分析和思考，凭借经验便能准确地发现问题，以其扎实的理论功底和实践智慧，采取适当的方法来解决。他们处理问题不仅达到了快捷、流畅、灵活的程度，而且达到完全自动化的水平。他们已经是具有批判意识和能力的反思型教师，通过反思与评价不断审视自身深层的教育观念，进而实现自我超越。

第三章 幼儿园教师专业发展的基本标准与要求

幼儿园教师专业发展日趋成为社会关注的焦点和当代教育改革的主旋律。幼儿园教师的专业性和特殊性，更是引起世界各国及其相关部门的重视，一些国家（地区）特别是发达国家或国家行业组织先后提出或制定了本国幼儿园教师专业标准与要求。

第一节 发达国家幼儿园教师专业标准简述

一、美国优秀幼儿园教师专业标准

美国制定了幼儿园教师专业准备标准和优秀幼儿园教师专业标准，大部分州也有地方性幼儿园教师专业标准。美国全国教学专业标准委员会（NBPTS）所制定的优秀幼儿教师专业标准从幼儿的发展与学习、公正平等与多样化、观察与评估、教学策略、教师与家庭和社区、合作伙伴、实践反思等方面对优秀幼儿园教师提出要求。

（一）理解儿童

优秀的早期儿童教师运用他们关于儿童发展的知识，通过与儿童及其家长的互动来理解儿童是一个独立的个体，并且根据每个儿童的独特需要和潜能来设计教育教学活动。

具体内容包括：拥有儿童发展和儿童学习的有关知识，了解当前关于儿童发展、认知方面的研究成果和相关理论；懂得儿童的一般需要和特殊需要，认识到创建一个有利于儿童发展和学习的物质与精神环境的重要性；熟悉所在社区和家长的文化、历史与价值观，并了解所教的每个儿童的特点；拥有丰富的班级管理经验，能根据儿童的兴趣设计课程和进行时间安排；知道何时需要适当地干预或支持、引导儿童的行为；认识到儿童有自我发展的潜力，在具体经验中建立起对世界的理解；通过开展游戏、自由探究、有引导的发现、创造性的戏剧表演以及其他以儿童为中心的活动，为儿童提供大量的发挥想象力的机会；知道儿童的社会性、个性、社会交往、智力等是如何发展的，并能够运用这些知识建立班级秩序、在教学活动以及日常生活中与儿童形成良性的互动；认识到在有机会的条件下儿童可以实现适度超前发展，特别是技能方面更易实现。

（二）公正、公平与多元化

优秀的早期儿童教师为所有儿童创设安全、可靠的学习环境，欣赏和尊重每个儿童的个体差异和独特需要，并鼓励儿童在人际交往中能够做到公正、公平、互相尊重。

具体内容包括：致力于理解和满足不同儿童的不同需要，能够根据儿童的不同需要调整教育方案和课程；关注特殊需要儿童，知晓《残疾儿童教育法》《美国残疾人法案》等法律规定；促进班级的平等与公平，不论儿童的种族、民族、宗教、社会阶层、年龄、能力、性别以及家庭结构如何，都拥有平等的学习机会；重视语言和文化的多元性，把生理、情感、文化、智力差异的多元性作为丰富的社会与学习资源；致力于创建一个学习共同体来促进不同文化背景的儿童的互相交往，以培养儿童的好奇心以及对他人、历史、语言、价值观、信仰、家庭结构和文化的尊重；创造一种针对所有儿童的、体现高期望与平等的学习环境。

（三）观察与评估

优秀的早期儿童教师能理解不同评估方法的优点和不足，知道怎样有效运用这些方法对儿童的行为、交往活动等进行系统观察、监控和记录，并将所获信息与儿童、家长以及其他专业工作者分享，共同改善教育效果。

具体内容包括：经常在儿童游戏和学习时认真细致地观察他们，并使观察、评估成为日常性工作；运用不同的评价方式和系列评价策略，评估儿童的创造力，解决问题的能力，回答问题的能力，毅力与好奇心，以及与同伴、成人一起活动的能力等发展情况；鼓励儿童对自己的学习和发展作出评价，培养儿童形成判断与评价自己、他人的能力，培养儿童对自己的学习和行为负责的精神；定期对每个儿童的具体情况进行判断与评价，并据此确定每个儿童阶段性的发展目标，制订符合每个儿童实际状况的发展与学习计划；经常把评估信息反馈给儿童、家长和其他专业工作者，并与他们交流；理解有些儿童的发展可能在期望范围之外，并且能够用有关特殊儿童的评估方法和理论来对这些儿童进行评估和教育。

（四）促进儿童的发展与学习

优秀的早期儿童教师能组织与创设有助于儿童发展和学习的环境，促进儿童的知识、技能、道德、个性、社会性的全面发展。

具体内容包括：运用儿童发展与学习的理论创设安全、有爱心、包容和智力参与的环境，营造有利于获得知识、发展感情和形成生活技能的氛围；认识到游戏在儿童认知和社会性发展中的核心作用，能够经常充当游戏发起人的角色，发起各种室内外游戏；认识到早期儿童的学习应建立在实践基础之上，能够支持儿童建构复杂的思想、理解事物之间的关系，建立事物之间的联系，培养儿童的好奇心、想象力和创造力；帮助儿童学会理解自己以及他人的情感，并用健康的方式表达自己的愿望；尊重每一位儿童，让不同个性的儿童都充满自信；帮助儿童学会保健、营养和安全知识；知道语言是表达观点和问题的有利工具，儿童正处于语言发展的关键时期，语言技能的习得是儿童发展的基本任务；懂得语言习得的步骤和阶段，支持儿童的语言习得；培养儿童的学习方法和伦理道德，为儿童的学习提供更多的资源和学习机会；鼓励儿童发现问题，向周围世界质疑，学会用多种方法解决问题。

（五）综合性课程的知识

优秀的早期儿童教师能在精通儿童学习理论、学科知识以及各种评估理论的基础上，设计并实施紧密结合学科发展的适宜性教学。

具体内容包括：能够从不同的知识结构和学术概念中综合出新的关于儿童发展的知识与观点；教育教学实践既不完全是"以儿童为中心"的模式，也不完全是"以学科知识为中心"的模式，而是二者的有机结合；知道儿童是通过在脑海中建构起广泛的联系来学习知识，因此需要给儿童提供各种综合性的课程，这种综合可以是以一种物质（如植物）为中心加以组织的，也可以是以一个关键的概念（如变化）为中心加以组织的，还可以是以一个本质性的问题（如天气如何影响生物的成长）为中心加以组织的；对核心学科（包括语言和读写、数学、科学、社会、艺术、体育与健康）有广泛的理解，知道每个学科的核心概念、思想以及儿童对每个学科需要掌握的具体内容，熟悉儿童学习不同学科的典型方法与策略，以及儿童在每个学科中的初始概念和常见的困难，并能够根据这些理解来计划和综合运用各种经验。

（六）有意义学习的多种教学策略

优秀的早期儿童教师能通过实施多种多样的实践和提供充足的资源，促进每一个儿童在身心健康、有意义学习以及社会合作等方面的发展。

具体内容包括：能够通过多种渠道收集评估信息，并根据所收集到的评估信息进行教学实践；知道儿童的学习方式多种多样，能够提供充足的时间和资源，运用多种技能进行教学，以适应儿童学习的多样性，满足每一个儿童的不同需要；通过各种途径帮助儿童发展潜能；认识到教育技术对促进儿童学习的重要性，并且能够适当地运用多种教育技术和教学资源（如计算机、网络、录像等）为儿童的学习提供帮助；坚信所有的儿童都能够通过学习获得相应的发展，并且在日常工作中真正为每一个儿童提供高期望、强有力的支持和投入，帮助儿童获得成功、体验成功；设计有助于促进儿童成长的各种教学模式，允许儿童进行有选择性的学习；能够敏锐地观察到儿童的互动、行动和提问，并进行积极的回应；能够成功地与特殊儿童相处，并且在必要的时候知道寻求他人帮助，以满足特殊儿童的特殊需要。

（七）家庭和社区伙伴关系

优秀的早期儿童教师和家庭、社区一起支持并促进儿童的学习与发展，三者是合作伙伴关系。

具体内容包括：将家长视为教育儿童的合作者，尊重不同的家庭背景、家长的能力和兴趣，采取多种有效的策略鼓励家长参与儿童的教育；意识到儿童对家庭的依赖性，认识到家长对教师所实施的教育的肯定与支持，对激发儿童学习的动机，使其更好地适应幼儿园生活具有重要作用；能够通过与家长进行坦诚而有效的交流与合作，获得有关儿童发展的更多信息，赢得家长对教学更多的支持；能够通过各种途径、运用各种形式向家长提供幼儿园课程安排的相关信息，以及儿童在幼儿园所取得的各方面进步的信息，定期邀请家长到幼儿园参观；激发家长对儿童教育的兴趣，并通过各种方式协助家长在家庭中支持儿童的学习与发展；能够和家长、教育专家、社区志愿者等一起进行有效的合作，通过协商来解决教育教学、幼儿园管理等一系列问题。

（八）专业合作伙伴

优秀的早期儿童教师能在专业的合作团队中充当领导者与合作者的角色，负责提出活动计划并引导儿童及其家人进行实践。

具体内容包括：能够有效地与教育督导人员、实习生、同事、志愿者、其他领域的专业人员共同工作，提供优质的早期儿童教育；懂得如何给予和接受他人的帮助、建议、反馈和批评，能够很好地化解与同事、家长和行政人员的冲突，能够运用专业知识和道德标准大胆挑战妨碍儿童发展的行为；能够客观公正地评价其他教师的知识、能力，通过有效的方式支持合作团队的发展；能够很好地理解有关儿童发展的政策法规，并且积极参与影响儿童发展的政策的制定；在实践和理论上理解儿童的发展规律，能够积极有效地参与决策；通过参与专业发展、网络交流、专业化组织、协作等活动，全身心地投入儿童的教育中去；在儿童教育的合作团队中起着领导者的作用，参与当地社区教育方案的制定，进行课堂研究以发现新知识，参与评估其他教师的专业发展等。

（九）反思性实践

优秀的早期儿童教师能定期评估和综合分析自己的教育教学实践活动，以提高工作的质量和有效性。

具体内容包括：认识到对自己的教育教学实践进行定期反思是一个专业教育工作者的重要责任；能够根据儿童的需要、具体教育情境、长远的教育目标有效评估教育活动，并能清晰明确地指出教育实践的优点，对教育实践的适宜性判断具有情境性；能够通过与儿童的互动、倾听家长与同事的意见、观察其他教师的实践方式，获得关于自己的实践结果的相关信息，并对这些信息进行认真仔细的分析，找出需要改善之处；对新的儿童发展知识与儿童教育理论持一种完全开放的心态，并希望通过有效的学习与反思不断改善教育教学水平，促进专业发展；通过各种方式促进自己对教育实践的反思，如阅读专业论著、参加专业培训和各种教育专业团体举办的活动，以及各种教育项目研究活动等。

二、英国幼儿园教师专业标准

英国虽然没有像美国那样有专门的幼儿园教师专业标准，但英国政府教师教育资格认定委员会（CATE）制定了包括合格教师资格标准、入职教师（顺利完成入职培训的教师）标准、资深教师（获得更高级别薪水的教师）标准、优秀教师标准和高级技能教师标准等系列专业标准，专业标准涵盖基础教育各个阶段的教师。其中"合格教师资格标准"从专业品质、专业实践与理解、专业技能3个方面对教师作出了规定，具体内容如下：

（一）**专业品质**

（1）对儿童和青少年拥有较高的期望，致力于保证自身能充分挖掘自身的教育潜力，形成公平、尊重、信任、乐于助人的品质。

（2）有积极向上的价值观，展示积极的态度和言行，为儿童和青少年树立榜样。

（3）要特别注意与其他教师之间建立良好的工作关系，共同促进教学工作。

（4）与儿童和青少年、同事以及家长之间有很好的交流。

（5）认同和尊重家长，处理好与同事、社区人员的关系，共同创造使儿童健康成长的环境。

（6）致力于促进师生在校园中的团结合作。

（7）在实践中不断反思、提高自己，满足自身专业发展的需求，承担教师应负的义务和责任。

（8）有利用一些重要途径发展自己的创造性和创新性的能力，具备认识自己的能力。

（9）能够按照一定的建议接受指导和培训。

（二）**专业知识与理解**

（1）具备教学所需要的知识，有丰富的理解力，了解如何能达到相应要求，包括知道通过何种途径激发自己学习的潜能。

（2）知道国家课程的价值、目的、教学要求。熟悉学生应达到的水平要求。

（3）了解一系列评价的方法，包括形成性评价。

（4）了解如何使用校本、国家的评价体系来增加教学的有效性，提升教学水平，提高个人素养。

（5）了解一些地区和国家相关教育政策的知识，对一些核心课程，能够在课前课后各个关键环节与阶段进行适当的教学安排。

（三）**专业技能**

（1）计划、期望和目标。教师设定具体的教育教学的目标，这些目标与全体学生相关，教师用这些目标来计划和安排课程。

（2）班级管理与组织。教师应该对学生抱有高的期望，建立起一个学习环境，这个环境重视多样性并能让学生感到安全和自信。

（3）教学与课堂管理。美国幼儿园教师质量是通过教师教育专业标准、新教师资格认定标准以及优秀教师资格认定标准 3 个连续的质量控制标准体系来保障的。英国教师专业标准框架与美国基本相似，是由相对较低水平到高水平发展的，也就是在合格教师标准的基础上逐渐提高与拓展的。不同的是，英国教师专业标准"一体化"的特点，体现了英国对教师专业发展的渐进性的认识。两国标准都关注到了不同时期教师专业标准有别的要求。专业发展越高，对教师专业标准的要求就越严格。同时，也体现了教师专业发展的动态性：由毕业入职，到能力形成，再到较成熟的不同阶段。

两国幼儿园教师专业标准具有一定的代表性。窥一斑知全豹。综观各国促进教师专业发展的经验和专业标准，幼儿园教师专业标准多从教师伦理与道德、专业知识、专业技能，以及专业自主性上来考量，各国幼儿园教师专业标准的核心内容与要求具有高度的一致性。

第二节　我国幼儿园教师专业标准的基本理念

教师的专业理念与道德要求是教师行业的基准线。几乎所有的国家和地区都将其作为教师职业的基础。《专业标准》为幼儿园教师确立的基本理念为：幼儿为本，师德为先，能力为重，终身学习。这些基本理念充分反映了幼儿园教师的职业特点、价值取向和基本信念。主要表现为以下几个方面：

一、以幼儿为本

"幼儿为本"的理念表明了对教育对象——幼儿最本质的认识，对教育者——教师应该怎样认识和对待教育对象提出了基本要求。这一理念强调了两个尊重：一是尊重幼儿的权益和主体地位；二是尊重幼儿的身心发展特点和保教活动规律。这一理念渗透在《专业标准》的各个维度、领域和基本要求之中。

《幼儿园教育指导纲要（试行）》（以下简称《纲要》）中明确指出，幼儿园教育应尊重幼儿的人格和权利，尊重幼儿身心发展的规律和学习特点。在教师组织幼儿生活和学习中，首先应该树立"以幼儿为本"的教育理念。在日常的学习和生活中要解读幼儿，从幼儿的角度去体验他们的想法，从幼儿的视角去感受他们的意愿。根据幼儿的认知特点，合理地对幼儿进行引导、教育，给他们充分的自由活动时间，充足的自主活动空间，以满足幼儿的发展需要。

幼儿的本能和天性是实施各种教育的基础，只有以幼儿为本，充分了解幼儿，才能更好地促进幼儿身心健康发展，而只有在幼教实践中尊重幼儿、理解幼儿并进一步从各种外部束缚中解放幼儿，才能真正做到以幼儿为本。

（一）尊重幼儿

建立在平等基础上的尊重，能使幼儿产生良好的自我感觉和积极、主动的精神状态。有了自尊心，就能培养孩子自强、自立的精神。要教育孩子，首先就要尊重孩子。孩子最初感受到的受人尊重的感觉是从父母那里得到的，尊重别人的意识也是在日常生活中经过多次的训练、教育，不断地强化而逐渐建立起来的。

我们能尊重成年人，是因为大家处在平等的位置。我们难以尊重幼儿，主要是我们和孩子不在同一高度。总是习惯高高在上地俯视他们，这样的对话自然难以平等。其实，孩子除了身高以外，没有什么比我们低一等，显然，身高上的差异，不能成为不尊重孩子的理由。但在现实生活中，有相当一部分家长，甚至包括一些幼教专业人员，虽然他们也知道一些尊重孩子的道理，但却难以将其始终如一地贯穿在教育实践之中。在他们眼里，孩子由于缺乏足够的自主意识，因而不能被当成一个独立的个体来对待，必须一切听从大人的安排，一旦孩子的行为与他们的意志相左，或达不到他们的期望与要求，斥骂、棍棒随之而下。所以，学会尊重孩子不是一件容易的事，也不是一朝一夕就能形成的。尊重幼儿不仅意味着"关爱"幼儿，更是以现代儿童观为认识基础的一种理性和自觉的行为。具体表现为以下几点：

1. 尊重幼儿的基本权利

随着社会的进步，尊重幼儿权利的问题日益受到人们的重视。早在 1924 年国际联盟大会就通过了《日内瓦儿童权利宣言》。这是人类历史上第一个主张儿童权利的国际性文件，其宗旨是救济和保护儿童，防止奴役、贩运童工等。1959 年联合国大会通过了《儿童权利宣言》，儿童的权利得到了扩大和加强，开始把儿童主体的作用提高到了重要的地位。1989 年联合国大会又通过了《儿童权利公约》，明确规定了儿童的生存权、发展权、受保护权和参与权。其中：生存权包括生命权、健康权和医疗保健的获得；发展权是指儿童拥有充分发展其全部体能和智能的权利，具体指信息权、受教育权、娱乐权、思想和宗教自由、个性发展权等；受保护确对待儿童、父母善待子女的指导思想。作为现代社会的父母和幼教工作者，不仅应该关心和了解这些知识，而且还要在实践的层面自觉地加以身体力行。

尊重幼儿的基本权利，要求幼儿园教师在教育活动中正视幼儿的存在，理解他们的愿望，肯定他们的努力，赞赏他们的成就。同时，还要积极主动地维护幼儿的合法权益，公平公正地对待每一个幼儿；不讽刺、挖苦、歧视幼儿，不体罚或变相体罚幼儿；信任幼儿，承认并尊重幼儿的个体差异，主动了解和满足有益于幼儿身心发展的不同需求；坚持正面引导和积极鼓励，杜绝并抵制漠视幼儿人格、侵犯幼儿权益的做法。

在具体的教学活动过程中，尊重幼儿的基本权利主要表现为幼儿园教师要允许幼儿自主选择游戏内容、游戏伙伴和游戏材料；支持幼儿主动地、创造性地开展游戏；能及时发现和赏识每个幼儿的点滴进步，注重激发和保护幼儿的积极性、自信心。即使幼儿的想法与教师的想法发生冲突，也要尊重他的个性，不要强行为他做主；即使幼儿的选择最后是错误的，对于他来说也比你为他作的选择好，至少他尝试过，并深刻明白自己的选择错在哪里。这样的尊重，对于帮助幼儿形成健全而完善的人格是非常必要的。

2. 尊重幼儿身心发展的规律

幼儿的发展过程是一个自然的进程，无论是生理还是心理发展，均有其自身发展的内在规律。在教育幼儿的过程中，如果违背了发展的自然规律，往往会把事情弄得很糟，不仅达不到教育的预期效果，还会影响幼儿的正常发展。在幼儿教育的过程中，教育者存在的较为普遍的一个问题就是缺乏等待孩子自然成长的耐心。许多年轻父母迫不及待地要求幼小的孩子学这学那，过早地让孩子投入所谓的"学习"环境之中，把识字、拼音、计数、外语当成早期教育的全部内容。这种片面的认识和盲目的举动，背离了幼儿的自然发展规律，加重了他们的认知和心理负担，以致产生不良后果。很多研究都表明：学习压力过大是导致幼儿各种身心障碍的主要原因。孩子过早进入学习阶段，免不了会遭遇种种困境与失败，教育者在急于求成的心理驱使下，往往只能接受孩子的成功，不能接受孩子的失败。在这种状况下，尊重幼儿的基本权利就会被弃之一旁而无暇顾及了。其实，孩子们需要的是自然发展的时间表，家长及幼教工作者应让他们逐个地、循序渐进地走过人生的每一个发展阶段。

3. 尊重幼儿的独立人格和自我意识

幼儿园教师要认识到幼儿是一个独立的个体，他们拥有独立的人格和自我意识，他们有自己的想法和观点，不能因为幼儿在身心发展过程中表现出的对成人的依赖性就忽视他们独立人格和自我意识的存在。

幼儿的自我意识是他们社会适应性发展的基础，没有良好的自我意识就没有良好的社会适应性。自我意识包括自我感觉、自我评价、自尊心、自信心、自制力、独立性等。在孩子成长的早期，这些素质发展不好，就会影响他日后适应社会的能力。幼儿最早的自我意识来自于外部环境对他的评价，当他肯定自己被父母、教师、小伙伴关爱和重视时，就能确认自身的价值，并进而产生自尊、自信、自豪的心理体验。幼儿在两三岁时，其自我意识就已经开始产生，他们会提出"我自己来""我自己做"的要求，并跃跃欲试地尝试着做每一件事，这是幼儿心理发展到一定阶段的正常现象。可是许多父母和教师生怕他们做不好，总是包办代替，从而剥夺了幼儿学习与锻炼的机会。而当他们到时候什么也不会做或什么也做不好时，却又会受到来自父母和教师的指责与埋怨，这对幼儿来说是极其不公平的。因此，随着幼儿年龄的增长和独立意识的增强，幼儿园教师应通过各种方式以实际行动给予支持，对其给予充分的信任，让他们拥有独立的空间和支配时间的自主权，尊重他们的自主选择。

尊重幼儿人格，还意味着要满足他们的兴趣爱好，保护他们的自尊心。每个幼儿都有自己的兴趣爱好，不管是哪些方面的爱好，只要是正当的，幼儿园教师都应给予鼓励和支持。培养幼儿的兴趣爱好，并不在于他长大后要靠这个谋生，而是在于培养他们对某一件事的专注精神，一种有所追求的信念，一种想做事情并能做好的信心，一种能从个人爱好中寻求乐趣的生活态度。幼儿一旦拥有了属于自己的兴趣爱好，一生都将受益无穷。自尊是一种精神需要，是人格的内核。维护自尊是人的本能与天性，幼儿的自尊心是他们成长的动力。保护好幼儿的自尊心，增强他们的自信是幼儿园教师的责任。

4. 给予幼儿一定的自由空间

我们经常听家长说，现在的孩子不愁吃不愁穿，要什么有什么，真是身在福中不知福。可孩子们说，爸爸妈妈总是逼着我学这学那，一点儿自由都没有，真没意思。为什么现在的孩子备受宠爱，却反而感受不到快乐？为什么家长为了孩子省吃俭用，却得不到孩子的理解？其主要原因在于家长总是以自己的愿望和感受来替代孩子的主观需求，忽视了孩子除了吃好穿好的需要外，还有渴望得到尊重、渴望独立自主、渴望自由创造的需要。这些需要的满足，才能使孩子感到真正的快乐和幸福。

孩子在最初的几年里是用身体、用活动、用游戏去感觉世界和认识自己的，而不少幼教工作者却剥夺了孩子的这种学习方式和活动的权利，用各种各样的学习安排把孩子活动的时间和空间都占据了，这对孩子的发展十分有害。研究表明，受成人支配太多、指责太多的孩子自我激励能力很弱，创造能力和想象力的发展受到压制，好奇心也受到打击，他们很难发现自我价值。同时，孩子们由于过早地承受太多的学习压力，从而早早地失去了童年的乐趣，没有正常孩子那样的欢乐，这将影响他们的社交能力和其他各种能力的发展及心理发育。

尊重幼儿就要把自由和独立还给幼儿，让他们自主选择、自由探索。幼儿园教师的责任在于按照一定的社会规范去引导幼儿的行为。幼儿生命成长的每一个阶段都有其特有的身心发展特点和内容，教育者应给他们一定的自由空间，把原本属于他们的权利还给他们。只有这样，幼儿身心发展的巨大潜能才能得以挖掘并得到展现。

5. 正视幼儿间的差异

由于受遗传因素和环境的影响，幼儿之间存在着一定的发展差异，这并不奇怪，奇怪的是很多幼儿园教师总是习惯于对幼儿进行横向比较，从而看不到幼儿经过努力而取得的进步。他们对于那些在小伙伴中表现优异的孩子从来不吝啬自己的赞美和表扬，并给予特别的"关爱"，而对那些在各方面表现不尽如人意的孩子则总是不停地批评、数落，甚至讽刺、挖苦。这样不仅很容易导致那些所谓表现不好的幼儿心理上的消沉和迷惘，走向行为上的退缩和自卑，而且也会使那些表现优异的幼儿形成自傲和以自我为中心的不良人格。

幼儿由于年龄小，见识少，他们往往以父母和教师的评价来评价自己，过多的批评、责骂容易使幼儿迷失自我。其实每一个孩子的身心发展特点都是各不相同的，幼儿园教师既不应该对不同的幼儿进行简单的比较，也不能因为幼儿某方面的欠缺而否定他的一切，更不能以所谓的成功个案为标准来规范每一位幼儿的身心发展。幼儿园教师要勇于承认并正视幼儿间的差异，怀着一颗平常之心耐心地引导幼儿以自己的速度成长。幼儿园教师要努力寻求与幼儿心灵上的沟通与默契，使他们从来自教师的关爱中感受到自身的价值，并由此学会尊重和欣赏自我和他人所表现出来的独特性。幼儿园教师必须时刻牢记，对幼儿的信任与尊重是促使幼儿健康成长的最有力的保证。

（二）理解幼儿

1. 理解幼儿是幼儿园教师在幼儿教育实践中的感悟

理解幼儿是尊重幼儿的前提，也是幼儿园教师在幼儿教育过程中的实践感悟。从时间属性看，幼儿园教师只有理解了幼儿的过去，才能理解幼儿的现在；只有理解了幼儿的现在，才可能引导幼儿走向美好的未来。从空间属性看，理解幼儿，不仅要理解他们此刻身处的环境，还要了解他们生活的家庭和社区，更要明白幼儿将要为之服务的未来社会图景。当面对特定教育情境中的幼儿时，幼儿园教师只有能够对幼儿做出这种立体的解读，才会促进幼儿发展，达成教育的目标。从本质上看，幼儿教育就是一种对幼儿最为真切的理解。

理解幼儿应成为幼儿园教师专业标准所体现出的核心精神。从幼儿出发，从社会出发，还是从教师出发？不同的思路会导致幼儿园教师专业标准不同的价值取向。美国国家幼儿教育协会（NAEYC）制定的幼儿园教师教育标准包含了5项核心内容，其首要标准就是要求所有的幼儿教育从业人员能够促进幼儿的发展与学习，理解幼儿的特征与需要。美国国家专业教学标准委员会（NBPTS）在优秀教师标准中对优秀幼儿园教师有9个方面的规定，其中第一项就是理解幼儿，理解儿童是一个独立的个体。

2. 理解幼儿是幼儿园教师专业化的要求

幼儿园教师的培养过程应该是在理解幼儿基础上的教育实践过程，这也是幼儿园教师专业化的最终目标。只有把握了在实践中如何做到理解幼儿，幼儿园教师培养机构才能有效地完成职前培养、入职和职后培训的目标，幼儿园教师的专业成长才能做到与幼儿园教师专业标准相统一。理解幼儿不仅需要经验的积累，而且需要科学知识的支持，所以，幼儿园教师的职业专业化就成为幼儿教育的内在要求。幼儿园教师只有理解幼儿，才能帮助他们实现自己的愿望，并进一步引导其健康成长。

"理解"是一个复杂的心理过程，为了能够理解他人，人们不仅需要通过观察、学习等手段去积累有关研究对象的知识，而且还要具有移情、想象等能力和技巧。仅仅依靠经验理解幼儿通常需要足够长的时间，而且还必须和幼儿一起生活，幼儿园教师的职业特点则要求他们在接触幼儿的过程中必须能够做到尽快"理解幼儿"，因此幼教工作者对幼儿的理解必须有科学的、高效的途径。这就是幼儿园教师的专业化培养过程，由此决定了幼儿园教师的专业结构建设应以"理解幼儿"为目的。根据"幼儿为本"的专业理念，职前幼儿园教师的培养课程基本上是围绕"理解幼儿"来设置的。如：学前心理学让学习者知道幼儿的需要；学前卫生学告诉学习者幼儿的生理结构、功能及其变化和保健；学前教育学让学习者明确如何才能使幼儿有一个幸福的现在和未来；幼儿园活动的设计则教给学习者如何以幼儿能够理解的方式去影响他们。

普适性的幼儿教育理论为幼儿园教师描述了一个概括的、抽象的、静态的"概念化幼儿"，而作为幼教实践对象的幼儿则是一个个鲜活的、有着自身独特特点的、指向未来多种可能性的、具体的存在。要解决幼儿教育中的现实问题，"理解幼儿"就不再只是一个理论上的命题，而是每一位幼儿教育工作者都必须面对的，需要在教育实践中证实和建构的命题。一个优秀的幼儿园教师需要丰富的幼儿科学知识和教育知识，同时还必须具备将这些知识用于教学活动，促进幼儿发展的能力。这种专业化素养和能力的形成不仅需要科学而有效的教育培养过程，而且还要求幼儿园教师具有经常性的实践反思意识和反思能力。一个专业化的幼儿园教师群体，必须不断发现和交流对幼儿的新的认识和理解。幼儿园教师在面对一个独立的、个性化的幼儿时，他的理解也必须建立在对幼儿的过去及当下生活的了解基础之上，因而需要家长、社区工作人员等相关人员的支持和配合。可见，幼儿园教师的教育活动不是孤立的，而是在一个宏大的背景下展开的，只有这样的幼儿教育才是科学的、有效的和真实的。

（三）解放幼儿

1. 解放幼儿的身体

身体虽然存在于物理空间，但它绝不仅仅是一个物质实体，同时也是一个精神性、文化性和社会性的存在。身体在感受痛和快乐的同时，也就成了思想的主体。幼儿通过身体进行活动，从而达到完善自己的能力并实现自我塑造的目的。幼儿的身体与外部世界始终处在相互作用之中，只有通过健康的身体活动，幼儿才能实际地把握这个世界并建构起一个属于自己的意义世界。因此，身体既是幼儿自由和精神自我超越的出发点，也是幼儿活动的目的地。

长期以来，教育都以追求知识和理性为目标，并力图去驯服与生俱来的本能和冲动。因此，成人总是对幼儿先天的本能需要感到忧虑，他们常常善意地控制孩子的一些本能需要和欲望，不知不觉中就造成了对幼儿天性的极大束缚，十分不利于他们的健康成长。学者王富仁就此论道："我们现代的儿童不是懂事懂得太晚了，而是懂事懂得太早了；他们的幼年、童年和少年的心灵状态不是被破坏得太晚了，而是被破坏得太早了。"① 成年人的文化几乎是一集装箱一集装箱地倾倒在他们懵懂的心灵中。我们的儿童几乎在没有做过幼年梦、童年梦和少年梦的时候就懂得了成年人才会懂得、才应懂得的东西……所有这一切都造成了他们精神发展上的畸形化。

成人用自己的标准对幼儿身体进行控制和支配，压抑了幼儿的本能，使原本生命化的精神状态完全理性化或者物化，这样做违背了生命的原则。幼儿教育如果忽视对幼儿身体和本能的关照，就必然会走向不道德，也会导致其精神发展的异化。因此，解放幼儿的身体，让他们的身体自然发展，尊重幼儿的本能，充分满足其合乎天性的需要，是幼儿教育应遵循的核心原则，也是保证幼儿心灵健康成长的前提条件。

教师通过各种精细化的策略和手段来控制幼儿的身体，规范幼儿的行为，从短期效果看，有着立竿见影的成效，但从长期影响看却是无效的，甚至是有害的。因此，现代幼儿教育强调的是对幼儿的引导和保护，而不是简单的控制，这就要求幼儿园教师关注幼儿的兴趣和爱好，引导他们在自我体验中实现自身的发展。幼儿的世界是一个动态的、活生生的生活世界，而非一个抽象的、静止的机械世界。幼儿在丰富多彩的"生命过程"中，体验"活着"的意义。任何试图脱离生活世界，仅仅依靠从外部对幼儿行为加以控制的教育方式，都将在抽掉"生命活动"丰富性的同时，也丧失其应有的魅力。

回归身体，从身体的角度重新审视和评价一切，在幼儿教育实践的基础上达到身心统一，摒弃对身体简单控制的理念，关注幼儿内在体验，让幼儿在充满快乐和自由的体验中，追寻生命的价值和意义。

2. 解放幼儿的时间

纵观目前我国幼儿园教育现状，"应试教育"模式正在向幼儿教育阶段延伸。"不能让孩子输在起跑线上"牵动着每个人的神经，再加之在幼小衔接的过渡时，教师以幼儿的计算能力和识字多少来评价幼儿能力的强弱，使得幼儿教育成了为小学学习打基础的阶段。于是，人们把自认为好的、优秀的、有用的知识不断加入现有的幼儿园课程体系中，而忽视了幼儿未来的幸福并不取决于拥有知识的多少，幼儿生命的意义是由他们自己主动建构的。为了将幼儿从沉重的学业压力下解放出来，我们应该给幼儿园的课程做些"减法"，尽量减

---

① 王富仁. 把儿童的世界还给儿童 [J]. 读书，2000（6）：15.

去那些不利于幼儿发展的知识、没必要的知识以及幼儿以后也能学习的知识。减少了知识，也就相应地减少了控制，儿童的自由便得到了更进一步的发展。

3. 解放幼儿的心灵

师幼互动强调幼儿园教师与幼儿的关系并不是简单的主体与客体的关系，也不是功利主义所认为的手段与目的的关系，而是互为主体的"人与人"的关系，其精神内涵旨在强调人与人之间的民主、平等、自由，而"对话"则是开展健康师幼互动的最好形式。

幼儿教育中的对话是基于师幼之间的相互信任、尊重和平等，通过言谈和倾听而进行的双向沟通。师幼双方彼此作为平等的主体，通过对话交流来增进彼此的了解与信任。在这一过程中，每一方都把另一方看作自己交谈的"你"。对话不仅是交往双方的言谈，更是双方内心世界的沟通，相互间真诚的倾听和接纳，在相互接受和倾吐中实现双方精神的融合。在"对话"中，师幼之间完全敞开，在语言与思维的交流中不断生成新的东西并不断建构和谐的师幼关系。对话不仅是一种教育方法、一种教育关系，更是一种教育态度和意识。

"对话"的教育理念有助于师幼之间的相互信任、尊重和平等。它摒弃了单纯而静止地从外部控制幼儿行为的教育路线，转而面向幼儿的内心，关注其内在独特的精神世界。这种变革被杜威称之为"一种革命，一种像哥白尼把天文学的中心从地球转到太阳的那种革命"。在此理念下，幼儿园教师的职责不是简单地控制幼儿的身体，而是为幼儿提供一个相对宽松的、多样化的、有利于幼儿身体自主探索、心灵自由翱翔的环境。也就是说，"对话"教育在使幼儿身体解放的同时，也让其心灵得到解放，幼儿从被教师控制走向自我控制，从身体出发又回归心灵，在身心和谐的对话中实现幼儿的解放。

二、师德为先

(一) 道德性是教师职业的本质特性

任何一种职业道德，其存在的意义首先就在于保证该职业的成员搞好本职工作。教师的本职工作是"教书育人"，教师的职业道德就是指教师在履行职业行为过程中所形成的比较稳定的道德观念、行为规范和道德品质的总和，它是调节教师与他人、教师与集体、教师与社会相互关系的行为准则，包括职业理想、职业责任与职业态度等。教师职业道德也是教师在教育教学过程中通过不断提高自我修养而形成的一种获得性的内在精神品质。它是一种有助于提升教师自身的生活质量尤其是职业生活质量、满足教师自己的精神需要的品质，更是有效履行自身的职业行为所必需的品质。拥有道德自觉的教师，能够站在人类历史文化的高度洞察人生、完善心智，他们对人生的目的和意义有着深刻的体悟，并由此确立正确的生活方式，为实现完美的人格提供一种精神力量。

人类教育活动所追求的终极目标是个体的精神自由。教育的前提、对象和结果都是自由而活泼的个人。在教育者的眼中，每个人都是独一无二的，不能重复的。通过教育不断促进个体的自我认知，使人忠实于自己的本性，并充分实现自己的本性。这样，教师的使命就应当包含两个方面的内容：其一是通过向受教育者传递人类优秀文化遗产，帮助个体分享人类世代积累的知识财富；其二是开发个体的创造潜力，激起受教育者的社会责任感和历史使命感，进一步开启通向个体自由发展之门。现代教育致力于把人从愚昧无知中解放出来，从偏见、迷信和形形色色的权威中解放出来，从一切束缚人的创造性、阻碍人的精神自由的观念体系中解放出来。

自教师职业从社会一般劳动中分化出来成为一项具有独立形态的社会劳动之后，作为一种特定社会角色的教师就一直与某种特定的社会文化精神结下了不解之缘，并成为此种文化精神的承担者和传播者。泰戈尔说："教育的目的应当是向人传递生命的气息。教育之'育'应该从尊重生命开始，使人性向善，使人胸襟开阔，唤起人自身美好的'善根'。"①《大学》中说："大学之道，在明明德，在亲民，在止于至善。"赫尔巴特也说过，他不承认有任何"无教育的教学"，教学如果没有进行道德教育，只是一种没有目的的手段。可见，教育事业并不是一般意义上的社会实践活动，更能将其单纯地理解为教师个体的一种谋生手段。一个真正的"教育者"应该把教育实践当作实现自己生命价值的基本途径，其教育思想应体现在自己全部的人生之中，教育与生活同在。把教育当职业与把教育当作自己的生活，这是两种完全不同的教育境界。后者要求教师善于用敏锐的目光去捕捉生活中每一个具有教育意义的细节，与学生一起去体验生命的意义和价值。总之，从本质上看，教育事业乃是教师个体的一种道德实践活动。

---

① 朱慕菊.幼儿园教育纲要（试行）解读［M］.南京：江苏教育出版社，2009：15.

对于幼儿园教师来说，"师德为先"的理念包括三层含义：具有职业理想与职业道德；尊重和热爱幼儿；为人师表，教书育人。这一理念集中体现在《专业标准》中的"专业理念与师德"部分，并渗透在各个维度、领域和基本要求之中。

（二）幼儿园教师对待幼教事业的道德要求——坚定的信念

爱岗敬业、献身教育是师德的基本要求。对幼儿园教师职业的理解与认同包括热爱学前教育事业，具有职业理想和不断学习的精神；认同教师职业的专业性，重视自身专业素养的提高与完善；贯彻国家教育方针政策，遵守教育法律、法规。

幼儿教育活动是幼儿园教师所从事的主要活动，也是他为社会服务的具体形式。因而，幼儿园教师个体的道德水平就直接体现在他对待自己所从事事业的态度上，其活动动力很大程度上也是由此而产生出来的。

这是因为，幼儿园教师的劳动对象是幼儿，其活动目的则是通过自身不断地努力将幼儿身心所蕴含的无限发展可能性转化为现实性，引导和促进幼儿身心不断走向和谐发展。这样一个"育人"过程，从时间上看是长期的，从内容上看是复杂的。"育人"过程的长期性和复杂性可以从两个方面得到说明：一方面，从人的整体发展来看，需要一个较长的周期，个体从进入幼儿园到走向社会，前后通常需要十几年的时间，这意味着幼儿园教师劳动价值的最终实现，要经过一段很长的时间后才能得以显现出来；另一方面，即使是幼儿某一具体身心品质的发展和改变，同样要经历一个长期而反复的过程，如某种社会所期待的身心品质、行为习惯的养成，某种不良品质和习惯的矫正，都要经过无数次的反复，需要幼儿园教师付出长期而艰苦的努力才能收到成效。这也就意味着，任何一名优秀的幼儿园教师，甚至仅仅是一个合格的幼儿园教师，他所付出的劳动投入与由这种劳动投入所取得的劳动报酬是很难相等的。这样，仅仅依靠经济手段、立法措施、行政规定等外在的规范来调节幼儿园教师的职业行为也就难以保证教育教学的效果。因为，任何外在的制度都不可能将教师的一切行为置于监督之下，假如教师心中没有一个内在约束机制在起作用的话，所有的外在监督即使不是完全无效，也会大打折扣。在这里，幼儿园教师对幼教事业的热爱和强烈的事业心，就是一种相对于各种外在约束而言更为重要而持久的内在推动力量。

另外，幼儿园教师的劳动成果通常是以一种潜在的形式表现出来的。它不像物质生产领域中的劳动可以直接为社会创造利润，它是以潜在的价值形态凝聚在幼儿的身心结构之中，表现为幼儿身心特点的发展变化。再加上教育劳动的周期又比较长，这就决定了幼儿园教师的劳动成果通常都不能以直接的价值形态表现出来。正是幼儿园教师劳动价值的这种潜在性，使得许多人对幼儿园教师劳动的社会价值估计不足，特别是在社会发展水平相对落后的情况下就更是如此，由此而导致社会上相当多的一部分人轻视幼儿园教师劳动的价值，对幼儿园教师职业缺乏应有的理解和尊重。在这种情况下，如果没有发自内心地对幼教事业的热爱和对自身劳动价值的内在体会，幼儿园教师就很难做到长年累月、默默无闻、任劳任怨地以自己的精力和汗水为社会发展作出自己特有的贡献。

这里应该强调的是，幼儿园教师要确立起忠诚于幼教事业的道德规范，仅仅依靠高尚的献身精神是不够的，他还必须要对于自己所从事的事业在幼儿未来的生命历程中，在国家、社会，乃至人类的进步发展中所具有的价值有一个清醒而自觉的确认。同时，幼儿园教师还应认识到，他所从事的幼教事业不仅是自己的一种生存手段，更是发挥个人才能实现自我价值的一个平台，是个体参与历史创造，最终达成自我完善的一条重要途径。

（三）幼儿园教师对待幼儿的道德要求——灼热的爱心

《专业标准》要求：幼儿园教师要"关爱幼儿，重视幼儿身心健康，将保护幼儿生命放在首位"，"要富有爱心、责任心、耐心和细心"。作为社会人，只要具有爱心，自然会衍生出许多对社会有益的行为和责任感。幼儿园教师只要树立起以幼儿为本的理念，富有"爱心"，自然会衍生出对幼儿教育的责任心、耐心和细心，同时也就会衍生出对幼儿生命安全的责任感。只有具备爱心，才能产生对职业的正确理解与认同，产生正确的态度与行为，产生正确的保教意识，进而升华为对幼儿教育事业的职业理想和敬业精神。

师幼关系是幼儿教育实践中最基本也是最重要的一种人际关系，在这种关系中存在着广泛的道德生活空间，并发挥着重要的教育职能。从幼儿的角度说，通过这种每日每时都要遭遇到的现实关系，他逐渐理解和掌握了一般的人际关系准则，不断陶冶着自身的道德情感和道德习惯，从而为日后顺利融入现实的社会关系之中做好心理准备。而幼儿园教师对幼儿的态度和行为方式在建立良好的师幼关系中则发挥着举足轻重的作用，是否热爱幼儿就必然构成了衡量幼儿园教师道德水平的一项重要标准。

　　热爱幼儿首先是幼儿园教师的一种情感体验，在很大程度上决定了幼儿园教师的行为选择和价值取向。很难想象一个不喜欢幼儿、甚至讨厌幼儿的教师能够做到无微不至地关心幼儿的安全和发展，并竭尽全力地去引导和启发他们。同时，情感的交流又具有双向性，幼儿园教师对幼儿的这种"热爱"，很快也会被幼儿感受到并不断转化为幼儿积极向上的行为动力。

　　热爱幼儿也是幼儿园教师的一种理智选择。幼儿园教师对幼儿的"爱"是以对他们所具有的社会价值而作出的理性判断为基础的，这种判断渊源于对年轻一代的发展趋势所持有的预见和信念之中，渊源于一种深切的人道主义关怀。这就决定了幼儿园教师对幼儿的"爱"，与出于本能的"母爱"有着本质的差异。它一方面表现为以肯定、尊重和理解的态度对待幼儿；另一方面它又要求幼儿园教师对那些尚处于发展过程之中，个体价值尚未充分实现的幼儿作出严格的要求，在其成长过程中给予满腔热忱的帮助。

　　幼儿时期是个体一生中身体发展的重要时期，是行为的养成和健全人格形成的关键时期，是人生的奠基期。幼儿园教师的工作具有保育、教育双中心的特点，幼儿教育寓于幼儿的一日生活之中。幼儿园的这种特殊工作性质，决定了幼儿园教师"妈妈和教师"的双重角色。作为"妈妈"，教师要关注幼儿一日生活的各个环节，保护幼儿的身体健康，并使幼儿在一日生活的各个环节中学习知识、养成习惯；作为教师，要关注幼儿心理需要与情感需要的满足，培养幼儿良好的人际交往能力，促进幼儿良好个性及健全人格的养成。幼儿对教师的一切都很敏感，教师的一个动作、一句话、一个表情，甚至一个眼神，都会对幼儿产生积极或消极影响。因此，在幼儿人格萌芽、发展、形成的全过程中，幼儿园教师对于幼儿的热爱和期望始终是一种"无言之教"。它作为一种非权力性、非强制性的教育力量，促进或制约着幼儿的心理健康水平。

（四）幼儿园教师对待自我的道德要求——追求进步，永不满足

　　幼儿园教师的职业效果不仅受到很多客观因素的影响，还受到其自身的业务水平、道德面貌、能力状况等主观因素的制约。在客观条件相对稳定的情况下，起决定作用的就是这些主观因素。与其他职业一样，幼儿园教师也需要借助一定的手段才能将自身的活动传导到教育对象上去。然而，与其他职业所不同的是，幼儿园教师所使用的各种教育手段都带有强烈的主体性特征。

　　我们知道，教师最初的劳动手段就是其自身的言行举止与思想观念，这些显然都是非常个人化的东西，其运用的效果完全取决于个体的道德修养。因此，历代教育者无不强调教育过程中立身示范、为人师表的重要作用。随着社会的发展与教育实践水平的提高，教育手段逐渐从教育者身上分化出来，并越来越成为一个独立于教育者的客观存在。然而，一方面教育者自身作为教育手段的作用和价值并未因此而削弱，教师的一言一行、一颦一笑依然是一种重要的教育影响源；另一方面，教师在使用这些客观的教育手段时，也不是简单地"拿来"，还必须要经过一个再次主体化的过程，才能达到有效发挥其教育影响的作用。也就是说，教师在使用客观的教育手段时，必须把凝聚于其中的人类智能乃至情感完全转化为自身的智能状态和情感体验，甚至还要求超过它所包含的范围和水平。

劳动手段的主体性这一特点，决定了幼儿园教师在幼教实践中永远不能满足于现状，必须十分重视自身的发展和完善。这种不断地发展和完善，不仅是幼儿园教师专业化发展的内在要求，也是幼儿园教师职业劳动中不可分割的有机组成部分。因此，幼儿园教师的职业行为，实际上是由两个彼此密切相关的部分所组成：其一是表现为有形的直接作用和影响幼儿的活动；其二是表现为无形的作用于自我的活动，如加强自身的修养，完善自身的人格状态，不断提高专业水平，博览群书，进修学习等。显然，后一种劳动不仅仅是出于个体"自我完善"的需要，同时也是顺利履行幼儿园教师职业行为所必需的，并制约着职业行为的效果。而这种作用于自我的劳动是难以用外在的经济刺激或制度规范来维系的，它只能产于幼儿园教师个体不断追求进步和提高的过程中，永不满足现状的内在道德自律。

事实上，在幼教实践中，一切师德要求都是基于幼儿园教师人格的，因为师德的魅力主要从人格特征中生发和显示出来。幼儿园教师的个人修养与品质也就因此而成为幼儿园教师职业道德的重要组成部分。同时，幼儿园教师职业性质又具有强烈的示范性，只有为人师表、以身作则，才能对幼儿起到人格感召作用，培养出言行一致的人。

三、能力为重

"能力为重"的理念强调幼儿园教师要将理论与实践相结合，以"专业"的能力确保保教工作的科学性，并在实践中通过研究和学习不断提高专业能力。这一理念集中体现在《专业标准》中的"专业能力"部分，"专业理念与师德"和"专业知识"两个部分的相关表述也都强调了"能力为重"的理念。

（一）专业能力是幼儿园教师专业素质的重要标志

在幼儿教育改革的大背景下，人们逐渐意识到幼儿园教师的专业发展是幼儿教育事业发展的关键性因素。教育质量的高低取决于教师的专业素养，幼儿园教师专业素养的提高是幼儿教育的发展和教育质量提高的必要条件。2001年，《纲要》的颁布与实施，标志着我国的幼儿教育进入了一个崭新的阶段。《纲要》从六个方面分析了幼儿园教师专业素质的基本内涵，即：对儿童和儿童发展的承诺；全面、正确地了解儿童发展的能力；有效地选择、组织教育内容的能力；发展支持性环境的能力；领导和组织能力；不断专业化学习的能力。这些要求在《专业标准》中得到了更为明确而具体的阐述。与此同时，随着新一轮基础教育课程改革的推进，许多先进的教育思想、教育观念通过教师的行为落实到具体的教育活动中。因此，只有教师素质和能力持续不断地发展，才能为幼儿提供有意义的学习经验，促进幼儿的发展。所以，建设一支高素质的幼儿园教师队伍是当前幼儿教育发展的客观要求和迫切需要。

从《专业标准》中对于幼儿园教师专业能力的要求看，相比基础教育其他学段对专业能力的要求，更加细致和宽泛，要求也更高；与对幼儿园教师专业理念与师德、专业知识的要求相比，对专业能力的要求所涉及的条目更多，达总条目的40%，这些都足以说明专业能力对于幼儿园教师从业的重要性。专业能力是教师专业发展的重要标志，有学者指出，教师专业性对不同层次的大学、中学、小学教师来说又有不同的要求，学科专业知识的要求从大学、中学到小学教师依次而降，而对于掌握教育、心理理论和教育艺术的要求则是从大学、中学到小学教师依次而升。幼儿教育是基础教育的基础，幼儿教育的综合性决定了对幼儿园教师没有学科知识的专门要求，但鉴于幼儿教育的启蒙性，对幼儿园教师的能力要求则是最高的、最强的。因此，幼儿教育要更加注重教育策略、教育方法和教育艺术。

（二）实践性是幼儿园教师专业能力的核心

《专业标准》对幼儿园教师的专业能力要求，从内容上看非常全面而广泛。除基础教育每个学段教师都需具备的"教育活动的组织与实施""激励与评价""沟通与合作""反思与发展"能力外，对于幼儿的保教活动方面，则要求幼儿园教师必须具备"环境的创设与利用""一日生活的组织与保育""游戏活动的支持与引导"能力，而这些能力的要求从广度到高度，都要强于对其他学段的教师要求；从实施过程看，则难度更大。因此，相比其他学段，幼儿园教师在对幼儿实施保教活动过程中，程序更加繁琐，组织难度更大，沟通更加困难。综合分析《专业标准》中所要求的 27 条专业能力，幼儿园教师要想满足这些能力的要求，在人才培养实践中就必须树立"全实践"理念。在"全实践"理念的引领下统筹知识、技能、能力的教学与实践，做到知识运用、技能应用、能力提升有机结合，校内实训与校外实践有机结合。

1. 重视理论与实践的联系

注重专业理论知识在实际保教工作中的运用，课堂教学在讲授理论的同时要多采用案例教学法，让学生感受到理论知识的鲜活性。对应每一门专业理论课应设置相应的校内实验室或实训设施，让学生在模拟实践中验证理论的正确，增强理论学习的直观感受性和实际应用价值。

2. 强化技能训练

技能是知识转化为能力的中间环节，没有熟练的技能就不可能有保教能力的形成和提升。技能训练要紧贴幼儿教育应用实际，紧贴《专业标准》要求实际，不可好高骛远，不切实际地追求考级、考证。要强化技能训练意识，端正训练态度，科学合理安排技能训练时间，建立技能考核评价体系，严把技能训练考核关。

3. 加强实践教学环节

结合课堂教学进度，合理安排实践教学环节，将实践教学贯穿全学程，建立"观察—模拟—见习—实习—总结与反思"一条龙模式。在实践过程中注重强化理论知识的转化和技能的应用。这就需要重视实践基地建设，为实践教学提供保障。将不同层次、不同性质、不同类型的幼教机构进行资源整合，纳入幼教联盟范围，只有这样，才能更好地为提高见习、实习质量，拓展专业能力提供保障。

四、终身学习

"终身学习"的理念是对教师职业的特别要求。教师职业的复杂性和变化性需要教师不断地学习与思考，不断地反思和改进教育实践，不断地实现自我发展和自我完善。每一位教师都应具有终身学习与持续发展的意识和能力，做终身学习的典范。这一理念包含学习教育理论和先进经验、更新和拓展知识、实现持续发展三个方面，渗透在《专业标准》的各个维度、领域和基本要求之中。

（一）现代幼儿教育事业的发展对幼儿园教师提出的挑战

当前，知识经济正蓬勃发展，信息化技术设备、手段等日益先进、丰富，这些在推动人类社会前进的同时，也对人类发展提出了更高的要求。作为人类可持续发展的重要途径，教育也肩负着意义更为深远的使命。而教育的中坚力量教师，在课程改革不断深化的背景下，则面临着前所未有的巨大挑战。

1. 教育理解的多样性

在传统的教育视野中，人们崇尚以所谓理想化的模式去改造幼儿，以达成预期的发展目标。西方在 20 世纪 70 年代兴起了后现代主义的思潮，对整个世界的教育趋向产生了颠覆性的影响。在后现代话语与现代教育的交融中，人们不再倾向于形式单一的课程开发，课程领域开始为理解所占有。在很大程度上，它给教育理论及实践工作者带来了观念的冲击，后现代教育思想在对传统僵化、呆板、一元教育思维的批判与解构中主张多元主义，强调不确定性，以期更充分地揭示各种可能的意义。思维的转换给尚囿于传统教育方式的幼儿园教师造成了许多困惑与迷茫。由于习惯用确定的眼光看待孩子的发展，习惯施行教材的既定方针，当一元为多元所取代、确定性为可能性所更替时，他们往往感觉无从下手。

2. 角色定位的多元化

在学习型社会的创建过程里，身为人类灵魂工程师的教师，应当成为学习型社会建设的先行者和示范者，并在转变理念的探索中实现角色的重构。以往，在幼儿园教育中，教师的主要职责是将知识传递给儿童，在进行教学和其他各项活动时完成上级安排，贯彻教材的主要精神。"教"则是将幼儿园教师匮定在一个单一的角色定位上，以致造成了教师创造力的缺失，教学的形式化等诸多方面问题，并严重影响着儿童经验能力的和谐发展。

与多元化教育理念相适应，身处课程改革一线的幼儿园教师应该拥有多重角色，并能根据实际情境，灵活地变换角色。《纲要》指出，幼儿园教师要成为幼儿学习的支持者、合作者和引导者。在活动过程里，教师不应再处于权威的"领导"地位，其作用不在于传授真理，而在于激发学生的想象力，能够使学生产生对话。

3. 能力素质的综合化

当今时代是教育理念百花竞放、教育技术层出不穷的时代，这对教师的能力素质提出了很高的要求。作为一名新时期的教师，不仅要有良好的技能技巧，能够胜任幼儿园教学的各项任务，还要有扎实的专业素养和一定的理论水平，以支持自身的专业化成长。不仅要有处理教学过程中可能出现的问题的各种技能，还要能在幼儿教育中发挥主体性作用，具备发现、分析并解决问题的实践反思和操作能力。不仅要有独当一面组织幼儿活动的能力，还要有能在与园长、家长以及其他教师相协作的良好氛围中不断完善自我的能力。凡此种种，都与传统意义上教师的能力素质结构产生了严重的冲突。现在，仍有很大一部分教师接受的师范教育是重技能技巧，轻专业理论的训练，从而导致了教师专业理论基础的薄弱，知识能力结构的失衡。毫无疑问，当他们处于变革之中时，将深感所学难以致用，困难重重，而综合化则更是要求教师摆脱安于服从、习于"各自为政"、疏于家园合作的封闭状态，通过形式各异的实践促进自身能力的和谐成长。由失衡到均衡，由分散到综合，需要历经一个漫长的发展过程。

（二）学会学习是幼儿园教师终身学习的保证

面对新的挑战，幼儿园教师要使自己跟上时代发展的步伐，就必须不断学习，学会学习。德国教育家第斯多惠曾经说过："一个人一贫如洗，对别人绝不可能慷慨解囊，凡是不能自我发展、自我培养和自我教育的人，同样也不能发展、培养和教育别人。"[1] 20 世纪，科学和社会的飞速发展，使人们对教育的认识发生了改变，教育已不是人们阶段性的活动，它已成为一种终身的行为。进入 21 世纪，人们越来越看重学习，因为学习在人们生活中的地位越来越重要。有研究表明，由于科学技术的不断进步，知识更新的周期大大缩短，学生在校获得的知识已无法满足就业后的需要，青年时代获得的知识再也无法享用一生，学习将从儿童时期伴随到个体的生命终结。因此，未来的文盲是没有学会怎样学习的人。

学会学习，就是要有不断学习的意识和能力。目前，幼儿教育领域面临的问题很多，但最重要的有两个：要重新建立关于幼儿教育的价值位；要对幼儿、幼儿学习和幼儿园教师的作用重新加以认识。

关于幼儿教育的价值定位问题，有一些今天看来并不正确的观点还在支配着我们的幼儿教育工作。这就需要幼儿园教师去学习，去了解和分析遇到的各

---

① 胡碧霞.让理论看得见：自然主义与幼儿教育 [M].合肥：安徽少年儿童出版社，2010：64.

种问题，建立自己的幼儿教育价值取向。而对于幼儿、幼儿学习及幼儿园教师作用的理解，随着人类对自身认识的深入，随着社会文明的不断向前推进，过去的许多看法在今天看来已不适应现代幼儿教育的要求了。幼儿园教师应不断地加强对新的幼儿心理发展理论、幼儿教育理论的学习并改变长期支配自己教育行为的一些不正确的儿童观、学习观和教育观。

在职进修是幼儿园教师不断学习的一种好办法，它能使幼儿园教师有目的、有计划且比较系统地吸收幼儿教育方面的知识，了解最新的研究动态，从而为实际工作奠定良好的理论基础。各级幼教机构应当大力拓展幼儿园教师在职进修的机会和途径，为幼儿园教师提供充分的学习条件。但是必须注意，幼儿园教师的在职进修应突出其实践性和应用性，不能把目标定位在学历文凭的获取上。

此外，广泛的阅读应当成为幼儿园教师提高自身素质水平的另一条重要途径。这种阅读，不仅是指阅读幼儿教育的专业书籍，还应包括广泛阅读其他领域的知识，诸如文学的、历史的、社会的、自然的科学知识都应成为幼儿园教师的阅读对象。写作也是学习的一个重要方面，通过写作可以使学习更深入，更有针对性，同时写作还能促使幼儿园教师认真进行思考。

观察幼儿行为是幼儿园教师的一种实践性学习形式。通过观察，幼儿园教师可以更好地了解幼儿是如何学习的，了解幼儿处于什么样的水平状态，了解幼儿进行各种活动的意图，以及了解幼儿在学习中需要什么样的帮助等。认真观察幼儿的行为还能加深幼儿园教师对幼教理论的理解，加深对幼儿作为独特个体的理解。只有认真观察幼儿的行为，才能做到真正地尊重他们。

学会学习，首先要具备深刻的自我了解、了解自己的心理特征、了解自己的行为能力、了解自己的发展目标的能力。了解本身是一种研究的过程，也是一种学习的过程，具备了全面深入的自我意识，才能充分体验到学习的乐趣，才能准确确立学习目标，才能使学习活动成为个体的一种积极主动的生命过程。

（三）成为学习型幼儿园教师是终身学习的目标

1. 克服教育惯性，树立积极的学习意识

美国社会学家安东尼·吉登斯认为，人的生活需要一定的本体性安全感和信任感，而这种感受得以实现的基本机制是人们生活中习以为常的惯性。惯性形成于人们的实践中，并能通过实践的重复在人们的意识中促发一种指导人们行为举止的"实践意识"。在长久相对封闭的幼儿园教育环境中，幼儿园教师的工作相对安逸、稳定，缺乏变动与创新，幼儿园教师缺乏危机意识。这很容易铸成他们的教育惯性并严重影响其参与改革的能动性。在改革中，不同的教师呈现出不同的状态。在教育惯性的影响下，有的教师抱着畏难心理，觉得自己不具备充分的能力，新任务做不来，给自己背上了沉重的思想负担；有的教师则出现自我认同的混乱，不知道究竟应该怎样重新给自己定位，对未来发展没有明确的设想，身处混沌，因而也不知道到底该做些什么，怎么去做；还有的教师则仍然遵循传统的职业习惯，上级指示，下面执行，将自身发展视为管理层的任务，依赖管理工作者的安排与领导，在上级安排的"保护伞"下延续教育惯性的轨道。所不同的是，上级安排比以往多了许多，而当这些游离于他们思想之外的发展"任务"占用他们许多时间时，他们就会感到厌倦不已。在实践中，还有很多基于教育惯性而产生学习惰性的表现。不论是在上述何种情况下的教师，从思想实质而言，对课程改革背景中自我的专业化成长都缺乏危机意识，在被动应答的状态下难以形成学习的内在需要与动机。毋庸置疑，这样的状态严重影响了他们投入幼儿园新课程建设的兴趣和热情。从某种程度上而言，现今教师的职业压力并不只源于在园事务的增多，还源于精神上的压抑，而能动性的缺乏恰恰是教师精神压抑的一个重要原因。

要克服这种教育惯性，幼儿园教师首先要形成一定的危机感，意识到自己肩负责任的重大和所面临挑战的复杂艰难性，变"我不得不去做"为"我想要去做"，通过增强危机感，我们可以改变自己的学习观念，以内在动力推动自己更好地进行实践探索。其次，教师还要形成良好的自我效能感，将个体价值的实现融入职业发展的过程中，变"为别人而学"为"为自己而学"，使学习成为"自在"之状态。面对改革浪潮，一线工作者不应逃避与退缩，而要迎难而上，展现出良好的精神面貌，把学习作为提升自我以适应整个时代潮流必需之途径，在完成本职工作的同时体验发挥人生价值的愉悦。感悟到这一点，相信教师的思想将发生很大的改观，因惯性而产生的"职业倦怠"也将转化为一种"职业幸福"。

2. 利用多种渠道，形成多元的学习能力

一名新时期的学习型教师，不仅要有学习的主观意愿，更要能够学会学习，通过有效地学习实现自我成长。

(1) 善于从书本中学习。针对目前专业理论素养相对薄弱的客观情况，幼儿园教师要有意识地加强理论学习，除仔细阅读专业理论书籍、巩固专业基础之外，还要积极地浏览最新的学术动态，了解教育前沿，与时俱进，以学习促发展，以发展带动更好的学习。在信息知识日益丰富的今天，我们不缺乏学习的资源，而是缺乏发现资源的眼睛。只要做生活的有心人，就能够通过各种途径，在各种地方找到学习资源，服务于自身。

（2）善于从合作中学习。国际 21 世纪教育委员会在向联合国教科文组织提交的报告中提及，学会认知，学会做事，学会共同生活和学会生存是未来教育的四大支柱。在论及"学会共同生活"时，报告指出"这种学习可能是今日教育中的重大问题之一"。

（3）善于从实践中学习。幼儿教育事业具有很强的实践性，只有与幼儿打成一片，才能更加深入地了解他们，营造出适宜的环境来支持他们的发展。实践赋予幼儿园教师学习的空间。善于学习的教师，一定是能够不断从实践中发现问题并试图研究和解决问题的教师。实践赋予幼儿园教师学习的智慧。在实践基础之上建构起来的经验，将为教师明确自己的学习方向奠定良好的学习基础。实践赋予幼儿园教师学习的动力。善于学习的教师，应该从实践起步，结合理论进行反思，总结经验得失，最终回到实践中去，采用适合自身的方式学习。

每个人都具有其独特的个性。幼儿园教师要想通过不断学习来促进专业发展，首先就需要深入地了解自我、剖析自我，以适合自身的方式提升学习的品质与技巧，发展起综合化的能力素质结构。在多元化的能力素质结构中，各种能力之间有着密切的联系，并且呈现出一定的层次。其中最为基础的是教师对基本知识的把握能力，包括教师对教育的一般原理以及方法论的认知、理解和感悟能力；进一步的是教师的实践操作能力，即教师理论运用于实践的能力，包括实践的具体操作方法和教学的技能技巧等；最深层的是教师的研究和创新能力。从理论理解到实践操作再到研究与创新，是一个不断深化的过程。当我们在某一层面出现问题时，完全可以返回到其基础层面上去思考，挖掘本质原因。这将对我们完善自我产生极大的帮助作用。有了能力分层，我们可以认识到不同教师的能力素质结构也各不相同。明确自己的实际情况，将有助于进行针对性的个人规划。在分析自己的基础层能力、中层能力和上层能力分别处于什么水平以后，教师可以分阶段、循序渐进地朝着个人的专业发展目标前进。

在个体发展中，学习与思考是综合化能力形成的关键。每位幼儿园教师的专业水平其实都是在实践的基础上，借助学习与思考不断获得提高的。作为新时期学习型的教师，不仅要有积极的思考意识，还要努力建构系统思考的能力，从宏观整体的视角把握教育活动以及自身发展的进程。相信通过不懈的努力，在由平衡到不平衡再到平衡的发展轨道上，每位幼儿园教师都能够成长为一名合格的幼教专业人员。

《专业标准》为幼儿园教师确立的基本理念为：幼儿为本，师德为先，能力为重，终身学习。

"幼儿为本"理念要求幼儿园教师在充分尊重和理解幼儿的基础上解放幼儿，使其身心各个方面都能获得充分自由的发展；"师德为先"理念是对幼儿园教师职业的内在要求，主要表现为对幼儿教育事业的"坚定信念"，对幼儿的"灼热爱心"以及"追求进步，永不满足"的自我期许；"能力为重"理念强调"专业能力"在幼儿园教师职业素质结构中的重要地位，并表明幼儿园教师的"专业能力"的核心是"实践性"；"终身学习"理念则是现代幼儿教育事业的发展对幼儿园教师专业素质提出的新要求，终身学习的条件是"学会学习"，终身学习的目标是推动幼儿园教师成为"学习型"教师。

第三节　我国幼儿园教师专业标准辑要

《专业标准》是国家对幼儿园教师提出的最基本的专业要求，是幼儿园教师的理念引领和专业发展指南。《专业标准》将幼儿园教师的专业要求划分为维度、领域、基本要求 3 个层级。有专业理念与师德、专业知识和专业能力 3 个维度，涉及职业理解与认识等 14 个领域，62 项基本要求。

一、专业理念与师德

专业理念与师德占基本内容的 32%，包括职业理解与认识、对幼儿的态度与行为、幼儿保育和教育的态度与行为，以及教师个人修养与行为 4 个领域。基本内容与要求如下：

1. 职业理解与认识

幼儿园教师应贯彻党和国家的教育方针政策，遵守教育法律法规；理解幼儿保教工作的意义，热爱学前教育事业，具有职业理想和敬业精神；认同幼儿园教师的专业性和独特性，注重自身专业发展；具有良好的职业道德修养，为人师表；具有团队合作精神，积极开展协作与交流。

2. 对幼儿的态度与行为

幼儿园教师应关爱幼儿，重视幼儿身心健康，并将保护幼儿的生命安全放在首位；尊重幼儿的人格，维护幼儿的合法权益，平等对待每一个幼儿，不讽刺、挖苦、歧视幼儿，不体罚或变相体罚幼儿；信任幼儿，尊重他们的个体差异，主动了解并满足有益于幼儿身心发展的不同需求；重视生活、环境对幼儿健康成长的重要价值，积极创造条件，让他们拥有快乐的幼儿园生活。

3. 对幼儿保育和教育的态度与行为

幼儿园教师应注重保教结合，培育幼儿良好的意志品质，帮助幼儿形成良好的行为习惯；注重保护幼儿的好奇心，培养幼儿的想象力，发掘幼儿的兴趣爱好；重视环境和游戏对幼儿发展的独特作用，创设富有教育意义的环境氛围，将游戏作为幼儿的主要活动；重视丰富幼儿多方面的直接经验，将探索、交往等实践活动作为幼儿最重要的学习方式；重视自身日常态度、言行对幼儿发展的重要影响与作用；重视幼儿园、家庭和社区的合作，能够综合利用各种资源。

4. 教师个人的修养与行为

幼儿园教师应当富有爱心、责任心、耐心和细心；乐观向上、热情开朗，并有亲和力；善于自我调节情绪，保持平和心态；勤于学习，不断进取；衣着整洁得体，语言规范健康，言谈举止文明礼貌。

二、专业知识

专业知识占全部基本内容的 24%，包括幼儿发展知识、幼儿保育和教育知识、通识性知识 3 个领域。基本内容与要求如下：

1. 幼儿发展知识

幼儿园教师应全面了解关于幼儿生存、发展和保护的有关法律法规及政策规定；掌握不同年龄幼儿身心发展特点、规律和促进幼儿全面发展的策略与方法；了解幼儿在发展水平、速度与优势领域等方面的个体差异，掌握对应的策略与方法；了解幼儿发展中容易出现的问题与适宜的对策；了解有特殊需要幼儿的身心发展特点及教育策略与方法。

2. 幼儿保育和教育知识

幼儿园教师应熟悉幼儿园教育的目标、任务、内容、要求和基本原则；掌握幼儿园环境创设、一日生活安排、游戏与教育活动、保育和班级管理的知识与方法；熟知幼儿园的安全应急预案，掌握意外事故和危险情况下幼儿安全防护与救助的基本方法；掌握观察、谈话、记录等了解幼儿的基本方法；了解1~3岁婴幼儿保教和幼小衔接的有关知识与基本方法。

3. 通识性知识

幼儿园教师应了解中国教育的基本情况；具有一定的自然科学和人文社会科学知识；掌握幼儿园各领域教育的特点与基本知识；具有相应的艺术欣赏与表现知识；具有一定的现代信息技术知识。

三、专业能力

专业能力占全部基本内容的44%，包括环境的创设与利用、一日生活的组织与保育、游戏活动的支持与引导、教育活动的计划与实施、激励与评价、沟通与合作、反思与发展7个领域。具体内容与要求如下：

1. 环境的创设与利用

幼儿园教师应建立良好的师幼关系，并帮助幼儿建立良好的同伴关系，让幼儿体验到温暖和愉悦；建立班级秩序与规则，营造良好的班级氛围，让幼儿感受到安全、舒适；创设有助于促进幼儿成长、学习、游戏的教育环境；合理利用资源，为幼儿提供并制作适合的玩教具和学习材料，引发和支持幼儿的主动活动。

2. 一日生活的组织与保育

幼儿园教师应合理地安排和组织幼儿一日生活的各个环节，将教育内容灵活地渗透到一日生活之中；科学照料幼儿日常生活，能够指导和协助保育员做好班级常规保育和卫生工作；充分利用各种教育契机，对幼儿进行随机教育；有效保护幼儿，及时处理幼儿的常见事故、危险情况，优先救护幼儿。

3. 游戏活动的支持与引导

幼儿园教师应提供符合幼儿兴趣需要、年龄特点和发展目标的游戏条件；充分利用并合理设计游戏活动空间，提供丰富、适宜的游戏材料，支持、引发和促进幼儿的游戏活动；鼓励幼儿自主选择游戏内容、伙伴和材料，支持幼儿主动地、创造性地开展游戏，充分体验游戏的快乐和满足；引导幼儿在游戏活动中获得身体、认知、语言和社会性等多方面的发展。

4. 教育活动的计划与实施

幼儿园教师能够制订有效的、阶段性的教育活动计划和具体活动方案；在教育活动中观察幼儿，根据幼儿的表现和需要，调整幼儿活动，并给予适宜的指导；在教育活动的设计和实施中体现趣味性、综合性和生活化，灵活运用各种组织形式和适宜的教育方式；为幼儿提供更多的操作探索、交流合作、表达表现的机会，支持和促进幼儿主动学习。

5. 激励与评价

幼儿园教师应关注幼儿日常表现，及时发现和赏识每个幼儿的点滴进步，注重激发和保护幼儿的积极性、自信心；有效运用观察、谈话、家园联系、作品分析等多种方法，客观、全面地了解和评价幼儿；有效运用评价结果，指导下一步教育活动的开展。

6. 沟通与合作

幼儿园教师要使用符合幼儿年龄特点的语言开展保教工作；善于倾听，和蔼可亲，与幼儿进行有效沟通；与同事合作交流，分享经验和资源，共同发展；与家长进行有效沟通合作，共同促进幼儿发展；协助幼儿园与社区建立合作互助的良好关系。

7. 反思与发展

幼儿园教师应主动收集分析相关信息，不断进行反思，改进保教工作；针对保教工作中的现实需要与问题，进行探索和研究；制定专业发展规划，不断提高自身专业素质。

第四节　专业发展中的幼儿园教师角色

教师专业发展是本书的核心概念。就幼儿园教育实践而言，教师的多元化角色及其作用发挥日益凸显，幼儿园教师角色研究对教师专业发展具有重要意义。特别是基于《专业标准》来深入分析幼儿园教师角色，有助于接受幼儿园教师教育的学生深刻认识和理解幼儿园教师专业发展。

一、教师角色

20 世纪 20 年代，美国社会心理学家米德（G. H. Mead）首先将角色概念引入社会心理学理论中，并用"社会角色"这一概念来说明在人们的交往中可以预见的互动行为模式以及个人与社会的关系。他认为，角色是在互动过程中形成的，角色表演并没有预定的剧本，文化只能为角色表演规定大致的范围。今天，对角色所达成的共识是"处于一定社会地位的个体或群体，在实现与这种地位相连的权力与义务时，表现出符合社会期望的行为与态度"。

对于众多社会角色中的教师角色而言，不同的研究者对此有着不同的解释。瑞典教育家胡森（T. Husen）在其编纂的《简明教育百科全书》中，对教师角色作出 3 种解释：教师角色就是教师行为；教师角色就是教师的地位；教师角色就是对教师的期望。我国著名学者顾明远先生对教师角色的界定是：教师与其社会地位、身份相联系的被期望行为。主要包括两个方面：一是教师的实际角色行为；二是教师角色的期望，这里的期望既有"他人对自己的期望""自己对自己的期望"，也有"自己对他人的期望"。还有研究者指出："教师角色即代表教师个体在社会群体中的地位与身份，包含着社会对教师个人表现的行为模式的期望，它既包括社会、他人对教师的行为期待，也包括教师对自己应有行为的认识。"①

上述观点大多以社会学意义上的角色概念为基础，强调教师的地位、行为以及期望。对此，我们可将教师角色理解为教师在学校教育中，在实现与自己身份、地位相对应的权利和义务时，所表现出来的符合社会期望的态度和行为模式的总和。

二、幼儿园教师角色

从幼儿园教师角色视角看幼儿园教师专业发展，其实质是幼儿园教师通过自我引导和他律，探索并寻求适宜的角色定位的成长过程，即幼儿园教师根据幼儿发展与成长的需要，从自身的角色职责出发，不断审视、督促并改进自身保教行为的过程。《专业标准》提出，要"认同幼儿园教师的专业性和独特性"，《幼儿园教育指导纲要（试行）》（以下简称《纲要》）倡导幼儿园"教师应成为幼儿学习活动的支持者、引导者、合作者"。二者分别从职业特点上要求幼儿园教师认同本职工作的专业性和独特性；从角色的专业规范层面要求幼儿园教师由知识的传授者转变为促进者，由活动的组织者转化为引导

---

① 王成刚，袁爱玲. 论幼儿园教师专业道德发展的向度与路径 [J]. 幼儿教育（教育科学），2019（9）：32-35.

者，由活动过程的管理者转变为合作者。可见，幼儿园教师角色及其功能具有多元性、复杂性和全面性特点，概括起来就是幼儿园教师角色的独特性。独特性源自幼儿园教师工作对象的主体性和幼稚性，工作任务的全面性和细致性，工作过程的创造性和示范性，工作手段的主动性和多样性，工作性质的养成性和深远性。

我们深知，幼儿从一开始就是快速发展的个体，他们不是消极被动地接收外界信息，而是在成人的帮助下主动选择和接受外界的影响，从而形成自己的认知结构，发展自己的思想感情，是主动发展的主体。然而，受心智水平和身体条件的制约，幼儿的认识活动具有具体形象性，心理活动及行为具有无意性，行为具有强烈的情绪性，思维带有直觉行动性，以及爱模仿、爱玩、好奇、好问等特点，加之自身知识经验贫乏，对周围事物的认识充满了天真和幼稚，幼儿不能自主照料自己的日常生活。正是由于幼儿园教师工作对象的主体性、幼稚性和发展性，以及幼儿园教育内容的广泛性、启蒙性，幼儿学习和经验习得的综合性、整体性等特点，要求幼儿园教育活动形式丰富多样，教师角色及其功能多元化、全面化。

基于此，幼儿园教师不仅要有健康的个性心理、扎实的专业知识和保教基本功，一定的现代信息技术知识、自然科学、人文社会科学和相应的艺术欣赏与表现知识，更要在充分认识和尊重幼儿的基础上，坚持保育与教育相结合的原则，通过全面、细致而主动的工作，成为幼儿生命的呵护者、学习的引导者、游戏的支持者、生活的关照者，才能保障幼儿健康快乐地成长。

1. 幼儿园教师是幼儿生命的呵护者

幼儿园教育的对象是身体机能尚不成熟、心理发展不够完善、对环境的适应能力和疾病的抵抗能力不足、身心基础薄弱，而又处于迅速发育与发展的重要时期的幼儿，因此，关怀幼儿的身体健康和心理健康，呵护幼儿的生命安全，必然成为幼儿园教师的首要任务。教师不仅要主动创设安全而温馨、舒适的物质和精神环境，还要帮助幼儿建立良好的生活方式，养成良好的生活习惯，既有利于幼儿的生长发育与心理健康，也为其今后的健康生活奠定基础，真正成为幼儿生命的呵护者。

2. 幼儿园教师是幼儿学习的引导者

关于幼儿的"学习"，不同的教育、心理理论和教育价值观对其有不同的认识。但是，基于现代教育学、心理学和幼儿发展理论以及学习科学的研究，对幼儿学习的理解已经达成广泛共识——幼儿的学习是通过自身特有的方式与周围环境互动的过程，是幼儿主动探索周围的社会、自然环境和物质世界的过程。对此，教师要在学习掌握幼儿学习方式与特点的基础上，根据《纲要 3~6 岁儿童学习与发展指南》（以下简称《指南》）的基本要求、幼儿的需要，关注幼儿学习的情绪、注意、参与、交往、思维等状态，让幼儿在实际操作、亲身体验中模仿、感知和探究，不断积累经验，逐步建构自己对世界的理解和认识，真正成为幼儿学习的引导者。①

3. 幼儿园教师是幼儿游戏的支持者

日本幼儿教育专家本吉圆子说过这样一段话："孩子仅仅聆听语言的说明是不能学到东西的。孩子要通过自身整个身体与外界事物的接触才能得到教育，通过手及身体的接触使身心和头脑运作起来。""孩子非常热心于游戏。正因为孩子有这样的热情，才会从游戏中得到成长。他们并不只是单纯的玩着高兴，而是专心地投入一件事情当中。只有这样的投入才会让孩子产生震撼的感动和喜悦。"② 幼儿热衷于游戏，是因为游戏中的幼儿不受外力约束，是自主、自发、自愿的，是全身心投入的活动。游戏是幼儿的生活方式，是幼儿理解、体验现实社会和生活的一种手段，是极具价值的学习方式和学习过程。《指南》特别强调教师要珍视游戏和生活对幼儿的独特价值，最大限度地支持和满足幼儿通过直接感知、实际操作和亲身体验获取经验的需要。所以，教师要理解幼儿的游戏行为，创设轻松愉悦的游戏环境，提供丰富多样的游戏材料，支持幼儿在游戏中的创想，真正成为幼儿游戏的支持者。

4. 幼儿园教师是幼儿人生的榜样和行为示范者

英国著名心理学家李德说过："播下你的良好行为，你就能获得良好的习惯；播下你的良好习惯，你就能拥有良好的性格；播下你的良好性格，你就能拥有良好的命运。"③ 对此，幼儿园教师要在道德品质、社会情感、个性心理、生活态度、举止言谈等品德意识、行为习惯等方面做幼儿的榜样，在日常生活的潜移默化中积极影响幼儿，真正成为幼儿生活品质、行为习惯

①　李季湄，冯晓霞.《3—6 岁儿童学习与发展指南》解读 [M]. 北京：人民教育出版社，2013：101.

②　虞永平. 幼儿教育观新论 [M]. 北京：人民教育出版社，2006：79.

③　王乃正，郑奋，虞永平. 让理论看得见：德性与幼儿教育 [M]. 合肥：安徽少年儿童出版社，2011：51.

的示范者。

幼儿的良好品质和行为习惯是在潜移默化的感染与熏陶中逐步形成的。幼儿园教师是除幼儿家长外与幼儿相处时间较长的人，且处在幼儿良好行为形成的关键期。俗话说，什么样的教师就会教出什么样的孩子。事实上，"什么样的孩子"不是"教"的，而是"熏"的或"染"的。幼儿的行为习惯，如礼貌、卫生、守信等，任何一种良好习惯和行为的养成都需要一个漫长的过程，这一过程中，教师自身行为规范和榜样的作用不容小觑。对此，幼儿园教师要在道德品质、社会情感、个性心理、生活态度、举止言谈等品德意识、行为习惯等方面做幼儿的榜样，在日常生活的潜移默化中积极影响幼儿，真正成为幼儿生活品质、行为习惯的示范者。

5. 幼儿园教师是家庭科学育儿的合作者

苏霍姆林斯基认为："儿童只有在这样的条件下才能实现和谐的、全面发展：两个教育者—学校和家庭，不仅要一致行动，向儿童提出同样的要求，而且要志同道合，抱着一致的信念，始终从同样的原则出发，无论在教育的目的、过程和手段上，都不要发生分歧。"① 研究和实践已充分证明，良好的家园合作对幼儿成长和发展具有关键的、核心的影响作用。教师作为具有专业背景的教育人员，既要充分利用家庭的教育资源，又要与家长密切合作，通过多种方式和途径增进与家长的沟通，促进家园共育，形成合力，真正成为家庭科学育儿的合作者。

6. 幼儿园教师是课程的研发者

课程计划、活动设计不再是特定知识的载体，而是教师和幼儿共同探究新知的过程。幼儿园教师不仅是课程计划的执行者，也是研发者。幼儿一日生活和游戏活动中会生成许多新的教育内容，这就要求幼儿园教师根据幼儿的发展需要研发新的、适宜的课程划。教师成为课程的研发者、设计者和执行者，不仅会使课程内容、活动设计持续生成与转化，课程意义不断建构与提升，还赋予了幼儿园教师更多的创造空间，不仅有效地促进了幼儿的健康成长，也促进了教师自身的专业发展。

幼儿正处于身心发展的高峰期，发展的可塑性极强，会受到来自各方面

---

① 西尔瓦. 学前教育的价值 [M]. 余珍有，易进，译. 北京：教育科学出版社，2011：47.

因素的影响和制约，需要幼儿园教师充分利用和调动多方教育资源与力量，以多元的、专业的角色和不懈的、持续的支持与影响，不断促进幼儿健康成长。

第四章　幼儿教师专业发展的现状

幼儿教师专业发展受多种因素影响，在众多影响因素中，国家层面的政策支持为幼儿教师专业发展的提供了有力保障。2010 年，在国务院颁布的《关于当前发展学前教育的若干意见》，以及《国家中长期教育改革和发展规划纲要（2010—2020 年）》（以下简称《纲要》）中，明确指出学前教育该如何发展并作出相应规定。随后，国家发布了一系列旨在促进幼儿教师专业发展的相关政策文件。表明了政府对幼儿教师专业发展的高度重视，以相关政策文件来促进幼儿教师的专业发展，为幼儿教师专业发展提供政策性的支持和保障。这些政策文件对我国在近 8 年的幼儿教师队伍的分布、综合素质、待遇、稳定性等方面的政策执行有指导意义。在一定程度上提高了幼儿教师专业发展水平。

然而，国家政策支持下的预期效果与当前幼儿教师现实的自身感受、幼儿教师队伍的专业化程度、幼儿教师的地位待遇等之间仍然存在差距。

现行的国家教育政策层面，对学前教育存在着许多重要的政策盲区，例如，幼儿教师队伍建设没有单列编制，没有单独的职称评定系列，而且长期没有国家培训计划和经费保障。关于我国当前幼儿教师专业发展面临的问题，有学者认为，自中华人民共和国成立以来，我国政府为幼儿教师的专业发展提供了很大的政策支持，但当前仍然面临着幼儿教师学历普遍偏低、专业自主意识不强、综合素质不高、职前职后教育滞后、社会地位低等诸多挑战。幼儿教师培养是提升幼儿教师专业发展水平的重要途径，在幼儿教师培养方面，我国基本建立了以师范院校教育为主体的多元幼师培养体系并不断提高学历要求，但在相关法律中缺乏对幼儿教师培养的专门、具体的规定，并且未建立培养机构的资质认证体系且缺乏对培养质量评估的相关规定。

因此，必须建立和完善与幼儿教师专业发展相关的政策制度体系，从整体上提高我国幼儿教师队伍的专业化程度，以应对知识经济与新的国际竞争带来的挑战。对我国幼儿教师专业发展政策的内容进行系统分析，有助于完善相关政策制度体系，从根本上促进幼儿教师专业发展，提高学前教育质量。

第一节　幼儿园教师专业发展的政策现状、问题

幼儿教育作为一个专业，是符合专业的基本特征的，因而幼儿园教师作为专业人员也是符合专业人员的基本特征的。那么，幼儿园教师如何专业化呢？这是一个重要的理论问题，也是一个重要的实践问题。

一、我国幼儿园教师专业化发展的现状分析

目前，在学理层面上，幼儿园教师的专业性基本上得到了充分的论证和肯定，但在公众意识的层面上，幼儿园教师的专业性还没有得到充分确立，还有很多的公众没有充分认识到幼儿园教师职业的专业性，甚至还习惯地将幼儿园教师这个职业等同于"保姆""阿姨"。我们认为，幼儿园教师是专业人员，因为在强调幼儿教育科学性的今天，幼儿园教师的专业性日益明显。可以说，幼儿园教师的专业化是幼儿教育不断发展的要求，是社会对幼儿教育认识不断科学化的表现，也是社会文明不断进步的标志。幼儿园教师职业专业地位的最终确立，有赖于学理认识层面、教育实践层面、政策制度层面、公众意识层面的统一。只有做到这四个层面的统一，幼儿园教师的专业性才能真正地被确立，才能通过地位、待遇、尊严和义务等层面的不断提升加以保障和确认。从这个意义上说，幼儿园教师的专业化不仅需要教师个人的努力，还需要全社会的努力，需要全社会提高对学前教育和幼儿园教师专业性的认识，提高幼儿园教师的地位和待遇，确保幼儿园教师的专业尊严。与此同时，我们还应该清醒地认识到，就目前我国幼儿教育发展的现实水平来看，幼儿园教师队伍的整体素质与幼儿园教师专业标准的要求还存在着相当大的差距，幼儿园教师的专业化水平和准入门槛还有待提高。这主要表现在以下几个方面：

（1）幼儿园教师系统的理论素养不高。从幼儿园教师专业化的历史看，其职业活动已经具有了相当的智力性，知识与技能也不断丰富，职业培训开始需要较长的专门学习。特别是近年来，不少幼儿园教师为实现"研究型教师"的角色转型而进行了很多有益的尝试，注重在研究中发挥自身的主体作用，以实现在不断的自我反思中提高自己的实践能力。但总体上看，幼儿园教师的实

践活动对系统理论和专门知识的依赖性不强，基础文化知识还较为薄弱，重技能、轻理论的倾向还没有得到根本的扭转。幼儿园教师的职业活动要实现专业化，必须强调专业理论对专业实践的指导。这是因为在幼教实践中会不断产生新的问题，具有复杂性和不确定性，现有的理论无法解决不断涌现的新问题，所以理论需要创新，教师需要不断学习。

（2）幼儿园教师职业价值的独特性不够鲜明。幼儿身心发展的特点决定了幼儿园教师必须坚持保育和教育相结合的原则，这也是幼儿园教师与一般教师职能的重要区别。然而，由于种种原因导致这一原则在幼教实践中很难真正得到实施。近年来，虽然《幼儿园管理条例》和《幼儿园工作规程》等文件从教育法律的高度肯定了"保教结合"的必要性，但直到今天，依然有相当一部分幼儿园教师无论是在认识上还是在实际工作中有意无意忽视保育方面的内容，幼儿园"小学化"的倾向在不少地区都不同程度地存在。

另外，幼儿园教师对幼儿的服务属于公职范围，这也是幼儿园教师和家长在职能特征上的显著差异。幼儿园教师理应发挥专业优势，积极主动地与家长和社区合作，以支持和促进幼儿的健康成长。然而，就目前情况来看，幼儿园教师的工作关注点依然停留在幼儿园内部，以自身的教学活动为中心，其社会工作往往停留于利用家庭、社区的资源更好地为幼儿园工作服务上，幼儿园教师对于家长和社区教育水平提高的支持作用并未充分显示出来。幼儿教师专业发展受多种因素影响，在众多影响因素中，国家层面的政策支持为幼儿教师专业的发展提供了有力保障。2010年，在国务院颁布的《关于当前发展学前教育的若干意见》，以及《国家中长期教育改革和发展规划纲要（2010—2020年）》中，明确指出学前教育该如何发展并作出相应规定。随后，国家发布了一系列旨在促进幼儿教师专业发展的相关政策文件。这表明了政府对幼儿教师专业发展的高度重视，以相关政策文件来促进幼儿教师的专业发展，为幼儿教师专业发展提供政策性的支持和保障。这些政策文件对我国在近8年的幼儿教师队伍的分布、综合素质、待遇、稳定性等方面的政策执行有指导意义，在一定程度上提高了幼儿教师专业发展水平。

然而，国家政策支持下的预期效果与当前幼儿教师现实的自身感受、幼儿教师队伍的专业化程度、幼儿教师的地位待遇等之间仍然存在差距。在现行的国家教育政策层面，对学前教育存在着许多重要的政策盲区，例如，幼儿教师队伍建设没有单列编制，没有单独的职称评定系列，而且长期没有国家培训计划和经费保障。关于我国当前幼儿教师专业发展面临的问题，有学者认为，自中华人民共和国成立以来，我国政府为幼儿教师的专业发展提供了很大的政策支持，但当前仍然面临着幼儿教师学历普遍偏低、专业自主意识不强、综合素质不高、职前职后教育滞后、社会地位低等诸多挑战。幼儿教师培养是提升幼儿教师专业发展水平的重要途径，在幼儿教师培养方面，我国基本建立了以师范院校教育为主体的多元幼师培养体系并不断提高学历要求，但在相关法律中缺乏对幼儿教师培养的专门、具体的规定，并且未建立培养机构的资质认证体系且缺乏对培养质量评估的相关规定。因此，必须建立和完善与幼儿教师专业发展相关的政策制度体系，从整体上提高我国幼儿教师队伍的专业化程度，以应对知识经济与新的国际竞争带来的挑战。对我国幼儿教师专业发展政策的内容进行系统分析，有助于完善相关政策制度体系，从根本上促进幼儿教师专业发展，提高学前教育质量。用数据来源和分析方法对幼儿教师专业发展政策的内容进行分析是研究幼儿教师专业发展政策的前提基础。关于教育政策分析的内容，有很多不同的看法，文中选取的界定是我国学者孙绵涛的观点，他认为其包含教育政策的内容分析、教育政策的过程（教育政策决策、执行和评价）分析、教育政策的价值分析和教育政策的环境分析。其中，教育政策内容分析是指运用一定的步骤和标准对教育政策文本中的政策规范进行分析。它一般有两个基本的步骤：第一步是对教育政策文本中的政策规范进行全面系统和准确的考察；第二步是确立教育政策内容分析的标准并对政策文本中的政策规范进行分析，找出存在的问题并提出完善政策内容的建议。通过对 2010 年以后国家层面颁布的有关幼儿教师专业发展的政策文本（见表 4-1）进行系统定量分析，运用 SPSS 统计软件，对政策文本逐一编码和数据录入，从政策文本的年度分布、发文单位以及主题词等多维度进行统计分析，力图从宏观方面把握我国幼儿教师专业发展政策的一些基本特点和发展趋势。幼儿教师专业发展政策文本主要以教育部官方网站公布的政策文本作为资料来源。其中，教育政策内容分析是指运用一定的标准和教育政策文本中的政策范本进行分析。它一般有两个基本的步骤：第一步是对教育政策文本中的政策规范进行全面系统和准确的考察；第二步是确立教育政策内容分析的标准并对政策文本中的政策规范进行分析，找出存在的问题并提出完善政策内容的建建议。通过对 2010 年以后国家层面颁布的有关幼儿教师专业发展的政策文本进行定量分析，运用 SPSS 统计软件，对政策文本逐一编码和数据录入，从政策文本的年度分布、发文单位以及主题词等多维度进行统计分析，力图从宏观方面把握我国幼儿教师专业发展政策的一些基本特点和发展趋势。幼儿教师专业发展政策文本主要以教育部官方网站公布的政策文本作为资料来源。

表 4-1　　　　　　　　　有关幼儿教师专业发展的政策文本

名称	文号	时间	颁发主体
教育部办公厅关于加强国培计划项目绩效考核工作的意见	教师厅〔2010〕1 号	2010	教育部
国家中长期教育改革和发展规划纲要（2010—2020 年）		2010	国家中长期教育改革和发展规划纲要工作小组办公室
国务院关于当前发展学前教育的若干意见	国发〔2010〕41 号	2010	国务院
教育部　财政部关于实施幼儿园教师国家级培训计划的通知	教师〔2011〕5 号	2011	教育部财政部
幼儿园教师专业标准	教师〔2012〕1 号	2012	教育部
中共教育部党组关于学习贯彻胡锦涛总书记等中央领导同志教师节期间贺信和讲话精神的通知	教党〔2012〕31 号	2012	中共教育部党组
国务院关于加强教师队伍建设的意见	国发〔2012〕41 号	2012	国务院
关于加强幼儿园教师队伍建设的意见	教师〔2012〕11 号	2012	教育部　中央编办　财政部　人力资源社会保障部
教育部　国家发展改革委　财政部关于深化教师教育改革的意见	教师〔2012〕13 号	2012	教育部　国家发展改革委　财政部
教育部办公厅　财政部关于印发《"国培计划"示范性集中培训项目管理办法》等三个文件的通知	教师厅〔2013〕1 号	2013	教育部　财政部
教育部办公厅　财政部关于做好2013 年"国培计划"实施工作的通知	教师厅〔2013〕2 号	2013	教育部　财政部

续表

名称	文号	时间	颁发主体
教育部关于成立教育部高等学校幼儿园教师培养等教学指导委员会的通知	教师函〔2014〕4 号	2014	教育部
教育部办公厅　财政部办公厅关于做好 2014 年中小学幼儿园教师国家级培训计划实施工作的通知	教师厅〔2014〕1 号	2014	教育部　财政部
幼儿园园长专业标准	教师〔2015〕2 号	2015	教育部
教育部办公厅　财政部办公厅关于做好 2015 年中小学幼儿园教师国家级培训计划实施工作的通知	教师厅〔2015〕2 号	2015	教育部　财政部
国务院办公厅关于印发乡村教师支持计划（2015—2020 年）的通知	国办发〔2015〕43 号	2015	国务院
教育部　财政部关于改革实施中小学幼儿园教师国家级培训计划的通知	教师〔2015〕10 号	2015	教育部　财政部
教育部办公厅　财政部办公厅关于做好 2016 年中小学幼儿园教师国家级培训计划实施工作的通知	教师厅〔2016〕2 号	2016	教育部　财政部
教育部办公厅关于印发乡村教师培训指南的通知	教师厅〔2016〕1 号	2016	教育部
教育部关于加强师范生教育实践的意见	教师〔2016〕2 号	2016	教育部
教育部办公厅　财政部办公厅关于做好 2017 年中小学幼儿园教师国家级培训计划实施工作的通知	教师厅〔2017〕2 号	2017	教育部　财政部

续表

名称	文号	时间	颁发主体
教育部办公厅关于印发《乡村校园长"三段式"培训指南》等四个文件的通知	教师厅〔2017〕7号	2017	教育部
教育部办公厅　财政部办公厅关于做好2018年中小学幼儿园教师国家级培训计划实施工作的通知	教师厅〔2018〕3号	2018	教育部　财政部
教育部等五部门关于印发《教师教育振兴行动计划（2018—2022年)》的通知	教师〔2018〕2号	2018	教育部　国家发展改革委　财政部　人力资源社会保障部中央编办

二、我国幼儿教师专业发展政策文本的分析

（一）幼儿教师专业发展政策文本的数量发展

根据不完全统计，自《纲要》颁布以来，国务院、教育部、部委联合、其他部委等共颁布有关幼儿教师专业发展的政策共计24项（见表4-2）。在这8年中，平均每年"生产"3项政策。政策的变化具有波动性，如果按照幼儿教师专业发展政策供求关系的理论进行分析和解释，则可以认为幼儿教师专业发展的要求对幼儿教师专业发展改策的需求也呈现了一种起伏的变化趋势。这种变化趋势反映出：《纲要》大力推动了教师队伍建设的进程，随着《纲要》文件的出台，幼儿教师队伍建设日益受到教育管理部门的高度重视，提升幼儿教师专业发展水平成为迫在眉睫的工作，但促进幼儿教师专业发展不是一蹴而就的，由于工作开展的复杂性以及结果呈现的延时性，需要结合实际开展情况对幼儿教师专业发展的相关政策进行及时调整，因此呈现出不明显的波动性。

表4-2　　2010—2018年度幼儿教师专业发展政策本文数量

年份	发布数量	所占百分比（%）
2010	3	12.5
2011	1	4.2

年份	发布数量	所占百分比（%）
2012	5	20.8
2013	2	8.3
2014	2	8.3
2015	4	16.7
2016	3	12.5
2017	2	8.3
2018	2	8.3
合计	24	100

从政策文本发布的数量来看，其呈现出两个比较突出的特点。第一，国务院和教育管理部门在促进幼儿教师专业发展方面占主导地位。在这8年间，每年平均出台的幼儿教师专业发展政策为3项，从侧面反映了幼儿教师专业水平不断得到提升以及现实对幼儿教师专业发展的迫切要求，与此同时，说明了政府对幼儿教师专业发展的高度重视。第二，幼儿教师专业发展政策的文本数量变化具有一定的波动性。

（二）幼儿教师专业发展政策文本中的权威部门构成

表4-3显示了我国幼儿教师专业发展政策制定中的权威部门构成及权威部门制定政策数量的年度分布情况。实际上有4个可独立制定有关幼儿教师专业发展政策的权威部门。其中教育部的政策制定数占总数的29.2%，教育部与其他部门联合制定的政策占到政策总数的45.8%，二者相加占总数的75%。上述权威部门所制定的幼儿教师专业发展政策依据其法定效力可分为三类：一是由国务院颁发的具有最高效力的法规、法规性文件，占总数的12.5%；二是由教育部和其他政府部门颁发的规章和规章性文件，占总数的87.5%。表4-4显示，在12项联合制定的政策中，以2个部门联合为主，占联合制定政策总数的75%，所占政策文本总数的比例为37.5%。同一项政策联合制定的部门总数最多达5个。表4-5显示，有4个政府部门和教育部联合制定过幼儿教师专业发展政策，其中出现频率最高的前3个部门分别是财政部、国家发展改

革委和人力资源社会保障部。

表 4-3 制定幼儿教师专业发展政策的部门构成

颁发主体	年 份									合计
	2010	2011	2012	2013	2014	2015	2016	2017	2018	
国家中长期教育改革和发展规划纲要工作小组办公室	1									1
国务院	1		1			1				3
教育部	1		1		1	1	2	1		7
教育部 财政部		1		2	1	2	1	1	1	9
教育部 国家发展改革委 财政部			1							1
教育部 国家发展改革委 财政部 人力资源社会保障部 中央编办									1	1
教育部 中央编办财政部 人力资源社会保障部			1							1
中共教育部党组			1							1
合计	3	1	5	2	2	4	3	2	2	24

表 4-4 联合发布政策中的部门数量（含教育部）

所含部门数量	联合发布政策数量	所占百分比（%）
1	12	50.0
2	9	37.5
3	1	4.2
4	1	4.2
5	1	4.2
总计	24	100.0

表 4-5　　　　　　　　和教育部联合发文的部门及出现频率

排序	部门	联合发文次数	所占百分比（%）
1	财政部	12	66.7
2	国家发展改革委	2	11.1
3	人力资源社会保障部	2	11.1
4	中央编办	2	11.1
	合计	18	100.0

　　从幼儿教师专业发展政策文本中的权威部门构成可以看出，幼儿教师专业发展教育政策制定的结构在纵向上表现为法规（国务院）和规章（教育部及其他政府部门）两个权威等级，在横向上（主要集中在规章层面）表现为以教育部为主、政府多部门参与的政策联合。从政策文本的数量上看，虽然教育部是最主要的政策制定部门，但占政策总数45.8%的政策文本包含有多达5个政府部门的联合制定政策，使得我国幼儿教师专业发展政策制定结构在横向上具有典型的多权威控制特征。

　　通过对有关幼儿教师专业发展政策文本进行分析，发现政策文本的规范的主要内容有：宏观设计、教师教育、国培计划、乡村教师培训、标准建立等方面，通过从专业师范生的职前培养、幼儿教师的在职培训以及建立健全相关的标准，初步形成了促进幼儿专业发展的政策体系，为促进幼儿教师专业发展营造了良好的制度环境。表 4-6 显示有关幼儿教师专业发展政策文本中，主要内容涉及国培计划的政策文本最多，占总数的45.8%，其中，教师教育占总数的16.7%，标准建立占总数的8.3%。由此可见，政策主要从教师教育、国培计划、乡村教师培训等方面来促进幼儿教师专业发展。相关政策的出台对幼儿教师专业发展起到了积极的推动作用。

表 4-6　　　　　　　　政策文本涉及主要内容及出现频率

主要内容	出现次数	所占百分比（%）
国培计划	11	45.8
宏观设计	4	16.7
教师教育	3	16.7

续表

主要内容	出现次数	所占百分比（%）
标准建立	2	8.3
讲话精神	1	4.2
乡村教师培训	1	4.2
乡村教师支持计划	1	4.2
合计	24	100.0

1. 宏观设计

2010 年，国家颁布了《国家中长期教育改革和发展规划纲要（2010—2020 年）》，其中提出：严格执行幼儿教师资格标准，切实加强幼儿教师培养培训，提高幼儿教师队伍整体素质，依法落实幼儿教师的地位和待遇。同年，国务院颁布的《关于当前发展学前教育的若干意见》提出：要完善学前教育师资培养培训体系。办好中等幼儿师范学校，办好高等师范院校学前教育专业，建设一批幼儿师范专科学校。加大面向农村的幼儿教师培养力度，扩大免费师范生学前教育专业招生规模。积极探索初中毕业起点五年制学前教育专科学历教师培养模式。重视对幼儿特教师资的培养。建立幼儿园园长和教师培训体系，满足幼儿教师多样化的学习和发展需求。创新培训模式，为有志于从事学前教育的非师范专业毕业生提供培训。2012 年，国务院颁布了《关于加强教师队伍建设的意见》。2013 年，为深化教师教育改革，推进教师教育内涵式发展，全面提高教师教育质量，造就高素质专业化教师队伍，教育部、国家发展改革委、财政部联合颁布《关于深化教师教育改革的意见》，提出：构建开放灵活的教师教育体系，地方综合性院校、师范高等专科学校、中等师范学校要根据教师培养要求，积极调整专业结构，加强小学和幼儿园教师培养；健全教师教育标准体系，落实幼儿园、小学、中学教师专业标准，出台职业学校、特殊教育学校教师专业标准；创新教师教育模式，实施卓越教师培养计划，推进教师培养模式改革，建立高等学校与地方政府、中小学（幼儿园、中等职业学校）联合培养教师的新机制，发挥好行业企业在培养"双师型"教师中的作用；深化教师教育课程改革，切实落实师范生到中小学（幼儿园）教育实践不少于一个学期制度的意见。随后，为贯彻落实《国家中长期教育改革和发展规划纲要（2010—2020 年）》《国务院关于当前发展学前教育的若干意见》和《国务院关于加强教师队伍建设的意见》，大力加强幼儿园教师队伍建设，教育部、中央编办、财政部、人力资源社会保障部联合颁布了《关于加强幼儿园教师队伍建设的意见》，提出：全面落实幼儿园教师专业标准，提高教师专业化水平。实行幼儿园教师 5 年一周期不少于 360 学时的全员培训制度，培训经费纳入同级财政预算。幼儿园按照年度公用经费总额的 5% 安排教师培训经费。扩大实施幼儿园教师国家级培训计划。加大面向农村的幼儿园教师培养培训力度。

2. 教师教育

2001 年，我国在《国务院关于基础教育改革与发展的决定》中首次用"教师教育"的概念，取代了长期使用的"师范教育"概念，提出"完善以现有师范院校为主体、其他高校共同参与、培养培训相衔接的开放的教师教育体系。由此可以看出，教师教育包含教师的职前培养、入职教育和职后培训。自此，教师教育持续推进，不断深化改革。

2014 年，为充分发挥专家学者对教师教育改革的研究、咨询、指导作用，大力提升教师培养质量，教育部颁布《关于成立教育部高等学校幼儿园教师培养等教学指导委员会的通知》，决定成立教育部高等学校幼儿园教师培养教学指导委员会、小学教师培养教学指导委员会等。

2016 年，为增强师范生的社会责任感、创新精神和实践能力，全面提升教师培养质量，教育部颁发《关于加强师范生教育实践的意见》，提出要构建全方位的教育实践内容体系、丰富创新教育实践的形式、组织开展规范化的教育实习、全面推行教育实践"双导师制"、完善多方参与的教育实践考核评价体系、协同建设长期稳定的教育实践基地等。

2018 年，为推动教师教育改革发展，全面提升教师素质能力，努力建设一支高素质专业化创新型教师队伍，教育部、国家发展改革委、财政部、人力资源社会保障部、中央编办联合颁布《教师教育振兴行动计划（2018—2022年）》，明确提出要落实师德教育新要求，增强师德教育实效性；提升培养规格层次，夯实国民教育保障基础等目标要求。

3. 国培计划

2011 年，为加强农村幼儿教师队伍建设，提高农村幼儿教师素质，教育部、财政部联合颁布《关于实施幼儿教师国家级培训计划的通知》，决定从2011 年起，实施"幼儿教师国家级培训计划"，培训所需经费由中央财政安排专项资金予以支持。培训对象为中西部地区农村公办幼儿园（含部门、集体办幼儿园）和普惠性民办幼儿园园长、骨干教师、转岗教师。通过组织农村幼儿园骨干教师到省域内外高水平师范院校、综合大学、幼儿师范专科学校和教师培训机构进行短期集中培训；采取集中培训、"送培到县""送教上门"、远程培训等多种方式对农村幼儿园"转岗教师"进行 120 学时的岗位适应性培训；组织高年级学前教育专业师范生、城镇幼儿园教师到农村幼儿园顶岗实习支教。培训项目的多元化和全面化，有效促进幼儿教师更新教育观念，着力解决幼儿教师在教育中面临的实际问题，提高幼儿教师的教育水平和专业能力。

4. 乡村教师培训

2016 年，为推动各地变革乡村教师培训模式，提升乡村教师培训实效，在总结各地经验的基础上，教育部研究制定了《送教下乡培训指南》《乡村教师网络研修与校本研修整合培训指南》《乡村教师工作坊研修指南》《乡村教师培训团队置换脱产研修指南》等乡村教师培训指南，在组织实施研修方面，一是常规研修，结合备课、上课、评课和班级管理等日常教育教学工作，采取技能训练、课例研究、专题研讨、同课异构、同行评价、专家与培训者指导等方式，着力提升教师教育教学技能；二是专题研修，主要采取诊断示范、专题讲座、主题研讨、行动研究和成果展示等方式，定期开展主题鲜明的递进式系列研修活动，着力帮助教师解决教育教学的突出问题，持续提升教育教学能力。

2017 年，为推动各地创新乡村校园长培训模式，提升乡村校园长培训的针对性和实效性，在总结各地培训经验的基础上，教育部研究制定了关于印发《乡村校园长"三段式"培训指南》等四个文件的通知。文件提出乡村校园长"集中培训+影子培训+返岗实践"的"三段式"培训模式。在培训时间要求方面，原则上集中培训不少于 5 天，影子培训不少于 7 天，返岗实践不少于 50 天。

5. 标准建立

2012 年，为促进幼儿教师的专业发展，建设高素质的教师队伍，教育部颁布了《幼儿园教师专业标准（试行）》（以下简称《专业标准》）对幼儿教师的专业发展提出了具体明确的要求，具体包括 3 个维度、14 个领域的 62 个基本要求。《专业标准》的颁布，使得幼儿教师的专业发展有了一定的参照标准，但也要求幼儿教师具有专业发展的主体意识和不断反思自身的实践。

2015 年，为促进幼儿园园长专业发展，建设高素质幼儿园园长队伍，深入推进学前教育改革与发展，教育部制定了《幼儿园园长专业标准》，该标准的出台为各级教育行政部门建设和管理幼儿园园长队伍、幼儿园园长培训机构培训园长提供了重要依据。该标准确立了园长应关注的六大核心工作领域与专业职责，具体包括规划幼儿园发展、营造育人文化、领导保育教育、引领教师成长、优化内部管理、调适外部环境等方面。

从幼儿教师专业发展的政策规范的主要内容可以看出，相关政策内容主要为宏观设计、教师教育、国培计划、乡村教师培训、标准建立等方面，它们之间是层层相依、相互联系的关系。从宏观方面的建设高素质教师队伍，到深化发展教师教育，再到具体组织实施培训，建立幼儿教师、幼儿园园长专业标准。

通过对相关内容进行分析，可以看出农村幼儿教师专业发展是整个幼儿教师队伍专业发展的薄弱环节，也体现出政府对发展农村学前教育的重视。

三、评析和对未来的展望

（一）评析

通过对幼儿教师专业发展政策的内容进行分析，可以看出政府以许多相关的政策文件为幼儿教师专业发展提供政策性的支持和保障。然而，国家政策支持下的幼儿教师专业发展水平的预期效果与实际效果存在差距，特别是幼儿教师现实的自身感受、幼儿教师队伍的专业化程度、幼儿教师的地位待遇，具体表现如下：

（1）从幼儿教师现实的自身感受来看，有学者通过调查指出，农村幼儿教师的培训无论从数量还是质量方面都存在较大的不足，培训内容、培训形式不能够满足教师的需要，教师对培训的评价也较低。由此可以看出，幼儿教师对政策支持下所开展的培训的实际效果不尽如人意。

（2）从幼儿教师队伍专业化程度来看。2010 年国家出台的《国务院关于当前发展学前教育的若干意见》中提出"中小学富余教师经培训合格后可转入学前教育"。对此，有学者指出，政策中强调"合格"二字，但在实际的转岗培训中并没有体现出来。其认为幼儿园"回收"中小学富余教师有三大隐患：第一，培养一名合格的幼儿教师并不简单；第二，转岗培训缺乏系统规划，而且多为理论培训，缺乏教学技能技巧的培训；第三，尽管表面上"充实"师资队伍，但从长远来看，学前教育的质量问题可能会形成恶性循环。该项政策执行的初衷是解决幼儿教师队伍师资不足的矛盾，同时面临的问题是不利于幼儿教师队伍的专业化发展。

（3）从幼儿教师的地位及待遇来看，特别是农村地区幼儿教师的地位和待遇有待提高。有学者指出，农村地区非在编教师依然占据了绝大部分比例，有编制的教师依然是较少数。农村幼儿教师的薪资较低，而农村教师在工作量上不但没有减少，相反，由于农村地区教师数量不足，他们承担着更多的工作量。2012年，教育部、财政部等四部联合颁布的《关于加强幼儿园教师队伍建设的意见》提出要建立幼儿园教师待遇保障机制，从而提高幼儿教师特别是农村幼儿教师的地位和待遇。由此可以看出，幼儿教师的实际地位、待遇和政策预期仍然存在差距。

（二）对未来的展望

幼儿教师专业发展是一项长期而艰巨的工作，政策性方面的支持保障是其持续、稳定、健康、快速发展的主要路径，因此要不断建立健全促进幼儿教师专业发展的有效保障体系。

1. 加强幼儿教师专业发展政策制定的科学性

政府对幼儿教师专业发展政策的决策行为直接关系到整个幼儿教师队伍的建设乃至国家学前教育事业的发展。因此，要加强幼儿教师专业发展政策在制定过程中的科学化，尽量避免政策出台的随意性，减少政策的失误，正确引领幼儿教师专业发展方向，保证幼儿教师队伍建设工作高效运行。

2. 确保幼儿教师专业发展政策实施过程中的可操作性

政策是幼儿教师专业发展中最重要的外部环境，幼儿教师的专业发展很大程度上依赖于政策因素。如果相关的政策安排不具有可操作性，那么幼儿教师专业发展的动力就会受到抑制，专业成长就会受到阻碍。因此，在幼儿教师专业发展政策实行过程中，要将政策目标层层具体、细化，确保实施过程中的可操作性。

3. 重视幼儿教师专业发展政策实施结果反馈的及时性和有效性

在幼儿教师专业发展政策实施效果方面，各省市的教育部门应加强对政策实施效果的实时跟踪、反馈，避免政策执行流于形式。例如在开展幼儿教师培训工作方面，要落实培训的有效性，对培训存在的问题、培训的效果进行分析和研究并及时反馈，以便不断完善幼儿教师专业发展政策。

第二节　幼儿园教师专业发展的现状和存在的问题

一、幼儿教师的基本情况分析

通过对某市 201 位幼儿教师的背景信息进行统计分析，我们可以看出幼儿园教师的基本情况。

1. 幼儿园教师队伍以青年人为主

从表 4-7 中我们可以看出，在所调查的对象中，幼儿教师队伍中青年（16～44 岁）占到了近 99.5%。其中，21～25 岁有 86 人，占 42.8%，26～30 岁有 46 人，占 22.9%。而 40 岁以上的幼儿教师仅有 22 人，占 10.9%。也就是说，幼儿教师队伍的年龄集中在 20～40 岁。从这一数据中，我们看出幼儿园教师是一支年轻化的队伍，并且笔者了解到当前幼儿教师招聘也将年龄限制在 35 岁以下。这一数据也反映出当前幼儿教师队伍年龄分布不合理，青年教师占大多数，老教师严重缺乏。诚然，年轻的幼儿教师热情，有活力，对孩子而言更具亲和力，但是老教师更有经验，对幼儿的身心发展更了解，更有耐心。一个优秀的幼教队伍离不开年轻教师的蓬勃朝气，也离不开老教师的经验指导。因此，从教师专业发展的整体规律来看，幼儿教师年龄结构的不合理，严重制约了幼儿教师队伍长远的专业发展。

表 4-7　　　　　　　　　　幼儿园教师年龄分布

年龄	人数（人）	百分比（%）	累计百分比（%）
20 岁以下	8	4	4
21～25 岁	86	42.8	46.8
26～30 岁	46	22.9	69.7
31～35 岁	16	8	77.6
36～40 岁	23	11.4	89.1
41～45 岁	21	10.4	99.5
46 岁以上	1	0.5	100
总计	201		

2. 幼儿教师的教龄较短

从表4-8中我们可以看出，在调查对象中，教龄1~3年的幼儿教师有95人，占总人数的47.3%，4~5年为44人，占总人数的21.9%。也就是说，在笔者所调查的幼儿园中，幼儿教师的教龄集中在1~5年，占69.2%。且从表4-8中我们可以看出，幼儿教师的人数与教龄呈负相关，即教龄越长，人数越少，其中教龄为6~10年的幼师数量急剧减少。从这一数据中我们可以看出，幼儿教师队伍流失现象严重，很多幼儿教师毕业后走入幼儿教师岗位，工作5年左右便离开幼教职业，寻求更好的职业发展。从幼儿教师培养"一年入门，三年成熟，五年骨干"的规律出发，每一位幼儿教师由"新手"成长为"骨干"都需要自身以及幼儿园投入大量的时间和精力。然而大量已经工作了3~5年，正渐渐成为幼儿园中坚力量的教师却开始不停地流失和转岗，这对幼儿园的损失是巨大的，也是幼儿教师专业发展的障碍之一。针对大量幼儿教师在5年后离职的问题，笔者查阅文献发现很多学者认为，随着幼儿教师教学时间的增长，到了工作的第3~6年，幼儿教师的职业倦怠到达了第一次高峰，职业倦怠严重者便离开了幼儿教师队伍。通过对公立幼儿园和私立幼儿园的教师情况对比分析发现，私立幼儿园比公立幼儿园教师流失更为严重。如图4-1所示，在所调查的对象中，公立幼儿园教龄1~5年有63人，占总人数55.3%，私立幼儿园教师教龄1~5年有76人，占总人数87.4%。私立幼儿教师在教龄6~10年，人数急剧下降，这反映出私立幼儿教师队伍流动十分严重。分析其原因，一般的私立幼儿园待遇较低，缺乏保障，甚至不给幼儿教师缴纳"五险一金"，导致这类幼儿园教师岗位缺乏吸引力，这其中一部分幼儿教师可能通过招聘、考试等渠道进入公办园，而大部分幼儿教师工作几年后便转而从事其他职业。

表4-8 　　　　　　　　　　　幼儿教师教龄分布

教龄	人数（人）	百分比（%）	累计百分比（%）
1~3年	95	47.3	47.3
4~5年	44	21.9	69.2
6~10年	21	10.4	79.6
11年以上	21	20.4	100
总计	201		

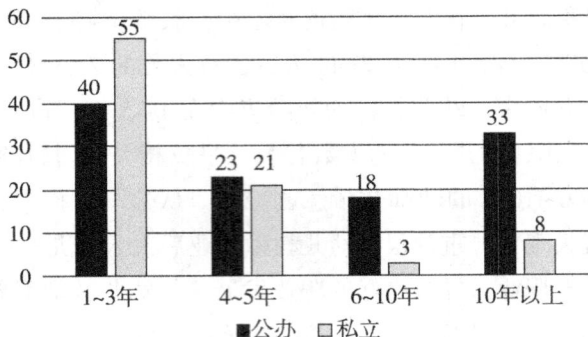

图 4-1 公立园和私立园幼儿教师教龄对比图

3. 幼儿园教师的学历以大专为主

幼儿园教师需要经过长期的学习，才能获得专业发展所需的保育知识和教育知识。目前我国的幼儿教师培养体系中，从中专、大专、本科、研究生、博士生均有学前教育专业，其中大专和本科是我国培养幼儿教师的重要阶段。依据《教师法》规定，报考幼儿园教师资格，应当具备幼儿师范及专科以上学历。有研究表明，当一个国家的高等教育入学率达到 18%～20% 时，小学教师便纷纷实现本科化，高中教师则进入本科后教育阶段，我国的高等教育的毛入学率已经超过 30%，提高教师的学历水平势在必行。且当前我国幼儿教师的学历已经提升到了以专科为主的水平。从表 4-9 中我们可以看出，当前幼儿教师的学历以大专为主，占 47.3%，本科学历的人数也很多，占 45.8%。这说明当前幼儿教师的学历水平已经达到了国家的要求。通过笔者后续的开放式访谈，发现幼儿教师学历提升的意识很强，很多幼儿教师在入职后，通过各种进修方式提升自己的学历，使本科学历的幼儿教师达到 45.8%。同时我们也发现幼儿教师的队伍中也有硕士的加入，幼儿教师队伍整体学历的提升，不仅促进整个幼儿教师素质的提高，也对幼儿教师的专业发展大有裨益。

图 4-2 为公办幼儿园和私立幼儿园教师学历的对比。首先，在所调查的对象中，公办幼儿园教师的学历明显高于私立幼儿园。公办幼儿园的幼儿教师学历以本科为主，私立幼儿园教师以大专为主。其次，从当前幼儿教师整体的学历梯队上讲，较为合理。不管公办幼儿园还是私立幼儿园我们都发现硕士的身影，这对幼儿园管理和科研能力的提升都会有促进作用。

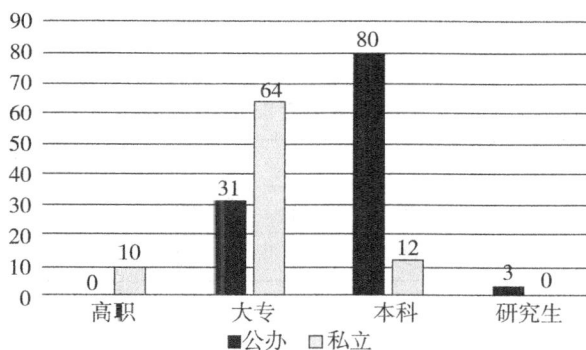

图 4-2　公办幼儿园与私立幼儿园教师学历对比

表 4-9　　　　　　　　　　幼儿园教师学历分布

学历	人数（人）	百分比（%）	累计百分比（%）
高中（高职）	10	5	5
专科	95	47.3	52.3
本科	92	45.8	98.1
硕士	4	2	100
总计	201		

4. 幼儿教师大部分具有学前教育的专业背景

幼儿园教师作为一个专门化的职业，有其不可替代的专业知识，这些知识也是幼儿教师专业理念与专业能力的认知基础。因此，学前教育的专业背景直接影响了幼儿教师的专业水平。从表 4-10 中我们可以看出，调查对象中大部分幼儿教师具有学前教育的专业背景，其中，学前教育专业的人数有 136 人，占总人数 67.7%，非学前专业 65 人，32.3%。从这一数据中我们可以看出当前大部分幼儿教师都学习过学前教育方面的专业知识，这对幼儿教师专业发展也是十分有益的。通过笔者的进一步对比发现（如图 4-3），公办幼儿园学前教育专业的人数有 95 人，比例达到了 83.3%，私立幼儿园学前教育专业人数有 41 人，也达到了 47.1%。这说明，公办园对教师专业的要求更为严格，在招聘时会严格限制专业背景。但是不论公办幼儿园还是私立幼儿园，学前教育专业的人数比例都很高。

表 4-10　　　　　　　　　　　　　　**幼儿教师专业分布**

教师专业	人数（人）	百分比（%）	累计百分比（%）
学前教育专业	136	67.7	67.7
非学前教育专业	65	32.3	100.0

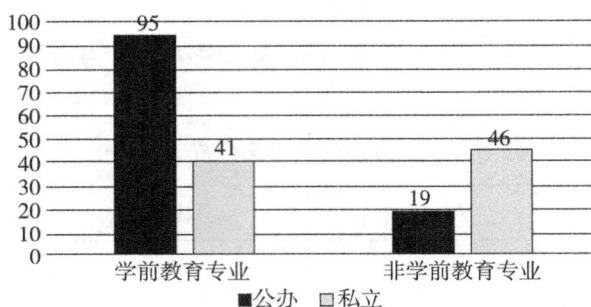

图 4-3　公立幼儿园与私立幼儿园幼儿教师的专业对比图

5. 大部分幼儿教师持有幼儿教师资格证

幼儿教师资格证是对幼儿教育行业的从业人员的资格许可，依据《教师资格条例》，中国公民在各级各类学校和其他教育机构中专门从事教育教学工作，应当依法取得教师资格。幼儿教师资格认定制度是幼儿教师专业发展的重要保障，因此幼儿园必须严格按照国家相关规定聘用幼儿教师，以保障幼儿教师的专业水平。从表 4-11 中我们可以看出，在调查对象中，绝大部分幼儿教师有教师资格证，持证教师占到总人数的 72.6%，没有教师资格证的幼儿教师占 27.4%。通过笔者进一步的对比分析发现（如图 4-4），首先，公办园和私立园均有未获得幼儿教师资格证的教师；其次，私立幼儿园未获得幼儿教师资格证的幼儿教师比例远高于公办园。通过分析，笔者发现虽然国家对教师资格证的要求十分严格，但是由于近年来幼儿教师缺口大，流动性强，很多幼儿园因师资短缺被迫招收了部分无幼儿教师资格证的代课教师，并要求其承诺在一年内考取幼儿教师资格证。相信随着国家对幼儿教师专业发展的重视，无证上岗的幼儿教师会越来越少。

表 4-11 幼儿教师持教师资格证情况

是否持有幼儿教师资格证	人数（人）	百分比（%）	累计百分比（%）
有幼儿教师资格证	146	72.6	72.6
无幼儿教师资格证	55	27.4	100.0

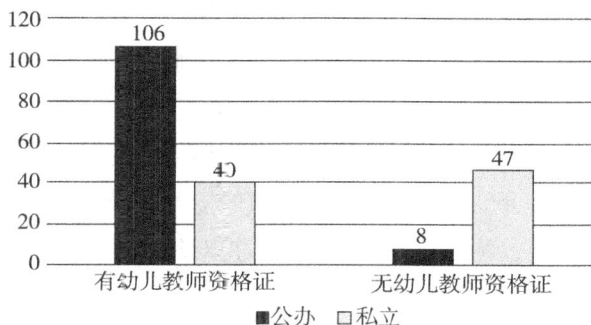

图 4-4　公立幼儿园和私立幼儿园持有教师资格证对比图

6. 绝大部分幼儿园教师接受过学前教育方面的定期培训并且了解《专业标准（试行）》

提高幼儿教师的专业水平，需要对幼儿教师进行完善的职后培训，以促进幼儿教师的专业知识的更新，适应时代的发展。在笔者的调查对象中，参加过学前教育方面的培训的幼儿教师有 179 人，占 89.1%（如表 4-12），可见不论是公办园还是私立园的培训活动还是很多的。通过笔者后续的访谈，当前幼儿园每周都有教研活动，讲座也很多，这说明现在的幼儿园都很重视提高幼儿教师的专业知识。

表 4-12 幼儿教师培训情况

培训项目	人数（人）	所占百分比（%）
参加学前培训	179	89.1
未参加培训	22	10.9

续表

培训项目	人数（人）	所占百分比（%）
了解《专业标准》	157	78.1
不了解《专业标准》	44	21.9

《专业标准》是提高幼儿教师专业水平的导向性文件，体现了时代背景下国家对幼儿教师的具体要求，是选拔幼儿教师的依据、培训幼儿教师的指南、评价幼儿园教师的标尺。在了不了解《专业标准》这一问题上，有78.1%的幼儿教师选择了解，说明当前国家对提高幼儿教师专业水平十分重视。

综上所述，幼儿园教师在年龄上，以青年人为主，教龄主要集中在1~5年，流动性较大；在学历上，以大专和本科学历为主，学历层次有所提升；在专业背景上，绝大部分幼儿教师有学前教育的专业背景，且获得了幼儿教师资格证。在职后培训上，绝大部分幼儿园都重视对幼儿教师的培训，定期组织教研活动。

二、幼儿教师专业发展存在的问题

1. 对专业理念的理解不够深入

首先，《专业标准》中要求幼儿教师认同自身的专业性和独特性，但是仍有大部分幼儿教师没有认识到幼儿园的课程与其他阶段的不同。同时，笔者针对此维度对部分幼儿教师进行访谈，发现当前幼儿教师虽认识到课程游戏化的重要性，并且在教学中也注意到了课程游戏化，但对教学活动的控制仍然比较多，仍然存在要求孩子按照自己的思路，自己设定的教学环节走的现象。其次，《专业标准》中倡导"幼儿为本"，要求幼儿教师尊重幼儿，具有爱心、耐心、责任心。从情景问卷中我们看到大部分教师认识到了这一点，但是在实际操作中却出现了过度化的偏向。总之，当前大部分幼儿教师对专业理念的理解还处于初步的领会阶段，但是在日常的实际活动中仍然未能正确地应用。

2. 专业知识掌握得不够全面

从问卷中可以看出，当前幼儿教师专业知识中幼儿保育与教育知识存在欠缺，通识性知识和幼儿发展知识掌握较好。通过访谈发现，幼儿教师大部分为年轻群体，绝大部分均为学前教育专业，因此对于幼儿发展的知识掌握度也比较好，但是有关幼儿急救保健方面的知识一直不是重点掌握的内容，因此会有所欠缺。

3. 专业能力薄弱

通过调查发现，幼儿教师在专业能力这一项上整体得分较低，这表明幼儿教师专业能力比较薄弱。在环境创设与利用上，不少教师反映，园所还是比较重视幼儿园环境创设的，经常有评比活动，在环境布置中也很重视贴近幼儿生活，考虑幼儿兴趣。同时环境创设也是幼儿教师较为容易掌握的一项能力。在对幼儿评价上，绝大部分教师认为只要幼儿有进步就要及时表扬，进行强化，不得不说这是一种观念上的进步。在《幼儿园教育指导纲要（试行）》第四部分教育评价中明确指出"承认和关注幼儿的个体差异，避免用划一的标准评价不同的幼儿"。教师对幼儿进行评价是为了更好地了解幼儿发展的水平，促进幼儿更好地发展，而非对幼儿进行排队或者筛选，可见幼儿教师在幼儿评价领域掌握得较好。

但是也要看到，在家园合作上，很多教师还是存有误区的，存有家园合作不深入，将家园合作看成任务，在与家长沟通中采取主导地位，认为家长不懂教育等错误思想。在反思能力上，绝大部分幼儿教师对于反思的认识不足，很多教师不写反思日记，甚至将教学随笔看成反思日记，说明在反思方法上还有待加强。

综上所述，在专业能力上，当前幼儿教师环境的创设与利用能力，教育活动的计划与实施能力，激励与评价能力水平良好；而一日生活的组织与保育，游戏活动的支持与引导、沟通与合作，反思与发展能力存在欠缺。

第三节　幼儿园教师专业发展现状的总体分析

笔者编制的幼儿园教师专业发展的情景问卷，以《专业标准》为依据，共分为专业理念、专业知识、专业情意三个维度，共计15题，每题答对计2分，共30分，18分为合格。现就所调查的对象的专业发展情况进行统计分析，如表4-13所示。

表4-13　　　　　　　　　　幼儿教师专业发展水平的总体情况

维度	M±SD	合格人数	百分比（%）
专业理念与师德	4.52±2.04	82	40.8
专业知识	4.53±2.30	86	42.8
专业能力	6.67±2.45	32	15.9
总分	15.72±5.17	82	40.8

1. 幼儿园教师专业发展水平合格率不高

从表4-13中我们可以看出，在所调查的对象中合格人数仅有82人，占总人数的40.8%，合格率较低。幼儿教师专业发展三维度的平均分为15.72分，合格分数为18分，这说明当前幼儿园教师专业发展离合格水平稍有距离，还应继续加强自身的专业发展，以《专业标准》为依据，主动参加相关培训和研修，逐步提升自己的专业发展水平。

2. 专业知识领域合格人数最多，专业能力合格率较低

在专业发展具体的三个维度中，专业知识维度幼儿教师的合格人数最多，有86人，占总人数的42.8%；专业理念的合格率达到40.8%；而专业能力的合格率较低，只有15.9%。这说明在所调查的幼儿园教师中，专业知识、专业理念基本达到要求，但专业能力还急需加强。

一、幼儿园教师专业理念与师德的具体分析

专业理念与师德作为《专业标准》三大维度之首，体现了它的核心地位，也反映出当前国家对幼儿园教师专业理念与师德的重视。《专业标准》将幼儿教师的专业理念与师德分为对职业的理解与认识、对幼儿的态度与行为、对幼儿保育和教育的态度与行为以及个人修养与行为四个领域，每一领域里又有具体的行为与要求，总计有20条。笔者从四个领域中各选择一项具体要求，设置了4道情景问题，答对计2分，总分8分，合格分数为6分。所调查的幼儿教师的专业理念具体情况如表4-14所示。

表4-14　　　　　　　　幼儿园教师专业理念与师德的具体分析

题目	答对人数	答错人数	正确率（%）
对职业的理解与认识	116	85	57.7
对幼儿的态度与行为	83	118	41.3
对幼儿保育和教育的态度	157	44	78.1
个人修养与行为	60	141	29.9

1. 幼儿教师对幼儿教育的理解与认识程度较好

从表4-14中可以看出，"职业的理解与认识"这一领域的情景问题的正确率达57.7%，说明大部分幼儿教师对幼儿教育有正确的理解与认识。此领域笔者选取了第3条"认同幼儿园教师的专业性和独特性，注重自身专业发展"设计了情景问题1。在这一问题上57.7%的幼儿教师认识到了幼儿园教育工作与其他教师专业要求不同，教育活动的设计、实施主要应该体现趣味性、综合化、生活化。案例中的小李老师应该做到真正意义上让孩子成为活动的主体，让游戏和活动成为孩子学习和探索的主要方式，使幼儿园的教学活动符合孩子们身心发展的特点和需要，这表明当前幼儿教师对自身的职业理解与认识有很大提升。

2. 大部分幼儿教师缺少对幼儿正确的态度与行为

从表4-14中，我们看到"对幼儿的态度与行为"这一题中，正确率达41.3%。这表明大部分幼儿教师对幼儿缺少正确的态度。在这一领域中笔者针对幼儿教师对儿童的态度，设置了情景问题2。在情景问题2上，58.7%的人认为李老师的做法是正确的，这表明有大部分幼儿教师对幼儿缺少正确的态度与行为。虽然安全是幼儿园工作的重中之重，重视安全是教师时刻应该牢记的要求。然而过分保护和因小失大都不可取。此案例中的月月明显被"过分保护"了，削弱了她的自我保护能力和独立精神，造成了她身体心理的双重脆弱。幼儿教师可以通过锻炼和心理暗示，帮助她找到不摔跤和站起来的能力。

3. 绝大部分幼儿教师对幼儿保育和教育持有正确的认识和态度

"对幼儿保育和教育的态度与行为"是从保教观的角度对一个合格的幼儿教师所应具备的专业理念与师德进行的规定。笔者从这一领域中选取第10条

"保教结合，帮助幼儿形成良好的意志品质"这一具体要求设置了情景问题3。在这一题中有78.1%的教师认为案例中的李老师做法是错误的，这说明绝大部分幼儿教师在对幼儿教育的问题上有正确的态度。对于材料中的说谎问题，幼儿教师首先要进行分析，首先判定孩子是否存在说谎，不诚实的行为，因为也存在其他小朋友拿错的情况；其次对于说谎的孩子老师要分析其说谎的原因，学前时期的孩子会把看到的与联想的、真实的与希望的、做过的与记忆的事情发生混淆，这是儿童成长过程中的一种现象，有的是成人的言行造成了孩子说谎，也有为达到某种目的而说谎，作为教师要搞清楚问题的症结，而不是惩罚。

4. 大部分幼儿教师对个人修养与行为的认识存在偏差

"个人修养与行为"是从幼儿教师的个性品质的角度来对合格的幼儿教师应该具备的专业理念与师德进行规定的，主要包括良好的个性修养、健康的心理状态以及乐于学习的品质等。在此，笔者从中选取第16条"富有爱心、责任心、耐心和细心"来设置情景问题4。

针对案例中李老师的行为，有将近70%的幼儿教师认为是正确的，这说明有大部分幼儿教师认识到要富有爱心和责任心的重要性，但是对幼儿教师的定位存在错误的认识。幼儿教师是幼儿生活与学习活动的支持者、合作者、指导者，而非幼儿的保姆。虽然幼儿教师对幼儿的爱是师德的核心，但这种爱是严慈相济的爱，幼儿教师要做到对幼儿严而不厉、爱而不纵，鼓励幼儿去做力所能及的事情，对幼儿的尝试予以肯定，不能因为幼儿做得不好或者做得慢而包办代替。李老师的出发点是好的，但是对孩子的行为却有些过犹不及了。

二、幼儿教师专业知识的具体分析

幼儿教师需要具备一定的专业知识来胜任日常的专业工作，在《专业标准》中，幼儿教师的专业知识是由"幼儿发展知识""幼儿保育和教育知识""通识性知识"三部分组成的。这三部分知识是每一位幼儿园教师必须掌握的基础知识，虽然三个维度在理论上互相独立，但是实践中却是相互融合的。由此，笔者从专业知识三个领域中各选取3项具体要求，并针对实践过程中融合的地方编制了一道综合题目，设置情景问卷，具体分析如表4-15所示：

表 4-15　　　　　　　　　　幼儿教师专业知识情况

题目	答对人数	答错人数	正确率（%）
幼儿发展知识	174	27	86.6
幼儿保育教育知识	63	138	31.3
自然科学知识	110	91	54.7
综合题目	113	88	56.2

1. 幼儿发展知识掌握良好

幼儿发展知识在幼儿教师的知识结构中处于核心地位，对于一位合格的幼儿教师来说，了解幼儿身心发展特点、年龄特征、幼儿发展中的常见问题以及解决策略是开展学前教育的前提条件。由此，笔者选取第 25 条"解有特殊需要幼儿的身心发展特点及教育策略与方法"设置情景问题 5。针对案例中李老师的行为，有 86.6% 的教师认为是错误的，这说明大部分幼儿教师了解幼儿身心发展特点及常见的问题。本案例中，我们可以看出妍妍是一位任性的孩子。任性是儿童常见的行为问题，从心理学上讲，任性是个性偏执、意志力薄弱和缺乏自我约束力的表现。从妍妍的表现中能看出她属于主动抗拒性任性，以哭闹、发脾气的形式坚持自己的立场。老师要意识到孩子发展的现状与面临的问题，采用不回避，不妥协，不放弃的态度。可以采取转移注意力，暂时回避的态度处理方式，每一次对任性孩子的妥协，就是对其任性行为的一次强化。

2. 幼儿保育教育知识有所欠缺

幼儿保育和教育知识主要涉及幼儿园各教育目标、内容、途径、方法、策略等基本知识。幼儿园教师所必备的保教能力必须建立在扎实的保教知识基础之上。笔者从此领域中选取第 29 条"熟知幼儿园的安全应急预案，掌握意外事故和危险情况下幼儿安全防护与救助的基本方法"设置情景问题 6。针对李老师的急救处理方式，有 69.7% 的幼儿教师认为是正确的，这说明幼儿教师还需要提高自身的幼儿安全急救知识。鼻出血是幼儿常见的症状，生活中稍有不慎或者饮食不当都有可能造成鼻出血的问题。很多人认为把头向后仰，鼻孔朝上，可以有效止血。然而，这是一种错误的处理方式，流鼻血时仰头，会使血液顺着鼻道向后流到咽喉部，如果将血液咽入胃内，就会刺激胃肠黏膜，产生胃部不适甚至呕吐。更为严重的是，如果咽血量过多、过急，还容易呛入气管及肺内，造成呼吸道梗阻。正确的处理方式是，让儿童头部略低、张口呼吸，捏住鼻翼，一般 10 分钟左右即可止血，也可以用湿毛巾冷敷前额、鼻部。

3. 幼儿教师通识性知识掌握良好

由于幼儿园五大领域主要涉及的是政治学、经济学、历史学、社会学、自然科学、伦理学等学科中最粗浅、最基本的知识，这就要求幼儿教师应具备较为广博的学科知识。《专业标准》中要求幼儿教师所需要掌握的通识性知识主要包括：自然科学知识、人文社会知识、艺术欣赏与表现知识以及一定的现代信息技术知识。由于通识性知识涵盖内容较为广泛，笔者从中选取两项基本要求来设置情景问题。针对自然科学知识，笔者设置了情景问题 7。在这一问题中，110 人认为李老师的概念是错误的，这说明，绝大部分幼儿教师具备基础的自然科学知识。该案例中的教师虽然注意到儿童的思维水平，但是却犯了常识性错误，例如认为蝙蝠有翅膀，但是蝙蝠不属于鸟类。由于幼儿教育的特殊性，在幼儿园不设分科教学任务，于是每位老师都承担着多领域的教学任务。为了促进幼儿身心全面和谐发展，教师除了具备扎实的专业知识外，还要有广博的通识性知识，不断完善自己的知识结构。

4. 大部分幼儿教师能结合幼儿身心特点和艺术领域的教学特点组织教学

《专业标准》第 27 条要求幼儿教师掌握幼儿园各领域教学的学科特点和基本知识；第 34 条要求幼儿教师具有相应的艺术欣赏和表现知识。由此，笔者结合幼儿园艺术领域教学目标与策略设置了情景问题 8。针对情景中李老师的教学理念，有 113 位幼儿教师认为是错误的，这表明幼儿教师对艺术领域的教学目标和教学要求掌握较好，同时具备相应的艺术欣赏能力。在《幼儿园教育指导纲要（试行）》中指出："艺术是实施美育的主要途径，应充分发挥艺术的情感教育功能，促进幼儿健全人格的形成。要避免仅仅重视表现技能或艺术活动的结果，而忽视幼儿在活动过程中的情感体验和态度的倾向。"幼儿的艺术创作过程和作品是他们表达自己的认识和情感的重要方式，幼儿教师应该支持幼儿富有个性和创造性的表达，避免过于强调技巧和标准化要求的偏向。幼儿教师要激发幼儿感受美、表现美的情趣，丰富他们的审美经验，使其充分体验自由表达和创造的快乐。在此基础上，根据幼儿的发展状况和需要，对表现方式和技巧予以适时适当的指导。

三、幼儿教师专业能力的基本情况分析

幼儿教师的专业能力是幼儿教师具备了专业理念与专业知识后，通过长期的教学实践形成并完善的，它直接影响幼儿园教学活动的质量，关系到幼儿能否健康快乐地成长。在《专业标准》中，专业能力共有 7 个领域，27 项具体要求，其比重占到 43.5%，充分凸显了"能力为重"的基本理念。《专业标准》中要求幼儿教师必须具备的专业能力有：环境的创设与利用、一日生活的组织与保育、游戏活动的支持与引导、教育活动的计划与实施、激励与评价、沟通与合作、反思与发展等（如表 4-16）。笔者围绕 7 个领域的具体要求，设置情景问题，具体分析如下：

表 4-16　　　　　　　　　**幼儿园教师专业能力的基本情况**

题目	答对人数	答错人数	正确率（%）
环境的创设与利用	189	12	94.0
一日生活的组织与保育	89	112	44.3
游戏活动的支持与引导	81	120	40.3
教育活动的计划与实施	138	81	68.7
激励与评价	142	88	70.6
沟通与合作	35	166	17.4
反思与发展	8	193	4.0

1. 绝大部分幼儿园教师掌握了环境创设与利用的方法与原则

环境是幼儿园内重要的教育资源，广义的幼儿园环境是指幼儿园教育赖以进行的一切条件的总和，它既包括人的要素也包括物的要素；狭义的幼儿园环境是指幼儿园内部环境、物质环境和人际环境的总和。《专业标准》中设计的环境的创设与利用能力涉及的主要是幼儿园教师工作的班级环境。依据相关调查研究显示，幼儿园教师普遍认同环境创设与利用的重要性，也能考虑到教育目标的要求、幼儿的关注点，但是对不同年龄段的幼儿需要的环境特点把握不足。由此笔者设计了情景问题 9。针对案例中李老师的环境创设，有 94% 的幼儿教师认为是错误的，这说明绝大部分幼儿教师能够意识到幼儿园的环境创设

必须符合儿童的年龄特点。幼儿园环境是一种"隐性课程"，对幼儿身心发展具有重要作用。材料中李老师的环境创设体现了与教育目标相一致的原则，但是却忽视了发展适宜性的原则，即幼儿园的环境创设要适应儿童的年龄特点。卡通形象更符合儿童的年龄需要，更能引起孩子们的注意，使孩子们潜移默化地学习到教育内容。

2. 大部分幼儿教师没有意识到将教育灵活地渗透到一日生活组织与保育中

保教结合是幼儿园阶段的突出特点，幼儿园一日生活的八个环节都具有教育影响，科学合理的组织幼儿一日生活，将教育灵活地渗透到幼儿日常生活中，是每一位幼儿教师必须具备的一项专业能力。由此笔者从《专业标准》中选取"40. 合理安排和组织一日生活的各个环节，将教育灵活地渗透到一日生活中；41. 科学照料幼儿日常生活，指导和协助保育员做好班级常规保育和卫生工作"两项具体要求设置了情景问题10。针对两位老师的做法，有55.7%的幼儿教师认为是正确的，这说明大部分幼儿教师在一日生活组织与保育的认识上存在误区。幼儿园教育具有特殊性，保育工作要与教育工作结合，在保育过程中有的放矢地对儿童进行教育。小王老师和小李老师虽然很关心儿童，但却没有意识到一日生活也是良好的教育契机。小王老师干净利落地打扫教室实际上剥夺了幼儿亲自劳动的机会，在劳动中培养责任感和规则意识的机会。可以说幼儿园一日生活的八个环节，每一个环节都渗透着教育的作用，幼儿教师应当充分挖掘其中的教育因素，将保育和教育充分地结合。

3. 大部分幼儿教师缺少鼓励并尊重幼儿自觉选择游戏的意识

游戏活动是幼儿园的基本活动，因此，幼儿教师支持引导幼儿游戏的能力在其专业能力上占有核心地位。从相关文献上看，虽然当前幼儿园大力倡导游戏课程，但是仍有不规范的现象存在，特别是幼儿游戏时间不充分，教师在游戏中缺乏恰当的引导等问题突出。由此笔者设置了情景问题11。

针对案例中李老师的行为，有59.7%的幼儿教师认为是正确的，说明大部分幼儿教师没有尊重幼儿自主选择游戏的权利，没有真正理解《专业标准》中第46条"鼓励幼儿自主选择游戏内容、伙伴和材料，支持幼儿主动地、创造性地开展游戏，充分体验游戏的快乐和满足"的含义。游戏是幼儿的基本活动，是幼儿根据自己的需要、兴趣、自由选择游戏的内容、材料、玩伴和游戏的方法，自主开展游戏的情节，自发交流游戏经验的动态游戏过程，它是幼儿根据自己的兴趣与愿望自发自愿的自主活动。并且中班儿童处于角色扮演游戏的高峰期，对于幼儿自主开展的创造性游戏，幼儿教师更要加以支持和引导。限制区域人数是为了保证活动的质量，但是我们不能因此剥夺孩子自主选择游戏内容的权利。

4. 大部分幼儿教师能根据幼儿需要灵活的组织调整教育活动

《专业标准》中第 49 条指出"在教育活动中观察幼儿，根据幼儿的表现和需要，调整活动，给予适宜的指导"。教育活动的组织与实施过程是幼儿园教师创造性地开展工作的过程。幼儿教师应当关注并敏感地察觉幼儿在活动中的反应并灵活地进行调整。特别是当按计划进行的活动不能引起期望的教学反应时，幼儿教师应当主动反思，寻找原因，及时调整教学计划和教学活动，使幼儿更好地学习。据此，笔者设置了情景问题 12。在这一问题上，有 68.7% 的幼儿教师赞同李老师的行为，这说明大部分幼儿教师能够关注幼儿的表现，积极地调整教育活动。材料中的小李老师在教学活动进行的过程中面对突发的个体反应和行为表现，采用了恰当的策略，积极调整故事内容，没有按照单一的预设进行，既提高了幼儿的兴趣，也提高了教学的有效性。因此，幼儿教师要善于观察幼儿在活动中的表现，根据幼儿的反应，灵活调整活动的进程与方式。一味按照课程预设来组织教学，只关注自己对教学过程的管控，忽视幼儿的需要，不是专业幼儿教师的行为。

5. 大部分幼儿教师能对幼儿进行正确的评价

《幼儿园教育指导纲要》中指出：评价的过程，是教师运用专业知识审视教育实践，发现、分析、研究、解决问题的过程，也是教师自我成长的重要途径。同时，幼儿教师正确的评价幼儿可以提高幼儿的自信心和积极性，促进幼儿健康快乐的成长。笔者依据《专业标准》第 52 条"关注幼儿日常表现，及时发现和赏识每个幼儿的点滴进步，注重激发和保护幼儿的积极性、自信心"设置情景问题 13。

70.6% 的幼儿教师认为小李老师的评价方式不正确，这说明大部分幼儿教师有正确的评价观，能对幼儿进行正确评价。幼儿教师应承认幼儿存在个体差异性，不应用统一的标准去评价所有的儿童。对于幼儿的评价应放在孩子的变化和发展上，多用纵向比较，慎用横向比较。幼儿教师在评价孩子的过程中，为追求理想效果采用统一标准，但是对于小明这种孩子一时还是存在困难的，因此老师要适当降低标准，让小明这种孩子也能获得满足和成功。

6. 幼儿教师在家园合作上不够深入

沟通技能是幼儿教师专业发展中一项必不可少的技能。《专业标准》中对幼儿教师的沟通与合作提出了五项要求，主要涉及幼儿教师与幼儿、同事、家长、社区间的关系。当前幼儿教师面对不同的对象有不同的问题存在，但与家长之间的问题更为突出，由此笔者围绕《专业标准》第 58 条"与家长进行有效沟通合作，共同促进幼儿发展"设置了情景问题 14。

针对小李老师的家园合作方式，只有 17.4% 的幼儿教师认为是错误的。这说明当前大部分幼儿教师在家园合作问题上存在误区。家长资源是建设幼儿园的重要力量，小李老师有这个意识很好，错在开展家园合作的方式存在问题，家园合作不够深入，仅仅停留在表面，家长来幼儿园并没有深入幼儿的活动中，与其说是家园合作不如说是汇报演出。适宜的做法是，幼儿园教师可以编排一些亲子游戏，让家长参与到活动中来，还可以与家长一起讨论班级活动的主题与活动等。总之，不要让家园合作流于形式。

7. 幼儿教师缺少反思能力

教师的反思能力是指教师在教育教学过程中主动对自己的教学活动进行思考，评价，调控的能力。《专业标准》中要求教师要"主动收集分析相关信息，不断进行反思，改进保教工作"。反思能力的提高需要当前幼儿教师有反思的方法，知道如何去进行反思。调查研究显示，当前幼儿教师进行反思的方法单一，最常用的是交流式反思，而不愿意撰写材料或者采用内省式反思。由此，笔者针对幼儿教师反思方法中常用的反思日记设置了情景问题 15。

针对材料中小李老师的反思日记，有 96% 的幼儿教师认为是正确的，这说明很多幼儿教师对反思日记缺少正确认识。小李老师对反思日记的看法存在偏差。反思日记不只是记录自己的行为，它需要围绕具体的问题展开，对自己的教育行为进行分析总结，哪里做得好，哪里做得不足，找出更有效的方法，从而把经验运用到以后的教学中去，小李老师的反思日记缺乏思考。

第四节 幼儿园教师专业发展的差异性分析

在综述部分，笔者讨论了现阶段各位学者对影响幼儿教师专业发展因素的分析，基本可以划分为两方面，外部组织因素和个体内部因素。笔者在阅读相关文献的基础上，从中选取了 8 项幼儿教师的背景信息，包括幼儿园性质、教龄、年龄、专业、学历、是否有证，是否参加过培训，是否了解《专业标准》等。运用 SPSS 软件，将幼儿教师的 8 项背景信息与其专业发展进行相关分析，以进一步探析影响幼儿教师专业发展的因素。

一、幼儿教师背景因素与专业发展的差异性分析

通过 SPSS 软件，将幼儿园性质、教龄、年龄、专业、学历、是否有证，是否参加过培训，是否了解《专业标准》等 8 项自变量因素与幼儿教师专业发展的三个维度及总体情况进行相关分析，结果如下：

1. 不同幼儿园性质与幼儿教师专业发展的相关性分析

从表 4-17 中可以看出，公立幼儿园教师的专业理念、专业知识和专业能力及总分均显著高于私立幼儿园。笔者通过 t 检验发现幼儿园的性质与幼儿教师专业发展的三个维度均呈现显著相关。通过笔者后期对幼儿教师的开放性访谈得知，当前私立幼儿园办园质量良莠不齐，甚至部分民办幼儿园没有办园许可证，通过注册文化公司的形式来进行招生，虽然多次遭到查处，但这种现象依然存在，这种幼儿机构对幼儿教师的要求极低，因此这部分幼儿教师的专业性难以得到保证。而公办幼儿园近年来在招聘中均通过严格的考试来选聘教师，对幼儿教师的专业和技能都有很高的要求，因此公办园教师的专业水平要高于私立园。

表 4-17 不同幼儿园性质与幼儿教师专业发展的相关性

幼儿园性质	专业理念与师德	专业知识	专业能力	总分
公办	5.00±2.12	5.70±2.01	7.33±2.43	17.97±4.64
私立	3.90±1.78	3.10±1.82	5.79±2.20	12.78±4.31
t 值	3.97***	9.44***	4.63***	8.11***

* $p<0.05$，** $p<0.01$，*** $p<0.001$（下同）

2. 不同教龄与幼儿园教师专业发展的相关性分析

由表4-18可知，随着幼儿教师的教龄增长，专业知识和专业能力均有提高。笔者通过 F 检验发现，幼儿教师的教龄与幼儿教师专业知识、专业能力显著相关，与专业理念则不显著相关。从教师专业发展的阶段来看，每一位幼儿教师由新手成长为专业教师都经历了关注生存阶段、关注情景阶段、关注学生阶段。一般来说，新老师比较关注自身在幼儿园是否得到认可，顺利入职的教师比较关注对课堂的管控，而老教师则能自觉关注学生的成长。这种意识是大部分幼儿教师随着教龄的增长而不断发展改变的。这可能由于大部分幼儿教师从事幼儿职业越久，在不断的教学实践中积累的专业知识也多，获得的经验也就越多，同时自己所获得的专业知识也不断地转化为自身的专业能力。由此也看出一位幼师想要由刚入职的新手成长为合格的专业教师是需要时间的累积的，因此，建立一支稳定的幼儿教师队伍对幼儿教师整体专业性的发展是十分必要的。

表 4-18 **不同教龄与幼儿园教师专业发展的相关性**

教龄	专业理念与师德	专业知识	专业能力	总分
1~3 年	4.19±1.98	3.91±2.31	5.7±2.32	13.89±5.09
4~5 年	4.73±1.98	4.91±2.21	6.7±2.45	16.36±5.03
6~10 年	4.29±2.22	5.05±2.33	8.4±2.18	17.81±5.10
11 年以上	5.22±2.04	5.30±2.05	7.7±1.98	18.22±3.95
F 值	2.74	5.6*	12.05***	10.07***

3. 不同年龄与幼儿园教师专业发展的相关性分析

从表4-19中可以看出，随着幼儿教师的年龄的增长，专业知识和专业能力都在不断提高。经过单因素方差检验，专业能力和总分与幼儿教师的年龄呈现极其显著（ *** $p < 0.001$），与专业知识呈现非常显著（ ** $p < 0.01$），与专业理念虽然总体上呈正相关，但是 $p > 0.05$，因此在统计学上，二者不成显著性差异。依据加里德斯勒职业发展五阶段理论，在确立阶段（25~44岁）中，在第一个子阶段，即尝试子阶段（25~30岁）人们在确定自己所选的职业适不适合自己,如果不适合便离开;在第二个子阶段:稳定子阶段(30~40岁)中,人们纷纷设定坚实的职业目标和规划来实现更好的职业发展;在第三个子阶段(40~45岁左右)人们会重新思考职业对自己的重要性,重新判断自己到底需要什么。由此,我们可以尝试分析,如果一位幼儿教师在经历尝试子阶段后,依然留在了幼儿教师岗位,那么其便会认真踏实地从事当前的工作,设定自己的职业目标和规划,因此处于25~40岁这一年龄阶段的幼儿教师在专业理念、专业知识、专业能力上都会有所提高,这与我们的数据十分吻合。而40左右人们开始重新评价职业的意义时,职业消极倦怠情绪对专业性产生了影响,三个维度均有下降。当然,我们也要指出,并不是所有人随着年龄和教龄的增长,专业理念、专业知识和专业能力就一定增长,需要一个人对自身的职业发展有一定要求,不断努力。

表4-19 不同年龄与幼儿园教师专业发展的相关性

年龄	专业理念与师德	专业知识	专业能力	总分
20岁	3.5±0.93	2.25±1.69	4.25±1.28	10.00±0.93
21~25岁	3.5±093	4.09±2.25	6.00±2.30	14.37±4.98
26~30岁	4.57±2.22	4.80±2.29	6.83±2.69	16.21±5.46
31~35岁	4.75±1.77	5.87±2.63	8.38±1.82	18.00±4.73
36~40岁	5.39±1.95	5.39±2.21	7.91±2.21	18.69±4.03
41~45岁	4.86±2.15	5.38±1.86	7.52±1.66	17.76±4.02
F值	1.64	3.23**	6.67**	6.21***

4. 不同专业与幼儿园教师专业发展的相关性分析

由表4-20中我们可以看出,具有学前教育专业背景的幼儿教师在专业理念、专业知识和专业能力上的得分均要高于非学前教育专业的幼儿教师。经 t 检验分析可知,在专业能力上 $p<0.01$,呈现显著相关;专业知识和专业理念上均与专业背景呈现 $p<0.001$ 的极其显著。从这一统计学数据我们可以看出:首先,学前教育专业学生在经历了多年专业知识的学习后,相较于非专业的人有着更好的职业理解与认同,同时也掌握了更为丰富的专业知识。其次,我们也看到虽然学前教育专业的学生掌握了较好的专业理念和专业知识,但是在专

业能力上没有前两个维度的显著性高，这说明专业理念和专业知识转化为日常工作中的专业能力是有一定难度的。

表 4-20 　　　　　　　　不同专业与幼儿园教师专业发展的相关性

专业	专业理念与师德	专业知识	专业能力	总分
学前教育专业	4.93±1.99	5.12±2.13	7.04±2.38	17.04±4.59
非学前教育专业	3.69±1.91	3.45±2.31	5.87±2.42	12.98±5.29
t 值	4.24***	5.06***	3.23**	5.57***

二、幼儿教师专业发展的差异性分析

1. 不同学历与幼儿园教师专业发展的相关性分析

通过表 4-21 我们可以看出，幼儿教师学历越高，专业理念、专业知识与专业能力的水平越高。经过单因素方差分析，专业理念与学历不成显著相关，专业知识与专业能力与学历显著相关。这说明学历的提升，对专业知识的掌握和专业能力的提升有很大帮助。从数据中我们看到，虽然学历越高，专业理念得分越高，但是二者不成显著相关，这可能由于当前的培养方案不太重视对专业理念的教育。从专业知识上，学历越高，专业知识得分越高，这是由于不同学历层次的人才培养的侧重点不同，专科层次通常会重视技能的训练，而本科则注重教育理论的学习，研究生阶段除了掌握教育理论外还注重科研水平的提高，因此学历水平越高在幼儿发展知识、幼儿保育教育知识以及通识性知识方面的得分越高。通常我们认为专业能力的提升是最有难度的，从数据上看，学历越高，专业能力越强。这可能由于，经过长期的职前学习，获得了大量的有关学前方面的专业知识技能和自主研究的能力，这些知识和能力在教学实践中不断运用，不断内化，使专业能力提升的水平更高更快。

表 4-21 　　　　　　　　不同学历与幼儿园教师专业发展的相关性

学历	专业理念与师德	专业知识	专业能力	总分
高职	3.40±0.97	2.60±1.64	4.40±1.84	10.40±2.30
大专	4.36±1.96	3.78±2.10	6.1±2.18	14.32±4.64

学历	专业理念与师德	专业知识	专业能力	总分
本科	4.74±2.17	5.42±2.13	7.3±2.49	17.47±5.01
硕士	6.5±1.00	6.50±1.91	9.5±2.52	22.50±4.12
F 值	2.88	12.75***	8.97***	13.97***

2. 是否有幼儿教师资格证与幼儿教师专业发展的相关性分析

由表 4-22 中可以看到，持有幼儿教师资格证的幼儿教师在专业理念与专业知识和专业能力三个维度上均高于无幼儿教师资格证的幼师。经过独立样本 t 检验分析，是否有教师资格证与专业理念、专业知识和专业能力三维度均呈现显著相关。可见，幼儿教师资格证作为幼儿教师的资格准入制度，对幼儿教师专业发展有重要作用。在笔者的被试中有 55 人未获得幼儿教师资格证，通过后期开放性访谈了解到：首先，某市公办幼儿园的招聘基本由教育局统一招聘，招聘条件中要求必须持有幼儿教师资格证（应届生最迟在毕业前获得幼儿教师资格证），但是一些地区并不能招满，因此很多地理位置不好的幼儿园往往通过统一招聘招不满幼儿教师，便招聘代课教师，并对代课教师是否持有教师资格证没有严格要求。在民办幼儿园中，一些办园条件好的幼儿园针对幼儿教师资格证也是严格要求的，但是一些条件不好的幼儿园，由于待遇低，人员流动大，往往对教师资格证没有严格限制。其次，幼儿教师资格证笔试中考察了幼儿教师专业所需的保育与教育知识以及综合素质，在面试中考察了幼儿教师的授课以及组织活动能，这都是幼儿教师所必备的专业素质。因此，参加幼儿教师资格证考试且合格的幼儿教师必然会比不合格的幼儿教师拥有更多的专业知识和专业能力。

表 4-22　**是否有幼儿教师资格证与幼儿教师专业发展的相关性**

是否有证	专业理念与师德	专业知识	专业能力	总分
有资格证	4.73±2.16	5.08±2.22	7.16±2.40	16.90±4.89
无资格证	4.00±1.59	3.24±2.05	5.35±2.07	12.61±4.67
t 值	2.27*	5.30***	4.95**	5.60***

3. 是否参加过幼儿园方面培训与幼儿教师专业发展的相关性分析

从表 4-23 中我们可以看出，参加过幼儿园教师定期培训的幼儿教师在专业理念、专业知识、专业能力三维度均高于未参加定期培训的幼儿教师。通过 t 检验分析，幼儿园定期培训与幼儿教师专业知识和专业能力显著相关。在笔者的被试中仅极少数人未参与定期培训，这说明当前不管是私立园还是公立园对幼儿教师的培训还是很重视的。但是我们却从数据分析上看到，是否参加定期培训与幼儿教师专业理念不显著相关，这可能由于当前幼儿园并不注重对幼儿教师专业理念的培训。

表 4-23　　　　幼儿园定期培训与幼儿教师专业发展的相关性

是否培训	专业理念	专业知识	专业能力	总分
定期培训	4.61±1.99	4.69±2.33	6.80±2.46	16.12±5.08
不培训	3.82±2.38	3.64±2.01	5.36±1.99	12.55±4.94
t 值	1.73	2.03 *	2.68 **	3.10 **

4. 是否了解《专业标准》与幼儿教师专业发展的相关性分析

通过表 4-24 我们可以看出，了解《专业标准》的幼儿教师在专业理念、专业知识、专业能力上均高于不了解的幼儿教师。在独立样本 t 检验中，是否了解《专业标准》与幼儿教师专业发展在专业理念、专业知识、专业能力上均显著相关。这表明学习《专业标准》对幼儿教师专业发展有重要作用。《专业标准》是国家对合格幼儿教师专业素质的基本要求，是幼儿园教师培养、培训、准入的重要依据，因此了解《专业标准》中对幼儿教师的相关要求，对幼儿教师的专业发展将会大有裨益。

表 4-24　　　　是否了解《专业标准》与幼儿教师专业发展的相关性

是否了解	专业理念	专业知识	专业能力	总分
了解	4.74±1.99	4.85±2.27	6.87±2.43	16.39±4.98
不了解	3.77±2.08	3.59±2.27	5.95±2.42	13.36±5.24
t 值	2.82 **	3.04 **	2.20 **	3.57 ***

第五节 幼儿教师专业发展的讨论与建议

新时期我国幼儿园教师队伍建设的目标是：造就一支师德高尚、热爱儿童、业务精良、结构合理、充满活力的高素质专业化幼儿园教师队伍。从笔者的调查研究中，我们可以看出，当前某市幼儿园教师专业发展总体合格率不高，其中专业知识掌握度较好，对专业理念理解稍有偏差，专业能力水平还需进一步提升。针对当前某市幼儿园教师专业发展的问题，笔者尝试从教育行政部门、幼儿教师培养院校、幼儿园以及幼儿教师等几个角度为促进幼儿教师专业发展提供建议。

一、教育行政部门促进幼儿教师专业发展的讨论与建议

1. 以《专业标准》为依据，建立严格的幼儿教师准入制度

第一，制定严格的幼儿园教师聘用、考核、退出的管理制度。各级教育部门应当依据《专业标准》中对合格幼儿教师 3 个维度，14 个领域，62 条具体要求来制定幼儿园教师准入、聘用、考核、职称评定、退出等各个环节的相应标准。

针对幼儿园教师选拔与聘用环节，考核内容是一个导向，是每位"准教师"努力的方向。当前在幼儿教师的选拔聘用环节，出现了"重技能，轻素养"的现象。这种现象的出现一方面和幼儿教师极具表现力的职业特点有关，另一方面也和我国长期以来中专、高职等院校的培养模式有关。这种选拔导向直接导致幼儿师范学生会将幼儿教师的专业性与技能挂钩，重视自身技能的提高而轻视理论的学习。但是我们要清楚，幼儿教师的专业性并非体现在钢琴、舞蹈的级别上，舞蹈、弹唱、绘画等技能都是为幼儿教师组织游戏活动、教学活动服务的，在考核中不应舍本逐末。对于幼儿教师的考核环节，笔者认为，各级教育行政部门可依据《专业标准》和实际情况，研制一套专业标准的认证方案，也可以建立第三方的专业认证机构来对幼儿教师的专业发展水平进行评估。切实做到从关注技能到关注专业理念、专业知识、专业能力。

第二，提高幼儿教师的学历准入门槛。在我国整体的教师群体中，幼儿教师的学历是最低的，幼师毕业即可，这也是造成社会对幼儿教师存有偏见的原因之一。不过近年来，我国幼儿教师的学历也纷纷提高，很多一线城市招聘时

均要求本科学历，某市今年也开始要求幼儿教师具备专科学历。一个人的学历高低往往反映出一个人的综合素质，对自身的要求，看待事物的角度，分析问题的逻辑，处理事情的能力，等等。幼儿教师虽然不教授系统的学科知识，但是幼儿教师的一言一行都是孩子模仿的榜样，幼儿在与教师的交往中，不断学习教师的言谈举止，思维方式，以及处理问题的方式，并且幼儿时期的孩子可塑性强，尚未具备判断对错的能力，很多时候不知道什么该学什么不该学，这些都要求幼儿教师要具备极高的个人修养与素质才能成为幼儿的好榜样。

2. 以《专业标准》为依据，提高在职幼儿教师培养培训的质量

第一，各级教育部门应加强对民办园的扶持力度，让民办园的幼儿教师也能享有培训进修的机会。从研究中可以看出，私立幼儿园的幼儿教师整体水平要低于公办园，并且培训对幼儿教师专业发展有重要影响。因此从教育公平角度出发，也应给予私立幼儿园教师更多的培训机会。

第二，利用互联网技术，可以采用微课等方式，为幼儿教师自主学习提供机会。从访谈了解到，不同职业发展阶段的幼儿教师所面临的问题是不一样的，统一的培训无法照顾到个性的需要，因此笔者认为可以采用微课等互联网教学的方式，以《专业标准》中的具体要求为培训内容并切分为不同的模块，让幼儿教师结合自身的问题，进行自主学习。

3. 保障幼儿教师合法权益，切实提高幼儿教师待遇

近年来幼儿教师的待遇在不断提高，但是不论是在教师群体中，还是整个社会行业群体中，幼儿教师的待遇仍处于中下水平。很多幼儿教师以"操着卖白粉的心，赚着卖白菜的钱"来自嘲。幼儿教师与中小学教师不同，中小学教师通常每天2~3节课，但是幼儿教师没有下课的权利，从上班到下班都是与幼儿一起度过的，备课、环境布置、各种教育随笔，教学计划、科研发文、技能练习等任务都是额外的无偿加班劳动。幼儿教师工作量大、压力大，但收入却处于较低水平，这也是造成幼儿教师这一行业不稳定、留不住人才的原因。若要造就一支稳定的高素质的幼儿教师队伍，需要教育行政部门予以支持，将幼儿教师的福利待遇和职称评定机会与中小学教师一视同仁，这样才能让幼儿教师对自己的专业更认可，更愿意留在幼儿教育这一职业领域中。

4. 加强对民办幼儿园的监管与扶持力度

当前我国对民办幼儿园的政策是"鼓励社会力量以多种形式举办幼儿园；通过保证合理用地、减免税费等方式，支持社会力量办园；积极扶持民办幼

园特别是面向大众、收费较低的普惠性民办幼儿园发展"。政策上的优惠，加上全面放开"三孩"政策，使得人们越来越看好幼儿教育行业，社会上出现大量民办幼儿园。但是当前民办幼儿园师资队伍"良莠不齐"，一方面由于民办幼儿园为了降低人力成本，对幼儿教师设立的准入门槛较低，非专业且没有教师资格证的幼儿教师大量存在；另一方面，民办幼儿园往往以盈利为目的，不注重对幼儿教师的培养，且待遇低，福利差，往往留不住人，师资队伍不稳定。因此，不管是从提高学前教育质量的角度出发，还是从教育公平的角度出发，政府都应当注重加强民办学校师资队伍建设，建立保障民办幼儿教师地位和专业发展机会的长效机制。要让民办幼儿园教师在培训、职称评定、资格认定、表彰奖励等方面与公办幼儿园具有同等地位，还可以采用公办幼儿园优秀教师外驻到民办园的方法，促进民办幼儿教师队伍的专业提升。同时，民办幼儿也应积极采取相应措施，加强自身教师队伍建设，不要一味以营利为目的。当前，随着事业单位体制改革，"编制"的观念会逐渐淡化，幼儿教师的双相流动也会加大。因此，只要民办园办园理念好，氛围好，能为幼儿教师提供有竞争力的薪酬待遇，同时注重为幼儿教师提供专业成长机会，必然会有优秀的幼儿教师流入。

二、幼儿教师培养学校促进幼儿教师专业发展的讨论与建议

1. 重视幼儿教师专业理念与师德的教育，为幼儿教师树立正确的教育理念

当前幼儿师范院校都很注重对幼儿师范学生师德的培养，倡导关爱儿童，尊重儿童，"幼儿为本"的理念。但是这种专业理念的教育仅仅停留在表面，没有深入阐述内涵，使得很多学生对专业理念的认识走入了一些误区，比如"幼儿为本"就是幼儿园教育不能对幼儿提出教育要求，有了教学目标就是从成人出发，不尊重幼儿兴趣；"幼儿为本"就是满足幼儿的兴趣和需要，不考虑社会的需求，有了社会要求就是违背幼儿天性；甚至有人认为"幼儿为本"就要时刻顺着幼儿，幼儿哭了就是老师的问题，幼儿不吃饭老师就不能要求幼儿吃完，幼儿生活自理困难，幼儿教师就要帮助幼儿穿脱衣服、系鞋带，等等。这些都是由对学前教育理论的学习仅仅停留在表面，没有深入学习，未领会理论内涵造成的。这种错误的认识导致学生步入岗位后感到压力巨大，增加了入职适应的难度，更会让学生质疑所学理论的正确性。因此，幼儿教师培养

院校应为学生树立正确的教育理念，要将理论的内涵深刻阐释，培养其正确的专业理念与师德。

2. 以《专业标准》为依据，完善幼儿教师的培养方案

《专业标准》对一个合格教师的专业理念、专业知识、专业能力都提出了具体的要求，幼儿教师培养机构应当依据《专业标准》的要求，修订培养方案，科学设置课程。当前我国幼儿教师的培养出现了"两极分化"的现象，高职、大专院校重视技能的训练，培养出的学生能唱会跳，但是理论素养不高，科研方面更是薄弱，导致入职后容易上手，但是后劲不足。而本科院校重视理论学习，弱化了技能训练，导致很多学生应聘时空有一肚子理论，弹琴、舞蹈却都相形见绌。

当务之急，各高校应当以《专业标准》为人才培养的依据，幼儿师范的高职、大专院校应当传授给学生一定的理论知识，转变能唱会跳就是合格的幼儿教师这一观念，同时要让学生在从事幼儿教师工作后有自学和自我提升的能力。而本科院校要重视实践课程，加大教育实习与教育见习，提升学生的技能水平，使学生在工作后更能适应幼儿园的需要。

3. 改变传统的教学方式，重视教育实习

传统的教学方式往往是讲授式、理论式的教学方式，学生缺乏独立思考，对理论理解不够深刻，往往一知半解，考试前集中背背，考试通过便将这门课丢到一边了，这种教学方式不利于学生理论素养的提升。同时，《专业标准》强调"能力为重"的基本理念。能力的获得离不开实践，只有让学生在幼儿园实际工作中实践过，才能深入理解理论的内涵，才能体验到幼儿教师的职业特点，才能明白幼儿教师的专业性。各幼儿教师培养院校可以和幼儿园开展合作，改善院校的教学实践效果，加大对教育见习、教育实习的重视力度。

三、幼儿园促进幼儿教师专业发展的讨论与建议

1. 幼儿园应重视《专业标准》的学习，为幼儿园教师明确工作要求

《专业标准》中对合格幼儿教师提出了 62 条具体要求，实际也是从侧面阐述了合格幼儿教师的工作职责。因此，幼儿园管理者应该重视对《专业标准》的学习，明确幼儿教师的岗位职责，向幼儿教师介绍一位合格的幼儿教师应当做什么，不应该做什么。

2. 幼儿园应该以《专业标准》为依据，为幼儿教师提供相关培训

组织幼儿教师进行相关培训是促进幼儿教师专业发展的有效途径。幼儿园应当以《专业标准》为依据，结合本园实际情况，分析每位幼儿教师在专业发展中的优势和不足，在此基础上设计园本教研活动和教师培训活动计划，从而保证培训的针对性和有效性。《专业标准》中将幼儿教师的专业性划分为三个维度：专业理念、专业知识、专业能力。当前对幼儿教师的培训比较注重其专业能力的提升，对其专业理念的培训还不够深入。因此当前幼儿园应注重强化对幼儿教师专业理念的培训，增强幼儿教师的职业认同感和职业责任感。

3. 以《专业标准》为依据制定幼儿教师专业发展规划

幼儿教师的专业发展规划直接影响幼儿教师自身专业性的提升，所以幼儿园应当依据《专业标准》为本园的幼儿教师制定专业发展的方向、任务、途径、方法。在制定职业规划时，既要考虑教师群体的专业性、教师队伍素质整体的提高，也要注意兼顾每一位幼儿教师的个人特点和发展需要。

4. 以《专业标准》为幼儿教师考核、评价的依据

幼儿园应当转变以往重视五项技能考核的观念，将《专业标准》作为考核、评价幼儿教师工作的依据，参照62条具体要求，重新修订完善教师考核与评价制度。依据幼儿园教师专业要求的具体规定考核幼儿教师在工作中的胜任度和发展状况，并将此作为幼儿教师职务晋升、工作评定的主要依据。只有专业的考核标准，才能引导幼儿教师自觉朝向正确的专业发展方向，提高自身的专业发展水平。

四、对幼儿教师自身建议

1. 积极制定自身的专业发展规划，增强自身的专业发展自觉性

每位幼儿教师都应从自身的实际情况出发，从自身的学历、专业、年龄、教龄、幼儿园文化氛围、教师团体等出发，参照《专业标准》的具体要求，分析自身的优势和不足，为自己制定具有竞争力的专业发展规划。要清楚自身的职业发展规划，选择适合自己的发展方法，加强自身的反思能力，不断通过实践提高自身的专业发展水平。

2. 主动参加各种培训活动，提升自我专业水平

幼儿园教师一定要增加自身的职业认同感，认同幼儿教师的专业性，坚定幼儿教育职业是十分有意义的。只有对自己的职业有认同感，才能积极主动地学习相关知识，如果连幼儿教师自身都认为幼儿园教师是"看孩子"的，能

唱会跳就行，那么便没有了专业发展的意识。

幼儿教师专业水平的提升是一个持续的过程，是入职前学习与入职后培训相结合的过程，更是一个实践、反思、提升、再实践的循序渐进的积累。幼儿教师要积极参与各种培训活动，参照《专业标准》，分析自身专业发展情况，参照自身职业发展规划，有针对性地选择培训内容，并积极内化，主动学习反思，不断提升自身的专业性与竞争力。

第五章　某中部地区农村幼儿教师专业发展的现状调查研究

中国教育的问题在农村。农村学前教育关乎千千万万农村幼儿的现在与未来。建设一支合格的学前教师队伍，实属农村学前教育发展的先决条件，然而当前农村学前教师队伍的现状并不乐观。据此，本书提出存量与增量的概念，并以此入手，力图揭示农村学前教师队伍中现有的问题，并提出优化的对策建议。

本章结合文献研究法与问卷调查法，进行两方面的调查研究。在存量方面，笔者梳理了农村学前教师队伍的数量状况、数量结构、数量稳定性，并结合在河南省 Y 县对 82 名农村学前教师的调研结果，提出存量建设面临的问题：教师数量缺口大、高学历者比例偏低、学前教育专业教师数少、队伍不稳定。本章还介绍了存量的困境：存量不足其背后的原因：农村学前教师不良的生存与职业状况、农村学前教师队伍建设中政府政策角色的弱化。在稳定存量方面：一是完善农村学前教师立法，明确教师身份和待遇；二是加大对农村学前教师工资、待遇的公共财政投入力度；三是启用民办教师制度，提供政府岗位津贴。

第一节　农村学前教师队伍的现状

一、农村学前教师队伍的现有存量依然不足

首先，农村学前教师队伍缺口依然巨大。2010 年全国平均师幼比是 1∶26，其中农村地区的师幼比低至城市地区的近 1/4，达到 1∶44，相当于一个教师负责 44 个孩子。城市园每个班级尚且能够确保 1.6 名专任教师，农村园平均每个班却只能确保 0.6 名教师，还不到 1 个。2010 年我国农村幼儿园

有近 5 万个班级，在我们可以想象的最理性范围内，就算每个班只有 1 个专任教师，也还差 14 万多教师。若严格执行国家标准且不带任何马虎，按照其制定的 1∶7 或 1∶9，那么根据现有农村的在园幼儿数，农村幼师的差额在 250 万以上。

其次，每每谈起农村学前教师队伍的整体学历层次，依然让学者们直摇头。截至 2014 年年底，高中及以下学历者占到总数的 45%，专科及以上学历者占 55%，本科及以上学历者与城市地区相比相差甚远，依然很不理想。①

最后，教师队伍缺乏稳定性，流动性较强，离职率居高不下。"进不来，留不住"素来是困扰农村教师队伍建设的一大障碍，而这个障碍在农村学前教师队伍建设中则显得更为突出。许多农村园几年未招收过新教师，甚至有的乡镇中心园十几年都不招新教师，导致出现年龄断层，造成了老师从阿姨熬成了婆婆的尴尬境地。即便农村幼儿园顺利招到了新教师，但由于工资低、福利差、压力大等一系列无法避免的原因，也会致使教师流失，教师们从贫弱的乡村流向城镇地区。《中国教育报》2015 年的一项面对 131 个幼儿教师的调查中，31.30% 的教师有了离职的想法或已经离职。②

二、农村学前教师队伍的增量发展缺乏动力

由于幼儿教师一系列不良的生存现状，且受传统观念的影响，幼儿教师并不被人们过多尊重，农村更是如此，因而导致很多人不愿前往农村幼儿园就业。目前我国学前教育专业培养规模日益壮大，培养出大批专业毕业生，然而从现实情况来看，农村学前教师队伍中本专业人才比例很低，很多毕业生都没能到农村幼儿园去。在全国范围来看，以 2014 年为例，当年全国幼儿园共有 138 万个班级，全国专任教师中学前教育专业毕业的教师数为 118 万，按照每班配备一位学前教育专业教师的最低标准，也还差 20 万人，而我国在 2010 年的各类学前教育专业在校生人数就已达 27.9 万人，这些在校生在毕业之后应能填补 2014 年的教师缺口，但实际上并没有，说明有大量的学前教育专业学

---

① 张晗，夏竹筠，武欣. 当代中国农村学前教育发展的困境与抉择 [M]. 上海：华东师范大学出版社，2013：133.

② 调查显示近三成幼儿教师有离职想法或已离职 [EB/OL]. (2015-3-23) [2020-4-18]. http：//edu. qq. com/a/20150323/055440. htm.

生在毕业后并未进入幼儿园工作。①

　　以"农村教师的存量与增量"或是"教师存量"或是"教师增量"为关键词在中国知网上检索，并未找到相关文献。以"农村学前教师""农村幼儿教师"为主题在中国知网上进行粗略搜索，截至 2015 年 10 月，搜到共计 3733 条文献记录，包括硕士论文 230 篇，博士论文 2 篇。其中 1990—2000 年，共有 232 条记录；2001—2010 年，共有 1124 条记录；2011—2015 年，共有 2308 条记录。这些数据表明近几年研究者们对于农村学前教师的关注程度上升到了新高度，这已然成为了研究热点。尤其是 2010 年之后，农村学前教师所涉及的方方面面映入了学者们的视野。笔者经过搜集材料并加以分析，对当前研究农村学前教师的文献资料从以下角度进行整理：

　　1. 农村学前教师队伍的现状研究

　　研究者们大致围绕农村学前教师队伍的人口统计学变量（年龄、性别、学历、职称、教龄、师生比等）、生存状态、流失状况、心理健康四个方面进行了现状研究。②

　　（1）农村学前教师人口统计学变量研究。在人口统计学变量方面，朱扬寿等人经过调查发现，农村幼师队伍以女性为主，年轻人居多；学历合格率高，但业务素质较低；教龄普遍较短；师生比偏高；无缘职称评定。③ 李振峰发现，农村学前教师队伍性别和年龄结构严重失衡，多是 28 岁以下年富力强的女性教师，48 岁以上身体机能逐渐老化的女性教师本应逐渐从队伍中消退，却出人意料的越来越多；教师学历中专居多，持证上岗率不高，专业对口率也偏低。④ 王杰通过对甘肃省农村学前教师队伍抽样调查，发现当前农村学前教师队伍呈年轻化趋势，35 岁以下的教师人数比重超过 60%，且一半以上教师教龄都在 5 年以下。⑤ 程昆在对河南省 216 名农村学前教师做过调查之后发

---

　　① 全国人大常委庞丽娟. 农村幼儿教师缺口超十万 [N]. 中国青年报，2012-3-11.

　　② 刘小林，张献华. 教育公平视野下我国民办幼儿教师发展战略研究 [M]. 上海：华东师范大学出版社，2014：146.

　　③ 朱扬寿，曾福生，陈蜀江. 农村幼儿教师队伍现状及其发展对策 [J]. 学前教育研究，2007（12）：39.

　　④ 李振峰. 欠发达地区农村幼儿教师素质现状调查分析——以鲁北地区滨州市为例 [J]. 教师教育研究，2014（02）：7-8.

　　⑤ 王杰. 贫困地区农村幼儿教师专业成长的现状、问题及对策——以甘肃农村幼儿教师为例 [J]. 学前教育研究，2009（01）：15.

现，农村学前教师队伍中新任教师居多，专业层次普遍较低；教龄普遍较短，五年以下者占了近一半；教师学历偏低，大多数人的第一学历为中专、高中；教师专业程度偏低，对口率低，展现的现状不容乐观。①

（2）农村学前教师生存状况研究。在生存状况方面，杨莉君、周玲等人对我国中部四省的部分农村幼儿教师进行了调查，以探究农村幼儿教师的生存状态，结果显示：农村幼师身份模糊，绝大部分没有编制；教师工作压力感强；工资待遇低，且差别大；职业幸福感与满意感低；专业成长面临困境。②周燕等人③以广州市的 200 位农村幼儿教师为样本，进行教师生存状态的调查问卷，结果显示：近半数以下的农村幼儿教师工资水平低于城市的最低工资标准，工资水平属于中下，近 1/5 的教师入不敷出，生活艰难；在农村学前教师队伍中，教师学历制约着收入待遇，学历水平与收入呈正比；教师被拖欠工资现象时有发生，约 40% 的教师遇到过这种困难；在福利保险方面，近 40% 的教师享受不到任何福利保险，近 80% 的教师在生病时需自行承担医药费；权益保障方面，超过 1/3 的教师没有任何劳动权益保障，遇到纠纷只能自己默默承受或是选择辞职；幼儿教师的工作量严重超负荷，幼儿园工作条件急需改善。周建平认为当前我国农村学前教师队伍的生存现状非常不乐观，处于"弱势化生存"的状态，主要表现在非在编教师居多，在编教师极少，入编机会渺茫，社会承认度低，工资水平总体偏下，工作处于"强压"之下等。④

（3）农村学前教师流失状况研究。李晶指出当前农村幼师工作量大，劳动强度高；收入接近下限，权益成为笑谈；多数农村幼师生活窘迫，处于弱势；幸福指数低，人员流动频繁。⑤ 刘晓红也指出，由于农村幼师的待遇差、

① 程昆．农村幼儿教师专业发展问题及对策研究［J］.教育学术月刊，2013（08）：86-87.

② 杨莉君，周玲．农村幼儿教师生存状态的研究——以中部四省部分农村幼儿教师为例［J］.教师教育研究，2010（05）：28-29.

③ 周燕，李冬燕．农村幼儿教师专业发展与生存状态研究——广州市农村幼儿教师专业发展与生存状态的调查报告［J］.教育导刊（下半月），2011（11）：5-7.

④ 周建平．农村幼儿教师"弱势化生存"：制度根源与破解思路［J］.教育研究与实验，2013（05）：58-60.

⑤ 李晶．中部地区农村幼师：生存问题调查和解决路径研究［J］.内蒙古师范大学学报（教育科学版），2013（04）：71-72.

福利缺失、身份不明确、工作繁重，导致极少有高素质人才会选择从事农村幼师行业，而在职的幼师只要有机会就会跳槽，导致流动性很大。① 黄胜梅通过调查发现，由于社会地位低下、经济待遇差、缺失社会保障、工作压力大、工作环境艰苦、自我需求得不到满足、家庭及婚姻因素等一系列的原因，使得幼师流失数量非常庞大。② 流失者中以青年教师为主；学历较高者的流失率较高；绝大部分流失教师教龄在10年以下；大部分流失教师之后的去向脱离了幼儿园，以外出打工的比例最高，还有许多人去到了城市园。

（4）农村学前教师心理健康研究。在心理健康方面，翟媛媛认为农村学前教师的心理健康状况令人担忧，不少教师长期处于精神亚健康状态，产生了疲劳、愤怒、焦虑、紧张、压抑等心理问题；教师的职业认同感低；教师与他人的人际关系紧张，等等。③ 李悠也认为，由于农村学前教师的待遇低、社会地位低、工作条件差、劳动强度大等一系列原因，导致不少农村学前教师产生了职业倦怠感。④ 郑名以专业化量表为工具，对甘肃省十几个乡镇387名农村幼师的心理健康状况进行了评估，结果表明，贫困农村幼师的心理健康水平比城镇幼师的水平高，值得欣慰。⑤ 但同时也有不少问题需要警醒，诸如焦虑感、恐怖感、强迫感等方面都不可小觑。伍明辉等人指出了应对农村学前教师职业倦怠的策略，如改善收入、提供专业培训途径、引导幼师的心理健康教育，等等。⑥

（5）农村学前教师问题提升策略研究。针对农村学前教师队伍现状问题，学者们主要以政府政策、幼儿园管理和教师自身因素为主题着手探究。例如，

---

① 刘晓红. 我国农村学前教育发展中的问题、困难及其发展路向 [J]. 学前教育研究，2012（03）：31.

② 黄胜梅. 农村幼儿教师流失的现状、原因及对策——以安徽省淮南市为例 [J]. 滁州学院学报，2012（04）：76-78.

③ 翟媛媛. 农村幼儿教师心理健康问题及对策研究——以山东省某市为例 [J]. 教育导刊（幼儿教育），2009（07）：32.

④ 李悠. 农村幼儿教师职业倦怠的成因及对策 [J]. 早期教育（教科研版），2013（01）：26.

⑤ 郑名. 贫困农村幼儿教师心理健康特征与相关因素分析 [J]. 河西学院学报，2005（04）：80.

⑥ 伍明辉，杨仕进. 农村幼儿教师职业倦怠的成因及调适策略 [J]. 社会心理科学，2007（Z3）：95-96.

任爱红从苏北地区农村学前教师队伍现状存在的一系列问题，剖析了其背后潜藏的原因，诸如政策层面：教师待遇缺乏政策保障、幼儿园产权缺乏明确认证；管理层面：幼儿教师准入制度过于松懈、业务管理缺乏有效针对性、落实待遇方面监管不严；教师层面：教师缺乏自我认知、进取心欠缺。① 于冬青、梁红梅在研究中针对此问题提出了解决方法：明确农村幼师身份，保证其待遇福利；编订农村幼儿教师编制规章，解决好教师编制问题；建构城乡教师合理流动机制，优化配置教师资源；开展各层次的师资培训。②

三、国内关于农村学前教师的专业发展研究

当前农村学前教师专业发展的研究主要汇集在专业发展现状、专业发展影响因素、专业发展途径三个方面，其中专业发展途径研究作为其中重要的一环，涵盖了专业发展模式研究、幼儿教师继续教育研究、专业发展的社会保障研究、幼儿教师自主发展研究等。

王杰③对甘肃省10多个地区的387名农村幼儿教师进行了调研后，发现不管是专业化程度还是教育科研或是家园合作都存在问题，如专业对口率低，学历背景复杂；在教育教学工作中不够灵活，过于注重基本知识与技能，忽视幼儿的兴趣与情感，教育教学方法忽视了幼儿的自主性；不能正确自我评价；教师职后培训近乎瘫痪，培训机会严重缺失，等等。此外还细致思考了其成因，如缺乏制度保障、面向农村地区的幼儿教师培养不充分、幼儿多教师少、教师精力有限、教育经费缺乏、教师与家长缺乏沟通，等等。进而其提出了应对措施：规范和稳定幼师队伍；确保国家经费投入；扩大宣传，强化家园合作；幼师自己树立正确的评价观念；加强职后培训。张云亮等人在调研了5个省649名农村幼师的培训现状之后，指出：现有的培训内容总以教学内容为主；培训形式仍以大规模集体方式进行；尚未形成规范化的培训制度；培训覆盖面少，等等。

---

① 任爱红. 影响农村幼儿教师队伍建设的相关因素分析 [J]. 早期教育，2004（12）：17.

② 于冬青，梁红梅. 中国农村幼教师资存在的主要问题及发展对策 [J]. 学前教育研究，2008（02）：15.

③ 王杰. 贫困地区农村幼儿教师专业成长的现状、问题及对策——以甘肃农村幼儿教师为例 [J]. 学前教育研究，2009（01）：17.

蒋菊①以人力资本视角着眼，提出农村学前师资队伍面临人力资本老化的难题。人力资本老化现象体现为教师的人力资本积累和增值过程中出现了停滞不前，并伴有不同程度的职业倦怠与挫折、专业发展停滞不前、缺乏工作动力，等等。其原因为：农村园的办学资金短缺，教师工作条件较差；农村缺乏文化氛围，教师身份得不到认可；教师自身专业提升意识淡薄、观念陈旧；职后培训不完善，未做到从农村实际出发。进而她提出改善农村学前教师队伍人力资本老化的策略，如加大政府支持力度，增加社会关注度，提高自我认同，开展公益性培训等。

田景正等人②通过谒研发现，农村幼儿教师继续教育问题突出，机会少、费用高且基本以自理为主，领导不支持外出培训，以"获取证书"为主要目的，培训内容脱离教师需求等。潘君利也指出农村教师对继续教育并不认可，对其内容、成效、途径等也不满意。其建议建立农村全员培训机制，增加财政支持，重点培培训骨干教师，带动城乡交流。③

张琴秀等人④从构建政府支持体系方面论述了促进教师专业化的途径：将其摆在优先地位，切实保障教师二资待遇，引导全社会尊重幼师，规范农村幼师培训制度，组建"农杆幼儿教育研究中心"。张桃根据课例研究提出应对策略，即由两个以上教师组成一个小组，对真实课堂情境进行行动研究，这种方式能突显其自主性与能动性。

综上所述，可知自 2010 年以来，关于本主题的研究内容越来越丰富，但同时已有研究的不足应被注意。当前国内关于农村学前教师的硕博士学位论文数目依然很少，无法适应当前农村学前教育建设的需要。至于一般的期刊文章，虽然研究覆盖面较广，种类较为繁多，但针对某一问题往往缺乏深入与透彻分析。当前我国各地、城乡农村学前教育发展程度不一，情况也有差别，因

① 蒋菊. 农村幼儿教师人力资本老化：问题、原因及对策 [J]. 教育发展研究，2013（Z2）：74-77.

② 田景正，周端云. 湖南省农村幼儿教师继续教育现状调查 [J]. 教师教育研究，2009（04）：67-68.

③ 潘君利. 农村幼儿教师继续教育现状及其改善策略 [J]. 学前教育研究，2010（09）：49.

④ 张琴秀，郭健. 农杆幼儿教师专业发展政府支持体系的构建——以山西省高平市 S 镇为例 [J]. 教育理论与实践，2014（32）：29-31.

而学前教师队伍建设也不尽相同，存在一定的差异性，这一点我们必须清楚地认识到。现有研究多面向城市，较为缺少对各地实际情况的剖析；加之对农村学前教师队伍建设方面的研究往往由理论来引导，缺乏实证的支持，因而也使得研究比较表面、笼统；对于农村学前教师问题的分析大多忽略农村地区的经济、文化背景，没有做到因地制宜。由此看来，本主题的研究之路依然任重道远。

四、国外相关研究

国外对于幼儿教师的研究集中于教师现状研究与教师专业化发展等方面。Laura Bornfreund① 认为，美国的幼儿教师总是被看成"保姆""护理者"或是"日托服务提供者"，他们的薪水也少得可怜，其呼吁美国政府提高幼师工资、改善其福利状况，这样教师们才能全心全意地教学，使自己的专业技能得到改善。加州大学伯克利分校的儿童保育就业研究中心 2014 年的研究发现，幼儿教师一年的薪水是 24440 美元，已经紧逼贫困线，生活较为困难，然而要想成为幼儿教师的门槛却很高，至少要有大学或以上学历。而同样是文科的大学学历，其他专业的年平均收入可以达到 63000 美元。这种微薄的工资收入以及低下的福利待遇使得学前教师的招募越来越困难，与学前教育专业的学生为工作所付出的努力完全不能等同，所以不少学者都呼吁要改善幼师待遇。

康涅狄格大学的 Deborah Sue Adams② 认为，当前对幼儿进行的进步测量与幼儿教师的适应性发展观念相冲突，教师的教育观念与其教育行为之间存在差距，需要把教育问责的标准与教育实践相结合以促进其自身的专业化发展。他提出设置教育指导员角色来指导教师的教育行为，并及时提供反馈，帮助教师开发教学技能，提升教育观念。Gultekin Mehmet③ 通过研究发现，对幼儿教师进行远程教育培训要比传统的面对面教师培训方法效果更好，土耳其安那多

① Preschool Teachers Should Earn Like They Matter［EB/OL］.（2015-11-28）［2020-4-19］. http://www. theatlantic. com/education/archive/2015/01/preschool-teachers-should-earn-like-they-matter/384878/.

② Adams, D. S. Coaching to Support Preschool Teacher Professional Development［D］. University of Connecticut, 2011: 41.

③ Gultekin, Mehmet. Quality of Distance Education in Turkey: Preschool Teacher Training Case［J］. International Review of Research in Open and Distance Learning, 2009（04）: 10.

鲁大学为培养幼儿英语教师，率先应用了远程教学的方式，取得了良好的效果。Gürsimsek Isik Ayse① 认为教师的教育信念预测了其未来对学生的管理理念，为了解潜在的幼儿教师们所持有的教育理念与学生管理思想，他从北塞浦路斯的两所大学中选取了 218 名学前教育专业学生进行了调研，结果表明不同年级、性别的学生的教育理念和管理思想存在显著差异，会随着年级的升高而升高，女生的传统主义维度和学生管理思想更弱一点。Breneselovic 等② 通过尝试构建教育项目模型，提出幼儿教师要由实施者转变为教育研究者，及时进行角色转换。学者 Abbate Vaughn③ 指出由于美国经济的发达引来大量移民的涌入，使得美国农村地区的人口结构越来越多元化，外来人口与本地人口并存，因而对农村教师们要求更为具体，比如能够很好理解文化差异、进行文化沟通、掌握多种语言、有能力进行双语教学，等等，这些要求使得教师们在工作中面临更多难题，对此他提出要根据新形势提升教师素质。

第二节 存量——现有农村学前教师队伍的数量考察

一、农村学前教师队伍的数量状况

如表 5-1 所示，可看出 2011 年至 2014 年全国幼儿园专任教师数量在逐步平稳上升，2014 年人数有 184 万多人；与此同时，全国幼儿园在园幼儿人数也在稳步上升，从 2011 年的 3400 万人壮大到 2014 年的 4000 万人。另一方面，全国农村幼儿园专任教师数量也得到了提升，由 2011 年的约 20 万人增至 2014 年的约 30 万人；在农村幼儿园在园幼儿数方面，数量也有明显提升，由 2011 年的 994 万增至 2014 年的 1154 万人。这些数据表明在《规划纲要》实施之后的四年内，由于各项政策制度的保障，我国学前教育事业在人数上发展态势良好，获得了一定成效。（见表 5-1）

---

① Gürsimsek, Isik Ayse. Preschool Teacher Candidates' Pupil Control Ideology and Educational Beliefs [J]. Egitim ve Bilim, 2014 (39)：51.

② Breneselovic, Dragana Pavlovic, Krnjaja, Zivka. Egitim Bilimleri Fakultesi Dergisi [J]. 2013, 46 (01)：111-126.

③ Abbate-Vaughn, J, Paugh, P C, Douglass, A. Sound Bites Won't Prepare the Next Generation：Early Childhood Teacher Education Policy Public-Private Divide in Massachusetts [J]. Educational Policy, 2011 (11)：215-239.

表 5-1　　　　　　　2011—2014 年幼儿园专任教师数量与在园幼儿数量

年份 类别	2011	2012	2013	2014 年
全国幼儿园专任教师数（人）	1315634	1479237	1663487	1844148
全国农村幼儿园专任教师数（人）	201721	229563	268327	300752
全国幼儿园在园幼儿数（人）	34244456	36857624	38946903	40507145
全国农村幼儿园在园幼儿数（人）	9937937	10397779	11099867	11544536

注：2013 年与 2014 年的全国农村幼儿园在园幼儿数并未查找到，所以笔者根据 2011 年与 2014 年全国幼儿园在园幼儿数与全国农村幼儿园在园幼儿数的比例，取其均值，大致测算出 2013 年与 2014 年的全国农村幼儿园在园幼儿数。

　　然而成效的背后仍是问题重重，以 2014 年为例，通过比对数据并进行测算，可以得知当年的农村幼儿园专任教师数量仅占全国专任教师数量的 16.3%，农村幼儿园在园幼儿数却占到了全国幼儿园在园幼儿数的 28.5%，换句话说，占全国总数 16.3% 的农村幼儿教师要负责起占全国总数 28.5% 的幼儿，任务量巨大，二者关系存在严重失衡。

　　从表 5-2 可以看出，不管是全国幼儿园平均师生比还是农村幼儿园的平均师生比，都尚未达到国家标准。根据 2013 年颁布的《幼儿园教职工配备标准（暂行）》，全日制幼儿园保教人员（包括专任教师及保育员）与幼儿之比应达到 1：7～1：9，半日制幼儿园保教人员与幼儿比应达到 1：11～1：13。2011—2014 年，农村幼儿园师生比虽然在不断优化，但距离国家标准仍有较大差距，2014 年农村师生比仅相当于国家标准的 1/5～1/4，差距可见一斑。

表 5-2　　　　　　　　　　2011—2014 年幼儿园师生比

年份 类别	2011	2012	2013	2014
全国幼儿园平均师生比	1：26	1：25	1：23	1：22
农村幼儿园平均师生比	1：49	1：45	1：41	1：38

注：数据由教育部统计数据测算。

由以上两个表可知，当前农村学前教师队伍的总数量仍然明显不足，存在极大缺口，无法满足教育需求。以 2014 年为例，农村幼儿园专任教师数量为 30 万，农村在园幼儿数为 1154 万，即 1 个老师要对应 38 名幼儿，如果按照国家标准 1：7 或 1：9 来计算，农村至少还缺 100 万名教师，如何填补这 100 万人的空缺是一个大问题，这反映出目前我国农村学前教师数量不足状况非常严峻，不容乐观。

二、农村学前教师队伍的数量结构

（一）农村学前教师队伍的学历数量结构

由表 5-3 所示，当前我国农村地区幼儿园幼儿教师队伍的学历构成中，仍以专科及以下学历为主，高中毕业及以下学历教师占据了相当一大部分。虽然本科学历教师数在逐年递增，但从总体构成上来看，仍远不及专科毕业教师数，无法与专科及以下教师数量相匹敌，在整个教师队伍构成中显得非常弱小。至于研究生学历的幼儿教师，由于其数量过少且上升趋势并不明显，因此可以忽略不计。

表 5-3　　　　**2011—2014 年农村幼儿园专任教师队伍学历构成**　　（单位：人）

	研究生毕业	本科毕业	专科毕业	高中毕业	高中以下毕业
2011 年	31	10548	75374	100187	15581
2012 年	35	14380	92148	106560	16440
2013 年	78	19692	117751	113586	17220
2014 年	127	26749	139831	117290	16755

注：数据来源于教育部统计数据。

《教师资格条例》已经明确规定，要想成为一名合格的幼儿教师，最起码应具备幼儿师范学校毕业及其以上学历才可以，这是必须满足的首要条件。由此可知中专幼师是幼儿园教师的最低层次学历要求。目前农村学前教师队伍中高中毕业及以下的教师数量比重依然存在，这个学历状况需要得到优化。

对比表 5-3 与表 5-4 可以发现，农村幼儿园专任教师队伍的学历结构与城市幼儿园专任教师队伍相比，依然有很大差距，需要得到优化。

表 5-4　　　　　2011—2014 年城市幼儿园专任教师队伍学历构成　（单位：人）

	研究生毕业	本科毕业	专科毕业	高中毕业	高中以下毕业
2011 年	1164	109562	357379	182365	10219
2012 年	1423	134207	402014	188941	10704
2013 年	1885	159259	447004	183191	10835
2014 年	2266	188097	496804	185301	11905

注：数据来源于教育部统计数据。

　　由表 5-5 所示，2014 年全国学前教育专业毕业的专任教师数约占全国幼儿园专任教师数的 64%，意味着全国每 100 名专任教师中，就有 64 名是学前教育专业毕业的，这个比例似乎还算可观。但是在农村幼儿园中，这个比例是否也能达到 64% 的水平还不得而知。然而依据现阶段农村较为薄弱的经济状况和学前教育发展水平可以推断，农村幼儿园中学前教育专业教师数比例低于全国水平。曾有学者的研究表明，农村民办幼儿园中，仅有 6.8% 的教师所学专业为学前教育，专业对口率非常低。是否是学前教育专业出身，可以说是衡量一个教师专业化程度高低的重要指标。如表所示，我国学前教育专业毕业的专任教师比例还有待提升。

表 5-5　　　　2011—2014 年全国学前教育专业专任教师数量　（单位：人）

年份 类别	2011 年	2012 年	2013 年	2014 年
全国学前教育专业毕业的专任教师数	838160	926985	1062990	1188883
全国学前教育专业毕业的专任教师数在全国专任教师数中的比例	63.71%	62.67%	63.90%	64.47%

注：数据来源于教育部统计数据。

（二）农村学前教师队伍的职称数量结构

　　目前，我国尚未建立面向学前教师的专门职称评定程序，根据《小学教师职务试行条例》，幼儿教师职称评定应纳入小学教师行列。2011 年，我国进行了中小学教师职称制度改革，自此幼儿园教师终于告别了无职称时代，也能

够参与职称评定，其职称被并入中小学教师职称范围内，依次划分为五级
（见表5-6）。由表5-6可知，在我国农村学前教师队伍的职称结构中，未评职
称的教师数占据绝大多数。

表5-6　　　　　　我国农村学前教师的职称评定所占比重情况　　　（单位：人）

	中学高级	小学高级	小学一级	小学二级	小学三级	未评职称
2011 年	384	15518	23863	6475	1781	153700
2012 年	479	16513	25832	7346	1421	177972
2013 年	618	18868	27716	9183	1675	210267
2014 年	750	20362	31677	12435	2049	233479

注：数据来源于教育部统计数据。

教师编制与教师职称紧密相关，有教师编制才能够评定职称，无编便不能
评定。农村学前教师未评职称的人数甚多，也反映出大多数农村学前教师无编
的现状。

三、农村学前教师队伍的数量稳定性

农村学前教师队伍的稳定性，事关整个农村学前教育事业全局的稳定性，
教师队伍过频的流动必将动摇学前教育事业的根基。目前尚未有全国范围内关
于农村学前教师流失数量的统计数据或调查报告，但诸多学者的研究已经表
明，农村学前教师队伍的流失率相当高。湖南师范大学的肖晓凌经过调查发
现，湖南省 L 县农村学前教师的平均流失率 2006—2009 年达到了 22.3%。[1]
黄胜梅面向安徽省淮南市农村学前教师的调研发现，该地 2006—2010 年的农
村学前教师平均流失率达到了 15.66%。[2] 这些数据反映了农村学前教师队伍
存在的高流失率与不稳定现象。

为了更深入了解农村学前教师队伍的现状，笔者也对农村幼儿教师进行了

---

[1]　肖晓波. 湖南省 L 县农村幼儿教师流失状况研究 [D]. 长沙：湖南师范大学，
2010：20.

[2]　黄胜梅. 农村幼儿园流失的现状、原因及对策——以安徽省淮南市为例 [J]. 滁
州学院报，2012（04）：76.

实地调研。通过中国某儿童发展基金会的儿童养育调查项目发现，该项目在河南省 Y 县的 553 个村中选取了 60 个村庄进行了调研，因而笔者能够借助项目的便利条件，比较方便地接触到村中开设的幼儿园，以及村幼儿园中的幼儿老师，也有机会对这些农村幼儿老师进行面对面的调研、访谈，从而获取了第一手资料。本次针对 Y 县的调研所使用的工具为：农村幼儿教师问卷调查表。问卷采用自编形式，是参考了国内多项研究之后自拟而成，于 2015 年 6 月 20—25 日在河南省濮阳市孟轲乡选取了一部分农村幼儿教师对其进行了调查。

笔者发放的农村幼儿教师调查问卷覆盖 Y 县 15 个村，包括 1 所幼儿园中的 82 个教师。在教师的职业认同感方面，当被问到未来一年是否有打算换工作时，39.02% 的教师表示想要调换到其他幼儿园，41.46% 的教师表示想调离幼儿园，从事其他行业，仅有 19.51% 的教师表示不打算换工作。当被问到如果能重新选择，是否还会选择农村幼儿教师这份工作问题时，有 82.93% 的教师表示不会再选择，仅有 17.07% 的教师表示还会再次选择。这反映出农村学前教师的职业认同感非常微弱，在这种微弱的认同感之下，频繁的流动性与工作的不稳定性也就见怪不怪了。

四、农村学前教师队伍面临发展新机遇

"农村蕴藏着中国发展的秘密，幼儿蕴藏着教育发展的秘密，农村幼儿教育可以说是双重秘密的交汇地，它蕴藏了无限神奇，等待人们发现"，我们听到了热烈的呼声。农村学前教育之地位举足轻重，但长期以来，农村经济发展的迟滞，使其成为制约教育发展的难题与瓶颈。近年来，农村学前教育发展水平的滞后、普及率低、教师队伍水平低下、数量不足等问题层出不穷，使得农村学前教育的发展之路变得"路漫漫其修远兮"。面对这种形势，我们必须清晰地厘清现实，及时发现问题，真正做到不懈地"上下求索"。

教师队伍质量是教育质量得以保障的首要因素。农村学前教育发展的难点及突破口，就在于是否有合格的教师队伍，这不仅关系到农村学前教育质量，更关系到广大农村幼儿未来的发展。作为发展农村学前教育事业的先决条件，一支数量充足、质量过硬的农村学前教师队伍是农村学前教育事业得以顺利开展的保证。在当今中国百万农村学前教师的身后，是超过 3000 万的农村儿童，学前教师对他们的影响巨大，伴随了他们的童年甚至一生。作为提升质量的突破口，我们必须重视农村学前教师队伍建设这项事业。

近些年，伴随着国家的高度重视以及相关政策文件的切实保障，我国农村学前教育事业步上了新台阶，农村学前教师队伍的面貌也焕然一新，迎来了新的历史机遇，主要体现在以下几个方面：

1. 政策鼓励

2010 年《国家中长期教育改革和发展规划纲要（2010—2020）》提出切实加强幼儿教师培养培训，提高幼儿教师队伍整体素质，依法落实幼儿教师的地位和待遇。随后，《国务院关于当前发展学前教育的若干意见》（以下简称《若干意见》）出台，也强调加强幼儿教师队伍建设，建设一支师德高尚、热爱儿童、业务精良、结构合理的幼儿教师队伍，比如核定公办幼儿园教职工编制；依法落实幼儿教师地位和待遇，切实维护其权益，对长期在农村基层和边远地区的公办幼儿教师，按国家规定实行工资倾斜，等等。紧接着，根据国务院下发的文件精神及国家领导人讲话要求，学前教育 3 年行动计划开始着手实施，全国各地都响应号召全力以赴编制，一时间学前教育事业开展得如火如荼。以河南省为例，3 年行动计划提出要加强幼儿园教师培训，3 年内完成教师等培训任务的 70% 以上，并对 10000 名优秀教师进行重点培训。自 2010 年起，教育部、财政部全面实行"国培计划"，农村幼儿教师培训作为其中最瞩目的一环，惠及了数百万农村幼儿教师和 3000 多万农村儿童。2012 年 9 月，《教育部、中央编办、财政部、人力资源社会保障部〈关于加强幼儿园教师队伍建设的意见〉》发布，明确提出要提高幼儿园教师队伍质量，对农村地区幼师实行工资倾斜政策，改善农村幼师工作及生活条件。2014 年国家出台《关于实施第二期学前教育三年行动计划的意见》，指出要解决好公办园非在编教师、农村集体办幼儿园教师工资待遇问题，逐步实现同工同酬。

同时，为了使农村学前教师队伍的数量得以迅速扩充，学前教育 3 年行动计划期间，教育部批准升格了 9 所幼儿师专院校，并呼吁各地根据需要积极扩充学前教师培养规模。至 2013 年，国内已有 739 所高师及中师能够培养学前教育专业人才，相比 2010 年在校生规模增长了 1 倍多，达到 53.7 万。

2. 投资支持

近年来，我国不断加大对学前教育事业的财政投入，自 2011 年至 2015 年，中央财政已相继对学前教育投入了 870 多亿元，地方财政支出超过 3000 亿元，学前财政经费所占全国财政教育经费比重已由 2010 年的 1.7% 提高到了 2013 年的 3.5%，有了翻倍的提升。而此前数十年这个比重低得可怜，基本上处于 1.2% ~ 1.3% 的水平，根本无法与发达国家相提并论，只得望其项背。不仅如此，这个比重也远低于某些发达国家 20 世纪就已实现的目标，甚至比不了我们的邻国蒙古国。为了提升教师素质，中央财政投入了 17 亿元用于幼儿园教师国培计划的进行，累计培训 58.5 万人，改善了教师队伍整体素质。

另外，自 2011 年学前教育巡回支教试点项目工作启动，贫困地区可自行申报，从农村幼儿教师、大中专毕业生或幼儿师范毕业生中招募志愿者，由中央财政给予补贴。至 2013 年年底，中央财政补助经费已达 7312 万元。

3. 理论引导

近十年来，农村学前教师的一系列问题越来越被人们关注，以农村学前教师队伍建设为主题的文章、研究也层出不穷，涉及农村学前教师队伍现状、专业发展及提升策略等方方面面。其中，庞丽娟、刘占兰、罗英智、于冬青等一批著名学者的研究为农村学前教育问题作出了重要的理论贡献，形成了研究讨论农村学前教师的浓烈氛围，为后继的研究者指引了研究的正确方向，也使得政府及百姓们更加关心农村学前教育教师问题。另一方面，国家以及各级政府相关部门不断采取各种方式，努力营造全社会尊师重教的良好氛围，例如表彰优秀教师、领导人在教师节慰问看望教师及师范生、举办"寻找最美乡村教师"公益活动等，使农村教师群体树立了光辉的形象，其发展状况更是广受关注。

4. 现实扩张

自《规划纲要》实施后，我国农村学前教师队伍不断发展壮大，质与量的发展完善令人欣慰。2013 年我国农村专任幼儿教师达到 26.8 万人，与 2011 年相比增加了 33%，其中本科学历人数达到 1.97 万人，比 2011 年的 1.05 万人上涨了 87%，专科学历人数为 11.78 万，相对 2011 年 7.54 万人上涨了 56%。这些数据或多或少能够说明，农村学前教师队伍的数量得到了实际的扩张。①

第三节　学前教育专业学生的农村就业意向分析

一、学前教育专业学生的农村就业意向

调研结果表明，1314 名学生中，38.89% 的学生选择毕业后直接就业，

---

① 刘小林，张献华. 教育公平视野下我国民办幼儿教师发展战略研究 [M]. 上海：华东师范大学出版社，2014：59.

31.51%的学生选择继续升学深造，还有21.69%的学生准备毕业之后参加招教考试，认为这是他们成为在编教师的必经之路。这些数据表明在经过系统的专业学习之后，仍有将近1/3的学生不愿毕业之后就立即工作，他们期待更多机会，诸如继续升学，等等，或许是对当前的就业形势有所不满，或许是期待深造之后会赢取更好的工作机会。

仅有38.89%的学生有毕业后直接就业的打算，其他的学生则各有打算，这意味着，将来农村幼儿教师的预备军，或许要优先出在这38.89%的部分里。

在毕业之后，选择就业的理想单位是幼儿园的人数占39.35%，选择理想单位是中小学的人数是32.12%，还有14.92%的学生选择了当前炙手可热的政府部门或事业单位，他们期待能够成为其中一员。此外，倾向于去到企业就业的学生为7.61%，份额较少。这些数据表明，在毕业之后，把幼儿园当作理想就业单位的人数比例依然非常低，尽管接受了几年学前教育专业系统性的教育与培训，但仍有相当一部分学生并没有把幼儿园作为自己就业的方向。占总人数1/3的学生在毕业之后想要进入中小学任教，而不是能发挥自己专业知识与能力的幼儿园。

如果学生能够选择去幼儿园工作，那么选择去公立幼儿园的人数占78.77%，选择去私立幼儿园的为21.23%。这说明，学生对于不同性质幼儿园的看法存在明显差别，公立幼儿园无疑更受欢迎。

在就业地区的选择上，33.1%的学生首选本省其他城市，27.78%的学生首选本省会，14.99%的学生首选东部经济发达地区，还有14.61%的学生首选内地其他中小城市，首选地为农村地区的仅占2.66%。这说明，农村地区基本上不在学前教育专业学生毕业后工作地考虑范围内，几乎可以忽略，绝大多数学生并不会选择去农村地区就业。

倾向去何种地区的幼儿园，是本次研究的增量，即学前教育专业学生就业意向最核心的问题。学前教育专业学生们是否选择农村幼儿园，关系他们未来能否成为农村幼儿教师队伍的一员。

若是选择了到幼儿园工作，在幼儿园所在地的选择上，81.81%的学生选择城市地区幼儿园，16.44%选择县镇地区幼儿园，选择农村地区幼儿园的比例仅有1.75%。这表明学前教育专业学生们到农村幼儿园就业的意向极低。

二、本科学生的农村就业意向

在毕业之后的理想单位选择方面，仅有35.50%的本科学生选择了幼儿园。三类本科学生的幼儿园就业意向要低于二类本科。从本科一年级到本科三年级，学生们对幼儿园的兴趣似乎逐渐减弱，选择的比例也越来越低。同时有一个现象值得注意，即当年入学的大一新生中，仅有42.22%的学生认为幼儿园是其理想单位，这说明，将近一半多的学生尽管报考了此专业，但从一开始就没打算做幼儿教师，而想做幼儿教师的一部分学生，则又会随着年级的增长而改变当初的想法。

本科学生中，就业首选地区为农村的仅占1.83%。在倾向选择的幼儿园类型中，本科学生中75.25%的人选择了公立幼儿园，24.75%的人选择了私立幼儿园，比例相差悬殊。在倾向的幼儿园地区上，本科学生中85.40%的学生选择城市地区幼儿园，13.18%的学生选择县镇地区幼儿园，选择农村地区幼儿园的仅为1.42%，此倾向低得几乎可以忽略不计（见表5-7）。

表5-7 **本科学生倾向幼儿园地区概况**

如果您选择了幼儿园的工作，您倾向于选择何种地区的幼儿园：		
选项	城市地区幼儿园	县镇地区幼儿园	农村地区幼儿园
本科学生	85.40%	13.18%	1.42%
二类本科	83.80%	13.97%	2.23%
三类本科	86.31%	12.74%	0.96%
本科一年级	89.63%	8.89%	1.48%
本科二年级	85.59%	13.56%	0.85%
本科三年级	83.90%	15.25%	0.85%
本科四年级	81.97%	15.57%	2.46%

同时，当被问到如果找工作不顺心意，不能达到自我预期时，是否愿意放低标准前往农村幼儿园工作，只有1.22%的本科学生表示非常愿意，31.03%的本科学生表示愿意，47.26%的本科学生表示不太愿意，还有20.94%的本科学生表示从未考虑过。

三、大专学生的农村就业意向

大专学生中，认为幼儿园是其就业理想单位的占 35.93%。专门的幼师大专里的学前教育专业，学生的幼儿园就业意向比例明显高于普通大专里的学前教育专业。

大专学生就业首选地区为农村的占 3.68%，比例非常低。专门的幼师大专里的学生到农村地区就业意向的比例略低于普通大专里的学前专业学生。

在倾向的幼儿园种类选择上，大专学生中有 80.23% 的学生选择了公立幼儿园，仅有 19.77% 的学生选择了私立幼儿园。

由表 5-8 所示，在对倾向幼儿园地区的选择上，大专学生中仅有 3.22% 的学生选择了农村地区幼儿园。在三个年级阶段中，大专一年级选择农村幼儿园的比例最高，为 5.20%，大专三年级时降至最低 1.12%，这说明随着年级的增长，会有一部分学生改变想法，不再想去农村地区幼儿园就业。专门的幼师大专里的学前教育学生选择农村地区幼儿园的比例是 3.38%，普通大专里的学前教育专业学生选择的比例是 3.03%，相差不大（见表 5-8）。

表 5-8　　　　　　　　**大专学生倾向幼儿园地区概况**

| 如果您选择了幼儿园的工作，您倾向于选择何种地区的幼儿园： | | |
选项	城市地区幼儿园	县镇地区幼儿园	农村地区幼儿园
大专学生	77.24%	19.54%	3.22%
三年制大专	81.55%	15.50%	2.95%
五年一贯制大专阶段	70.73%	23.17%	6.10%
3+2 大专阶段	69.51%	29.27%	1.22%
大专一年级	68.79%	26.01%	5.20%
大专二年级	80.92%	16.76%	2.31%
大专三年级	86.52%	12.36%	1.12%
专门的幼师大专	82.70%	13.92%	3.38%
普通大专里的学前专业	70.71%	26.26%	3.03%

在问到求职状况不尽如人意的情况下，是否愿意去农村幼儿园工作时，大

专学生中表示非常愿意或愿意的为41.61%，不愿意的人数超过了愿意的人数。三种大专类型中，三年制大专学生中愿意的人数最多，为44.28%。

四、中专学生的农村就业意向

在毕业之后就业理想单位的选择上，中专学生中48.18%的人选择了幼儿园，32.03%的人选择了中小学。从中专一年级到三年级的学生中，选择幼儿园的人数比例逐渐下降，中专一年级时是54.96%，至三年级时降至42.52%，这反映了中专学生在学校期间对幼儿园就业认识的变化。

当中专学生被问到就业首选地时，选择农村地区的只有2.59%，比例非常低。中专一年级选择农村地区的仅0.76%，甚至不到1%。

中专学生在选择幼儿园种类时，也是以公办幼儿园为主，18.39%的学生选择私立幼儿园。从中专一年级到三年级，选择私立幼儿园的比例下降，中专三年级时有14.95%的学生选择私立幼儿园，取而代之的是对公立幼儿园的追捧一路上升。

由表5-9所示，中专学生选择农村地区幼儿园就业的比例非常低，还不到全体样本的1%。并且与本科阶段、大专阶段的学生相比，其农村地区幼儿园就业意向也略微低一些。此次调研中，中专三年级的学生无人选择农村地区幼儿园，普通中专里的学前教育专业学生也无人选择农村地区幼儿园。与此同时，中专学生中对城市地区幼儿园的选择青睐却很高，五年一贯制大专的中专阶段学生中有90.57%的学生选择了城市地区幼儿园（见表5-9）。

表5-9　　　　　　　　　　中专学生倾向幼儿园地区

如果您选择了幼儿园的工作，您倾向于选择何种地区的幼儿园：			
选项	城市地区幼儿园	县镇地区幼儿园	农村地区幼儿园
中专学生	82.38%	17.10%	0.52%
中专一年级	82.44%	16.79%	0.76%
中专二年级	81.25%	17.97%	0.78%
中专三年级	83.46%	16.54%	0
普通的3年制中专	79.29%	20.36%	0.36%
五年一贯制大专的中专阶段	90.57%	8.49%	0.94%

选项	城市地区幼儿园	县镇地区幼儿园	农村地区幼儿园
普通中专里的学前专业	74.60%	25.40%	0
专门的幼师学校里的幼师中专	86.15%	13.08%	1.54%

这些数字说明了中专学生对农村地区幼儿园选择的意愿是非常低的，低到几乎可以忽略不计。在求职状况不尽如人意的情况下，中专学生中有 4.66% 的学生表示非常愿意到农村幼儿园去，42.75% 的学生表示愿意去。

五、结论

1. 学前教育专业学生到农村幼儿园就业的意向极低

（1）毕业后直接就业的学生比例过低。仅有约 40% 的学生准备毕业之后直接就业，其他人则选择了不同的道路，多于 1/3 的学生倾向于继续升学。直接就业的学生人数少，也就意味着将来能从事农村幼儿园教师行业的人数也少。

（2）选择幼儿园工作的学生比例过低。仅有约 40% 的学生认为幼儿园是毕业后的理想工作单位，超过 1/3 的学生选择了中小学任教，如果学生在就业时并不倾向于选择幼儿园，也就意味着他们更不愿意去农村的幼儿园工作。

（3）就业首选地为农村的学生比例极低。在全部样本中，仅有 2.66% 的学生的就业首选地为农村地区，比例如此之低，意味着能在农村地区幼儿园工作的学生更是少之又少。

（4）对公立幼儿园的青睐占绝对优势。将近 80% 的学生倾向的幼儿园类型为公立幼儿园，20% 的学生倾向私立幼儿园，学生们对公立幼儿园的青睐与追逐在幼儿园性质的选择上占据绝对优势。私立幼儿园选择的比例如此低，意味着对农村地区幼儿园的选择率也会随之降低。

（5）农村幼儿园工作选择率极低。仅有 1.75% 的学生选择了农村地区幼儿园的工作，其余的学生以压倒性的优势选择了城市地区幼儿园和县镇地区幼儿园。即使受挫，也不愿意去农村幼儿园，超过 60% 的学前教育专业学生即使面临求职受挫，也不愿意到农村幼儿园工作，他们不愿将就，去农村幼儿园工作对于这些学生来说似乎并不是一个好的选择。

2. 本科、大专、中专学生的农村就业意向并无显著差异

调查结果显示，学前教育专业学生的农村就业意向普遍偏低，仅为
1.75%。大专学生中选择农村地区就业的人数比例略微高于本科学生及中专学
生，本科次之，中专最低。本科、大专及中专学生三者之间，差别非常细微，
并不显著。这表明不论是本科学生、大专学生还是中专学生，愿意前往农村幼
儿园工作的人数极少。

第四节　农村学前教师队伍存量与增量的困境及其原因

农村学前教师队伍建设的困境，既是当前农村学前教师队伍建设的矛盾体
现，也是造成不良现状的原因所在，及时深入了解当前教师队伍建设中的困
境，是建设好教师队伍的必经之路。

一、农村学前教师队伍的存量与增量困境

（一）农村学前教师队伍的现有存量不足

现有存量的不足，即现有农村学前教师数量的短缺，一直是困扰农村学前
教师队伍建设的难题。通过对全国农村学前教师队伍的数量状况描述，可以知
晓，尽管当前我国农村学前教师队伍的基数很大，年增长率也不算低，然而面
对庞大的农村幼儿群体，教师数量仍严重不足。且自 2016 年起，国家将终结
实行 35 年的"独生子女政策"，全面放开"二孩"，至如今的"三孩"政策，
这意味着未来几年内农村幼儿数量很可能有大幅度提升，届时，农村教师供不
应求的矛盾将更加突出。相对于城市幼儿园中已成常规的"两教一保"，农村
幼儿园通常只有一位教师兼任保育员，全权负责整班幼儿。来自河南省 Y 县
的证据也说明了这一点，笔者所调研的教师师幼比达到了 1：29.5，相当于一
个教师管理近 30 个幼儿，远低于国家规定 1：7 至 1：9，这样一来，教师工
作负担与压力可见一斑，长此以往势必会加速教师的流失。

（二）农村学前教师队伍整体水平不高

当前我国农村学前教师学历结构中，高中及以下学历教师比重相当大。虽
然近些年农村学前教师队伍的整体学历水平也在不断优化，但这种优化速度相
当缓慢，无法适应农村学前教育事业新发展的需要。此外，本科学历的教师数
远低于专科学历教师数，这无疑是农村学前教师队伍的痛处。国家早在 1999

年就开始着手扩大本科教育的招生规模，以期培养更多的高素质人才，本科学历的学生越来越多。到 2014 年，我国高等教育毛入学率已达到 37.5%，普通高校在校生数达 1541 万人，数量如此庞大，以至于本科生已不再是过去人们眼中的"天之骄子"，人们戏言"本科生满街跑"。同时，本科生从事某种行业，也不再是什么稀罕事。而农村学前教师这一行却恰恰相反，本科学历的教师实在太稀缺，可以说是"高中生和中专生满园跑"，农村幼儿园要想招到称心如意的本科生更是难上加难。学历低是一方面，专业对口率低也是一方面。此次笔者对河南省 Y 县农村幼儿教师的调研发现，毕业于师范专业和幼师专业的教师比例基本上占据一半，3/5 的教师还没有教师资格证，这说明农村学前教师队伍的专业对口率是相当低的，很多教师可能经过短期培训就上岗了，他们的专业知识和专业能力可能存在严重的欠缺。这反映出农村幼儿园管理者并未真正重视教师资格证，教师们自身也没有真正重视起来。

（三）农村学前教师队伍稳定性差

当被问到对工作、工资待遇是否满意时，大部分教师的回答都是不满意；至于未来一年里是否有换工作的计划，仅 1/5 的教师回答没有，2/5 的教师表示想要换到其他的幼儿园去，另外 2/5 的教师表示想调离幼儿园岗位；如果还能够重新选择工作，近 1/5 的教师表示还会选择农村幼儿教师这份工作，4/5 的教师表示不会再选择这份工作了。这些数据说明现在农村学前教师的职业认同感非常低，影响工作的不稳定因素也很多，未来极有可能会有大批学前教师流失。关于选择农村学前教师这份工作的原因，教师们的回答五花八门，有的说是爱孩子，有的说家人希望自己做这份工作，有的因为离家近，还有的把这份工作当作毕业之后的临时落脚处……这些因素本身就具有不稳定性，当理想碰撞到现实，仅凭对孩子的喜爱或是自身的兴趣爱好是很难维系住这份工作的，当现实不如意的时候，很多人会放弃理想，转而寻求更好的工作。

（四）农村学前教师队伍的未来增量不容乐观

根据笔者对学前教育专业学生就业意向的调研，仅有约 2/5 的学生准备在毕业之后直接就业，这就限定了在毕业之后愿意进入幼儿园工作的学生必然不多，只会是国家培养的所有学前教育专业学生中的一小部分。而在就业理想单位的选择上，只有 2/5 的学生选择了幼儿园，3/5 的学生选择了中小学与政府部门或事业单位、企业等。这说明，学前教育专业学生本身对进幼儿园工作的热情程度有限，相较于幼儿园，他们还有其他的工作打算。在他们毕业之后，注定只会有少部分的学生成为幼儿教师，其他 3/5 的学生则各自有不同的职业选择。

作为学前教育专业的学生，却不想从事学前教育行业，不想去幼儿园工作。在报考本专业原因的选择中，因对幼儿教育感兴趣而报考的人数比例仅占约 2/5，这部分人极有可能毕业之后从事幼儿园工作，其他的报考原因则五花八门，例如出于找工作的考虑、家人的建议与要求、根据成绩而定、随便选的，等等。这表明，真正因为对学前教育事业感兴趣而报考学前教育专业的学生只占少部分，更多的是出于其他原因而报考的学生，而这些并非对学前教育感兴趣的学生，很可能会随着外部环境的改变，在毕业之后作出其他选择。此外，即便进行了专业学习，仍有 1/5 的学生未产生专业热爱感，对将来从事幼儿教师工作没兴趣，很难说这部分学生将来是否会走上幼儿教师的工作岗位。整合学生们对幼儿园和农村地区的选择，可以得知，不管是本科、大专还是中专学生，愿意前往农村幼儿园工作的人数都很少。

陈旭梅曾对国内某高校的 2011—2013 届的学前教育专业本科毕业生做了毕业去向的调查，发现三届中仅有 11.3% 的学生在幼儿园就业，其他的学生要么选择了读研，要么选择了其他的工作。学前教育专业学生的农村幼儿园就业意向如此低，即便他们毕业后因找不到工作而向现实妥协，进入了农村幼儿园，但绝不是他们谋生的长久之计。笔者在 Y 县进行的调研结果显示，近80% 的教师在未来一年内有换到其他幼儿园或者转行的打算。学前教育专业学生的就业意向与其工作稳定性密切相关，过高的流失率会导致学前教育事业发展的不稳定。

二、农村学前教师队伍存量不足的原因

（一）农村学前教师不良的生存与职业状况

工作的稳定性依赖于良好的职业生存状况，不佳的生存状况必然会动摇稳定性。农村学前教师队伍不良的生存与职业现状是教师队伍频繁流失的直接原因。当农村学前教师工作所提供的各项条件都难以吸引众人眼球时，注定了这份工作较差的稳定性，也必定缺乏吸引力。换句话说，这份工作留不住人才，也吸引不来人才。

（二）编制的缺失成为桎梏农村学前教师身份的枷锁

农村学前教师的编制缺失成为一种见怪不怪的常态。在 Y 县调研中，将

近88%的教师没有编制，约95%的教师没有职称，更没有评优评先的机会，晋升机遇为0，这让本身待遇就不好的工作更是降低了吸引力。自1993年起，我国就实行教师聘任制度，即便如此，公办园中仍存在许多临时性质的合同制教师，有编制的公办教师只是少数，民办园中则全是合同制教师。农村地区存在大量民办幼儿园，可以说是民办园的天下，农村学前教师队伍中自然仍以合同制教师为主。性质的差异导致了薪酬待遇的差异，非公办教师的待遇与公办教师的待遇天差地别，他们无缘各项教师权益与福利，仿佛是个局外人。毋庸置疑，编制改变了教师的命运，编制的缺失，使得民办教师与公办教师的身份与命运有了云泥之别，一个在天一个在地。这种差别牵引出农村学前教师们失衡的心态，随之造成一批又一批教师的流失。

编制缺失使农村学前教师面临着身份迷失。教师身份影响农村学前教师的待遇与福利，是反映其生存状况的重要指标。然而目前我国法律法规却恰恰缺失了对学前教师身份清晰的制度确认，造成了农村学前教师们无法言说的身份现状，虽被称呼为教师，实际上无缘于真正教师该享有的待遇，表面看起来很是光鲜，个中酸楚只有自己体会。身为一位没有编制的农村学前教师是一件痛苦的事，没有身份保障，在大众眼中也只是披着教师外衣的打工人，随时面临被辞退的风险……匆匆几十年，美丽的青春少女眨眼变成满脸皱纹的白发老奶奶，青春年华已不在，存折上也是零零落落，若是仅依靠热爱幼儿教育或是喜欢和孩子在一起这些精神因素来支撑起这份工作，恐怕这些热爱迟早会被消磨殆尽而败给现实。

（三）地位的低下成为农村学前教师自我否定的成因

在Y县调研中，将近66%的教师认为农村幼师职业地位不高，26.83%的教师认为农村幼师职业地位一般。人们总赞颂教师职业是"太阳底下最光辉的职业"，农村学前教师只能苦笑，农村学前教师，尤其是民办学前教师，如今正处于教师职业声望的最底层。在大众的看法里，他们或许并不是拥有专业知识与能力的教育者，而是能够帮助看管孩子的"保姆"与"阿姨"。"组织理论之父"马克斯·韦伯曾提出，决定人们社会地位的主要因素是经济因素、社会文化地位和权力因素。无论判定何种职业的地位，都离不开这些因素。编制的缺失、身份的迷失、待遇的不如意，使得农村学前教师的地位低到了尘埃里。农村学前教师们就是教育行业的农民工，基于外界的普遍看法，农村学前教师自身也往往会陷入自我否定的泥潭中。

（四）　待遇差是农村学前教师无法回避的痛处

他们的薪资低下、待遇差、工作压力大。从全国范围来看，这个群体的工资待遇也属于教师行业底层。Y县农村学前教师调研结果显示，教师的平均工作仅为1239元，比2015年Y县规定的最低工资标准1300元还要低。相比于教师，一个餐馆的服务员做一个月工资就可达1500元以上。教师们没有"五险一金"，平均师幼比达到了1：29.5，将近90%的教师认为工作存在压力，而最大的压力就是工资待遇太低……这些数据揭示了农村学前教师无奈的生存现状——付出多于回报，着实无奈却又无能为力。由于农村幼儿园大多属私营性质，并不会获得国家财政支持，其经营往往需要经营管理者自筹资金来维持各项开销。教师工资基本上取自学生所缴纳的学费，学费数目有限，教师工资自然有限。此外农村经济条件较为落后，幼儿园各项基础设施也不可与城市幼儿园同日而语，收取高额学费也不现实，这也注定了农村幼师的工资必然不会高。笔者调研的幼儿园中，一个幼儿每月的学费大致在150~300元或向上略有浮动，在此情况下，除去维持教育保育的各项费用，教师一个月能拿到1000元已属不错了。一位教师苦笑着戏言，幼儿教师这份工作是操着总理的心，赚着民工的钱，甚至还不如民工赚得多。寥寥数语便勾勒出他们无奈的生存状况。

（五）　前途渺茫成为农村学前教师职业的代名词

农村学前教师发展前途渺茫，几乎没有前途可言。因为没有编制，他们也无法评定职称。在Y县调研中，高达95%的教师没有职称，直接表明他们没有晋升机会，前路未可知。他们或许可以忍受现在的低收入、差环境、压力大、不稳定等烦恼，但绝对不能忍受前途一片黑暗的恐惧。让一个人觉得没有希望比忍受困苦更加折磨，这份工作存在太多的不如意，现有农村学前教师会因为没有盼头而选择离开，预备农村学前教师会因为惧怕没有发展前景而不想来。一个不想留，一个不想来，势必从源头上成为农村学前教师队伍的建设的双重打击。

（六）　农村学前教师队伍建设中政府政策角色的弱化

政府在农村学前教师建设中扮演关键性角色，可以说是建设农村学前教师队伍整部大戏中当之无愧的主角。政府的各项决策是保障农村学前教师队伍良好建设的根本前提。当前农村学前教师各项问题之所以出现，究其本质，在于政府过于弱化的角色扮演。

农村学前教育事业是具有公益性、普惠性的公共事业，农村学前教师也应是公益性、普惠性的教师群体，理应由政府来全权负责，这是毋庸置疑的，这个道理就如同父母对孩子具有养育义务一般。当前情况下，虽然政府对农村学前教师队伍的建设越来越关注，但无论在法律制度的建设上，还是法律制度的实施上，都仍存在不少欠缺。

（七）农村学前教师队伍建设的制度保障体系不健全

当前我国教育法制体系的基本框架已经大致形成，但从横向覆盖面上来看，教育法制体系依然存在厚此薄彼的不完善现象。在各级各类教育中，学前教育依旧是最弱的一环，尚未纳入义务教育阶段这个坚固的体系中，说话也没有发言权，从而导致学前教育尤其是农村学前教育的法律保障体系也欠缺完善。没有法律法规的庇护，农村学前教师队伍建设自然也缺乏有力保障，屡屡搁置不前。法律保障体系不健全，主要体现在以下两个方面：第一，现如今我国虽然已经制定《教师法》《教师资格条例》等相关法律法规，其中或多或少涉及学前教师及农村学前教师队伍建设，但放眼中国全局，除去港澳台地区，整个大陆地区仍然没有专门针对学前教师而设立的法律，更别说针对农村学前教师的法律法规了。在《教育法》《教师法》以及《中华人民共和国民办教育促进法》（以下简称《民办教育促进法》）中也未将学前教师单列出来，设置单独条例，因而使得处理学前教师事务时往往无法可依，无章可循。而在有关教育的其他法律法规中，却能时常捕捉到农村学前教师的影子。

1983年《关于发展农村幼儿教育的几点意见》中提出，妥善解决农村幼师的报酬，达到同当地民办教师或社队企业职工待遇相当或不低于当地农村的平均收入水平。根据1993年的《教师法》，教师的社会地位应逐渐提高，其工资水平也不得低于国家公务员的平均工资水平。这些规定从法律层面上给了公办教师保障。然而，对于广大民办教师来说并非如此，依然像隔了一道鸿沟，"社会力量所办学校教师的待遇，由举办者自行确定并予以保障"这项规定可把他们给难住了，这意味着他们的待遇根本不在国家的管辖范围之内，完全是学校举办者说了算。这项规定可以说把民办教师从整个教师队伍中清晰地剥离出来，将其置于一个无人问津的境地，着实欠缺思考。2003年《关于幼儿教育改革与发展指导意见的通知》中提出与幼儿教师应与中小学教师同工同酬。

第二，由于没有一个最终的法律文本强硬地规定农村学前教师问题，从而导致现存各项法律文本之间互相纠缠不清而产生了矛盾。如《教师法》将幼儿教师纳入中小学教师队伍行列，而《义务教育法》和《关于义务教育学校实施绩效工资指导意见的通知》（2009 年）对中小学教师的规定又并不适用于幼儿教师。此外，以上这些法律所陈述的教师范围中并不包括民办幼儿教师，我国唯一一部关于民办教育的法律《民办教育促进法》（2003 年）中曾提出，"民办学校应依法保障教职工工资福利待遇，为其缴纳社会保险费，保证其依法享有与公办学校教职工同等权利"。乍看之下这些内容非常明晰，实则空泛，并不能从根本上改善广大没有编制的农村学前教师的生存窘境。

通过上述描述可知，关于学前教师的工资待遇及权益保护的法律法规是非常模糊、笼统的，并缺乏具体可操作的下位法律和操作条例，也没有规定出达到法律要求的具体标准和时间限制，这种含含糊糊的局面，使得农村学前教师队伍权益很难在实践中得以实现。

（八）已有法律保障制度执行不力且缺乏监管

虽然专门针对农村学前教师的法律尚处于缺失状态，但众多有关教师的法律法规都明确提出了要保障农村教师的工资，不得拖欠，违者要受到处罚，等等。但这些规定似乎并没有发挥实际效用，农村学前教师的工资依旧很低，生活依旧很清苦，地方政府或者学校拖欠教师工资的现象屡屡发生，令人痛心，而鲜有人为此负责，法律似乎成为空谈。

正是由于农村学前教师队伍法律保障体系的不健全，使得各级政府在农村学前教师队伍建设的监管中无章可循，不能发挥应有的作用。学前教育不属于义务教育、经费不在财政预算内、工作成效考核指标不明、农村幼儿教师的身份不明确、不公不私的尴尬处境，使得主管农村幼儿园的各级政府及教育部门也很难打心底真正重视起这个群体。

法律保障体系的不健全，其主要内容体现在薪酬体系的不健全、职称评定制度的缺失、培训和教研体系不健全、录用考核和退出机制不健全。这一系列的缺失，也导致到现在为止农村幼儿教师与城镇幼儿教师、非在编教师与在编教师、私立幼儿园与公办幼儿园教师，仍无法实现同工同酬。民办幼儿园的教师工资待遇无人监管、职称评聘搁置一边，这种待遇的差异注定了农村幼儿园无法吸引到优秀的人才，也留不住优秀的教师。

三、农村学前教师队伍增量不乐观的原因

（一）农村学前教师的生存现状使学生们望而止步

编制的缺失、地位的低下、待遇差、前途渺茫等一系列生存现状，不仅使在岗的教师想要逃离，已使得学前教育专业的学生们望而止步。笔者对学前教育专业学生的调研显示，在学生们不愿意来农村幼儿园的原因中，"不利于将来的工作和学习""工资低、福利差""工作不稳定，没有编制""不能发挥自己的才能""农村地区经济落后"等都是极其重要的原因。在学生们就业最看重的原因中，"有发展前景""工资待遇高福利好""工作稳定、有编制"排在了前三位。在期望月薪方面，11.19%的学生期望月薪为 1001～2000 元，42.09%的学生期望月薪为 2001～3000 元，46.24%的学生期望月薪为 3000 元以上，而这与实际的农村学前教师月薪是有差距的，无法满足学生们的期望值。

（二）高校学前教育专业人才培养模式存在缺陷

当前之所以出现大量学前教育专业学生不愿到农村幼儿园就业的现象，不仅有农村学前教师生存状况不佳的原因，还有各级院校人才培养模式存在缺陷的原因。这种不完善表现为：

（1）培养目标对农村学前教育的忽视。我国现有的学前教育专业培养院校有本科、大专、中专三种层次之分，理应设置不同的培养目标，但从实际情况来看，各级院校培养目标却有很多雷同，更是出现了依葫芦画瓢的问题。例如，以某本科院校为例，其培养目标为培养具有熟练掌握本专业专业知识与技能，并且熟知未来本专业工作规范及理论的专业教师、相关教育行政人员、管理人员或是其他相关机构的教育和教学人才。某大专院校也与其相似，提出培养具备专业知识与能力，能在幼儿园、托幼机构从事保教和研究工作的教师、管理人员等。以上二者的目标也适用于中专院校，某中专院校的培养目标提出要培养高素质学前教育专业人才，从事各级各类幼儿园、幼儿培训机构等的幼儿教育、教学和管理工作。这些就业目标大致相似，也缺乏层次特点，让人即使仔细分辨，也辨别不出哪个是本科院校，哪个是大专院校，哪个是中专院校。此外更为重要的是，这些目标不见有一丝一毫对农村学前教育就业方向的倚重，起不到引导学生重视农村教育的作用，又如何能够引领学生前往农村地区就业呢？

（2）培养内容对农村学前教育的忽视。当前各级院校学前教育专业对学生的培养内容存在着"城市化"倾向，某种程度上忽视了与农村学前教育的联系。教育教学内容、校外实习或是科研实践等都脱离了农村的实际情况，与真实的农村幼儿园情况产生了较大距离。如果在学校的专业化学习还不能使学生对农村幼儿园深入地了解，那么课堂之外想要深入了解农村幼儿园更是空谈。本专业培养出了大量只读圣贤书、不闻窗外事的学生，课堂之上他们讲得头头是道，毕业之后却是两眼一抹黑，不知道该干什么。这种对实际情况的忽视必然会导致学生对农村学前教育的漠不关心。笔者的调研结果显示，不少学生在专业学习期间对当前农村学前教育发展现状、教师现状、相关国家政策、就业热点都知之甚少，甚至是一无所知。有学生还说："书上的知识我还没记全，哪有精力去管别的呢？"若是这样，又如何能指望他们在毕业之后踏入农村幼儿园呢？

（3）就业教育对农村学前教育的忽视。作为引导学生们树立正确就业观的重要工具，各级院校的就业教育却往往流于形式，发挥不了真正作用，无非就是走个过场，证明学校负了责任开设了这门课，至于学生们听了有没有用，那就不在讨论范围之内了。大多数院校只在毕业前才对学生进行就业教育，教育的内容一般是向毕业生介绍当前的就业热点及动态、国家各项就业政策、社会形势，等等，教导学生应有怎样的就业心态等。在教育内容中很难寻觅到农村学前教育专业方面的工作，例如招聘信息、热点动态、农村就业政策等。在笔者之前的调研中显示，愿意在毕业之后选择幼儿园行业的学生只占少部分，这说明学前教育专业学生的专业认同感较低，很多人不想去幼儿园。在此情况下，如果就业教育不能很好发挥思想引导作用，恐怕毕业后没有多少学生愿意做幼儿教师，更没有多少学生愿意去农村工作。

第五节　农村学前教师队伍存量与增量建设的对策建议

当前，农村学前教师队伍机遇与挑战同在，成绩与困境并存。建设好农村学前教师队伍与千万农村幼儿及国家命运有千丝万缕的联系。农村学前教师队伍倘若失败，必然导致农村学前教育事业的失败。本书从农村学前教师的现有存量与未来增量部分入手，面对现有困境，提出了提升存量和增量部分的对策。

一、稳定存量的对策建议

政府必须成为完善农村学前教师队伍建设的主体。世界上没有哪个国家是主要依靠社会和幼儿园自身的力量而建设好学前教师队伍的。政府不仅应扮演优化农村学前教师队伍的倡导者，还应扮演好建设的主要投资者角色，这是责无旁贷的事情。走好关键第一步——给予公共财政支持非常重要。

（一）完善农村学前教师立法，明确教师身份和待遇

法律制度的不断完善与发展能够显著改善农村学前教师的生存现状。我国学前教师法律保障体系的不健全可以说是造成今日农村学前教师生存窘境的重要原因。邻国日本尊师重道的氛围非常浓厚，其关于学前教师的立法也非常完善，自明治维新始，日本就颁布了关于学前教育的法律法规。其《教员许可法》与《教育公务员特例法》规定了幼儿园的教谕、助教谕、讲师都属于教育职员，服务于全体日本国民。这就从法律层面上明确了学前教师的身份，给了教师安稳无忧的保障。法律规定公办幼儿园教师均属公务员行列，享受公务员待遇，私立幼儿园教师虽不在此行列，但同样属于教育职员。日本幼儿教师虽有身份差别，国立和公立园教师工资比私立园教师工资高一些，但鉴于幼儿教师职业工资普遍较高，私立园教师工资其实并不低。近几年日本大幅度改善了学前教师的工资待遇，对有意愿前往幼儿园任教的学生采取各项奖励措施，使幼师职业一度成为热门职业，报考者甚多。此外在东亚、南亚乃至中亚及西欧很多国家，均将基础教育阶段的教师薪资悉数纳入中央财政拨付范围内。[①]我国香港地区推行的模式也值得学习，香港特区政府明确了政府在幼儿教师队伍建设中应尽的重要职责，先后制定多项法律法规，对幼儿教师资格、待遇福利、管理聘用做了详尽说明。至于薪资待遇，特区政府参照公务员标准制定出幼儿教师薪级津贴制度，根据不同条件来细致划分教师的薪资待遇，从而有力保障幼儿教师的工资待遇，在香港当幼儿老师，无疑是一件幸福的事。[②]

我国应及时向别国（或国内个别地区）学习，获取宝贵经验，尽早将学前教育法律法规的制定提上日程，以明确学前教师的身份和待遇，根本上增加

---

① 刘小林，张献华．教育公平视野下我国民办幼儿教师发展战略研究 [M]．上海：华东师范大学出版社，2014：116.

② 庞丽娟．香港幼儿教师法律与政策研究：特点及其启示 [J]．教师教育研究，2011（01）：49-51.

对农村学前教师的认可度。在学前教师法律中，最核心的内容当属界定清楚学前教师的法律身份和地位，应能明确指出学前教师属于基础教育教师队伍中的重要部分，理应与中小学教师有福同享。另一方面，政府应理顺学前教师投入机制，建立起一整套完整的学前教师财政拨付体系，明确规定农村学前教师的经费投入在各级政府中的支出比例，保障学前教师的工资待遇，最终达到争取将90%以上的农村教师纳入公共财政支付的范围内。

（二）加大对农村学前教师工资、待遇的公共财政投入力度

从现实来看，农村学前教师在整个学前教师队伍中属于弱势群体，其工资待遇比城市地区低得多。《教师法》中对教师工资待遇规定并没有明确的标准和限定，因而实际上使得提高教师工资待遇成为不切实际的设想。对于农村学前教师来说，他们无处诉求，工资待遇低得几乎不能维持生活开销。全国政协委员俞敏洪曾向两会建言，"农村中小学教师的工资，在薪酬体系上应比城市教师高出20%~30%，这种方法虽然简单粗暴，却非常有用。盲目要求教师奉献自己来扎根农村绝非长久之计，毕竟教师也是人，也需要生活"。① 还有学者提出，应当根据学校距离城市地区的远近，按照教师工资10%~20%的标准提高农村教师的工资。面对仍在贫困泥潭中挣扎的农村学前教师们，笔者建议在以法律法规明确农村学前教师身份之后，应当进一步加大公共财政支持力度，尽力确保农村学前教师工资水平达到城市地区同等工资水平，甚至高于城市工资水平。②

长期存在的农村学前教师编制问题，说到底还是钱的问题，不患寡而患不均，城市幼儿园编制多于农村幼儿园，着实让农村教师头疼。无编意味着不能评定职称，也享受不到各种社会保障。多年以来，多位学者呼吁为农村学前教师增加编制数量，却收效甚微。教师编制的增加，需要付出一定的资金成本，意味着政府公共财政投入的增加，教师编制这个政策问题，实则是经济问题。政府需要保证在城乡不同种类幼儿园之间，能合理地进行公共财政资金的分配，进而合理配置教师编制资源，逐步切实提升农村薄弱学前教师队伍的水平。

---

① 俞敏洪. 农村教师待遇超过城市教师 [EB/OL]. （2015-3-11）[2020-9-19]. http://news.ifeng.com/a/20150311/43316053_O.shtml.

② 赖秀龙. 区域性义务教育师资均衡配置的政策研究 [D]. 上海：华东师范大学，2011：177-178.

（三）启用民办教师制度，提供政府岗位津贴

20世纪50年代初，中华人民共和国刚成立，国家一穷二白，基础教育事业极端落后，面对广大人民群众接受教育的迫切愿望，国家急需扩大教育规模。然而，由于过度贫穷和财力资源不足，且师范院校培养的毕业生数量有限，使得扩大教育规模困难重重。1951年教育部提出积极创办公立小学的同时，大力鼓励并支持群众办学。于是民办学校和民办教师的身影就此出现在历史舞台上。① 1964年，教育部发布《关于中小学教育和职业教育七年（1964—1970）规划要点》，提出可以吸收中学毕业生加以短期训练，予以补充中小学教师队伍。随后民办教师队伍获得了极大增长，特别是小学教师。中华人民共和国成立初期，教育的最主要任务是快速扫盲，因此民办教师队伍中存在着大量只读过几年书的"小知识分子们"，此后随着时间的推移，民办教师的队伍越来越壮大，初中毕业和高中毕业的教师人数越来越多。此时的民办教师，并非我们现在所说的民办教师，其性质存在根本差别。他们被国家或集体聘用，履行教育职责，在进行农村生产劳动的同时，担负起教育教学任务，他们依法享有国家补助并获得集体拨付工资，持有"民办教师任用证"，这个证由县级以上教育部门发放，是他们教师身份的证明。换句话，此时民办教师虽为教师职业，而其身份还是农民，他们有正式国家编制并能享受集体支付工资及国家补贴，和公办教师并无二样。我们现在所说的民办教师，更类似于20世纪80年代出现的代课教师。此后直至90年代，经济水平的提升使社会和教育事业日新月异，时代对于教师队伍建设提出新要求，需要教师队伍更加与时俱进。因此国家也对教师队伍建设设定了新的发展规格，并开始着手解决民办教师问题，通过"民转公"等一系列方法逐渐消化并削减了民办教师的数量。② 此制度实行近40年间，民办教师成为农村基础教育的主力军，为基础教育的普及贡献巨大。民办教师制度对当前的困境有一定启示，当前我国农村学前教师队伍现有存量缺口巨大，更为糟糕的是学前教育专业的学生们都不愿意到农村幼儿园工作，其到农村幼儿园就业的意向极低，在此情况下法律、政策或是就业教育尽管有一定用处，却无法在短时期内吸引到足够的学前教育

① 何东昌. 中华人民共和国重要教育文献（1949—1975）［M］. 海口：海南出版社，1998：92.

② 王献玲. 中国民办教师始末研究［D］. 杭州：浙江大学，2005：1.

专业的学生，无法缓解农村教师不足的问题。应对无编农村学前教师再次实行民办教师制度，此制度的实行能快速扩充农村学前教师队伍，短时间内大量弥补教师，同时因为制度中涉及了教师身份确认问题，也能够使教师队伍稳定下来。为此教育行政部门需及时将幼儿园中聘任的教师纳入当地教师体系，对其工资、福利、人事管理、业务学习进行统一管理，由集体拨付薪资，政府发放岗位津贴，津贴标准由政府经过仔细考察后根据各地实际经济情况制定，并能够随着经济发展而递增。津贴应由县政府汇同教育主管部门统一筹措，并划定专职部门按月统一无拖欠发放。教师的政府岗位津贴有两层深刻意义，一是能够明确教师身份，表明他们不仅受雇于幼儿园，更受雇于国家，属半公职人员，通俗地讲是端上了铁饭碗。二是彰显出政府对民办教师的人文关怀，给予的补贴不管多少都是来自国家。这样一来，便能够有效缓解农村学前教师"不想留"的困境，保证现有存量的稳定性。

二、鼓励增量的对策建议

提高学生的农村就业意向，不仅应成为政府的责任，还应成为直接培养单位——高校义不容辞的责任。高校必须想方设法，提高学生前往农村地区就业的意愿。

（一）实行大专定向招生制度

要想根源上解决农村学前教师队伍问题，必然要追溯至学前教育人才培养上来。近年来，各地新建或扩建了大批专业院校，学前教育招生规模越来越大，这些举措对于增加学前教育人才和培养农村学前教师队伍意义非凡。然而，联想到之前调研的结果——学前教育专业的学生们都不愿意到农村幼儿园去，相比之下，他们更倾向于城市幼儿园，更有甚者根本不考虑在幼儿园就业。我们不得不深思，难道国家培养的学前教育人才都是为城市幼儿园准备的吗？答案当然是否定的，这也与国家的初衷背道而驰。然而要改变毕业生们的就业观念何其困难！在此形势下，笔者提出应专门面向农村幼儿园培养人才，佐以资金鼓励，待毕业后向农村投放的对策。

农村定向招生制度，简而言之，从农村来，到农村去。安徽省的例子值得复制，"十二五"期间为走出农村学前教师队伍数量不足的困境，安徽省实施农村学前教师定向培养，招收初中毕业生进行了系统的三年制中专师范及五年制大专师范的培养，待其毕业后，令其服务于农村各级各类幼儿园。此外，安徽省早在 2011 年就把定向培养农村幼儿教师纳入了中小学教师定向培养范围内。凡是当年参加中、高考的应届毕业生，如有志于农村教育事业，均可报考此计划，当年省教育厅根据下属各县市所列农村学前教师数量差额，制定了培养数量计划，规定了高中毕业三年制大专定向生与普通高职报考者享同一分数线，属于一个批次，考试后按期投档分数自高向低排序，由接收定向师范生的院校择优录取。待这些学生毕业后须服从安排，分配到农村教学岗位上。①

已有学者做过调查，城市籍高中毕业生报考农村定向培养的意愿极低，因此，师范院校在生源的选取上，应着重选取有志于从事农村学前教育事业的农村籍生源或是有过农村生活或工作经验的生源，这些考生的意愿相比其他人会更强烈。关于定向培养的模式，也有学者就此内容进行了细致的研究，苏小玲把定向培养分为四种模式，再让农村籍高中毕业生进行倾向性选择。这四种模式分别为：定向农村且不能调动，定向农村、五年后可调动，定向农村、免费有补助、不可调动，定向农村、免费有补助、五年后方可调动。每种模式的学生都可享受到政府分配工作的权利，毕业后无须再自行寻找工作，只是存在学费及工作调动的差异。数据显示"定向农村+免缴学费+师范生补助+五年后流动"最吸引眼球，受到学生的欢迎与好评；经济较贫困地区高中毕业生选择定向培养的意愿高于经济较富裕地区高中毕业生。② 这表明免除学费、发放师范生补助、有机会调动等因素是吸引农村籍高中毕业生报考农村学前教师定向培养的关键因素。此外研究还表明，若是此模式能够在专科院校中得以施行，对来自农村的生源来说是一个很好的选择，必定可以召唤来大批报考者。这个结果与笔者之前调研的结果保持一致，笔者之前针对学前教育专业学生的农村幼儿园就业意向的调研也显示，在对农村幼儿园的就业意愿上，大专学生的农村就业意向比本科和中专略微高一些。以上内容结合起来，能够说明农村学前教育定向培养要想取得较好的效果，相比于本科与中专院校，大专院校生源是更好的选择。

基于上述因素，应以大专师范院校为依托，进行农村学前教师定向培养，招收有意愿前往农村幼儿园就业的农村籍生源进行培养。在学期间免除学生的

①　夏婧.我国农村幼儿园师资队伍建设经验及其启示［J］.学前教育研究，2014（07）：40.

②　苏小玲.学前教育专业定向培养的倾向性研究［J］.教育评论，2013（03）：33.

学杂费，并按月发放师范生生活补助。毕业后，由教育行政部门联合师范院校对毕业生进行统一分配，并确保毕业生有编有岗，师范生在农村就业满五年后，可以自由调动，享有自由工作的权利。然而，不同地区的农村籍高中毕业生报考定向培养的意愿必定会存在差异性，因此，在实行农村学前教师定向培养模式时，不可盲目地搞一刀切而忽视实际情况，当地教育部门要因地制宜地采取合理措施，考虑到当地现实与可行性，扩大宣传与支持力度，采取有效鼓励手段，提高学生报考意愿。

（二）实行农村学前教师特岗计划

为使农村义务教育阶段教师队伍数量结构得以优化，农村教育质量得以改善，我国自 2006 年起开始实行"农村特岗教师计划"。该计划招录对象为全日制普通高校的师范类本、专科毕业生或全日制普通高校中获取了教师资格的非师范类毕业生，年龄在 30 岁以下，范围较广，基本上以师范类本科生为主，最低门槛就是大专学历。特岗教师考核合格后，由国家选派至中西部地区的贫困县、"两基"攻坚县等贫困地区的义务教育学校，其工资由国家派发，其他权益与当地公办教师同等。且依据相关政策，特岗教师在报考公务员、事业单位或是国家助学贷款方面都享有优惠条件，三年聘期满后考核优秀的本科学历特岗教师，还可由所在学校及县教育行政部分推荐免试，攻读教育硕士，即"硕师计划"。① 特岗教师计划及其下属的一系列优惠政策，对高校毕业生有极大的吸引力。以陕西省为例，2014 年全省计划招录 2000 名特岗教师，吸引了超过 1.8 万名毕业生报考，其中本科学历学生就占了 76.7%，平均每个岗位的竞争比达到了 1：9，非常激烈。② 特岗教师计划施行已近十年，在实践中非常有效果，吸引到大量本科学历人才投身农村教育事业，有效优化了农村教师队伍的数量结构。面对当前农村学前教育建设的困境，应把农村学前教育发展阶段也纳入特岗教师计划内。目前学前教育尚未在义务教育范围内，但它与义务教育息息相关，可以说是义务教育的基础，非常重要。农村学前教师特岗计划的实施必定能为农村幼儿园吸引到大量高素质人才，有效缓解当前教师队伍质量低下的问题。

---

① 张立华．农村"特岗教师"稳定性问题的个案研究［D］．长春：东北师范大学，2011：1-7.

② 陕西 2014 年特岗教师计划网上报名结束 人数达 1.8 万［EB/OL］．（2014-5-6）［2020-9-18］．http：//www. hanzhong/23. com/news/local/2838110. html.

（三）建立以服务农村为导向的学前教育人才培养模式

针对本科、大专、中专三和不同层次院校千篇一律、如出一辙的培养目标，以及培养目标中对农村学前教育事业发展的疏漏的现实，急需找出促进农村学前教育事业发展的出路。培养目标可以说是学校培养人才的导航仪、指路灯，其指导意义奠定了学校培养人才的规格，但许多学校在制定时未认真对待，缺乏科学性与严谨分析，往往照猫画虎地仿照别的学校炮制出自己学校的培养目标。大多数学校的培养计划都由本专业任课教师负责制订，教师某种程度上受自身专业认识的局限，根据自身优势或是研究方向来开设课程，而忽视社会实际需求。学前教师队伍的建设乃至学前教育事业的发展进步从来就不是无根之水，无本之木，它需要在社会化大环境中进行，真正了解社会的需求，理清时代背景下的发展思路。如果学前教育专业的学生只是在象牙塔中凭空想象外面的世界，两耳不闻窗外事，想当然地自说自话，那学校培养出来的学生只能是眼高手低的空谈者。① 若想鼓励更多学生投身农村学前教育事业，培养院校需要重新审视既有的人才培养目标，明确学生的培养定位，在培养目标的制定中为农村幼儿园留出一席之地。

综上所述，首先，当前形势下师范院校或许可以首开先河，发扬创新精神，创设一个新的专业——农村学前教育专业，以培养服务农村学前教育事业的人才为目标，配置以相对应的师资。相比于普通的学前教育专业教师，农村学前教育专业的教师队伍应该更加优秀，与普通的专业教师相比，他们肩上的责任更加重大，不仅要培养好具备高超专业知识与技能的学生，更应该从精神上心灵上给予学生真切的鼓舞，树立光辉的典范。此外，教师们应具备双师素质，一方面具备农村学前教育理论研究和理论教学的能力，另一方面具备从事农村幼儿教育教学和指导师范生教学的能力。培养单位应时时注重引导整个专业的发展以农村学前教育事业为导向。

其次，在培养内容的设置上应凸显出农村特色，并能够加强对学生的农村就业意向引导。学者 Barker 和 Beckner 在 1987 年的研究表明：开设与农村地区有关的课程，深入了解农村实际，能显著激发教师前往农村教育教学的热

---

① 王海英.“顺应”与“引领”——高师学前教育专业课程设置与社会需要之间的关系的思考 [J]. 学前教育研究，2007（07-08）：17.

情。① 因此，在培养的内容设置上，该专业的学生除去一般的学前教育专业教师教育课程外，还应重点学习具有区域性农村特色的课程，诸如农村独有的自然资源、农村风土人情、留守儿童教育问题，等等，加深对农村的了解与研究程度，以便他们将来走上工作岗位后，能更得心应手地开展教育教学工作。

最后，师范院校在培养过程中应凸显"工学结合"的特点，该特点可以说是当前进行职业教育改革的一个重要着力点，受到了国家的肯定。表面之意，做工与学习相结合，即采取社会实践与校园学习相结合的方式，从而带动高等职业教育的课程内容、教学内容及方法等一系列改革。这种方法对学前教育的人才培养有一定启发，值得推广。学前教育人才培养过程中的"工学结合"，可以从三个方面入手：第一，专业课程安排上注重理论与实践相结合，即理论与实践并重；第二，专业的教师队伍涵盖进农村一线学前教师群体，如一线园长和教师，等等，对学生进行授课，他们比较有教育教学经验以及对农村的了解，能使学生加强对农村幼儿园的关注力度；第三，加强学生的课外实习，以往的课外实习往往是带学生走入城市地区优质幼儿园，而忽视了对人才急切渴望的农村幼儿园。院校应成为横架在学生群体与农村幼儿园之间的桥梁，在二者之间做好对接工作，顺利引导学生直接走进农村幼儿园进行教育实践与教育科学研究等。

（四）加强就业教育，鼓励学生投身农村

不仅是学前教育专业的学生不愿去农村，如今整个就业大环境下大部分学生都不愿去农村地区就业，很多即便是来自农村的学生，鉴于中国传统社会的理念，即走出农村，进入城市，毕业之后回到农村往往会被认为没有出息，因而这些学生也不想再返回农村。各级各类的学生在面临就业时，普遍存在着"城市本位"、盲目攀高、互相攀比的风气。追求高薪酬、待遇丰厚、环境优越的就业单位属人之常情，无可厚非，但如果每个求职者都这样选择，农村教育事业将无人建设，农村发展也将一败涂地。如果说城市幼儿园的人才供给总是绰绰有余，农村幼儿园则是入不敷出。在学生毕业面临人生选择之际，搞好就业教育，就有可能引领更多的人投身农村。师范院校需要以就业教育为媒介向学生阐明一种客观存在的现实：城市地区幼儿园经过多年的人才储备，资源

---

① BO Barker, WE Beckner. Preservice Training for Rural Teachers: A Survey [J]. Rural Education, 1987 (08): 1-4.

几近饱和，并且这些资源不管是在学历、能力，还是专业素质上，在同类人才中都属于佼佼者。相对于过去城市幼儿园较低的入职门槛，现如今的中专学生、大专学生已不再是幼儿园热捧的"香饽饽"了，即使费尽周折进入这样的幼儿园，管理者也不会认为这些人才多么有才华，学生也往往缺乏自我表现的机会；而农村地区幼儿园则恰好相反，正是由于多年来的无人关注，农村幼儿园求贤若渴，在当前国家大力提倡建设农村学前教育事业的契机下，经过专业训练进入农村幼儿园的学生们，往往会受到特别的重视与优待，成为园长及领导眼中的专家，更容易施展自己的才华，大有作为。由此次调研得知，学生们在就业时最为看重的因素就是"有发展前景"，倘若在农村幼儿园工作能比在城市幼儿园工作获得更好的发展前景，那么进入农村幼儿园无疑是明智之选。

存在即合理，就业教育正是由于其合理性才有存在的必要。师范院校应加强对其的重视，转变就业教育的思路，往农村方向倚重，使学生固有的思想观念得到转变，积极培养学生对农村学前教育事业的关注与热爱，扎根农村奉献青春。当然，这些引领需建立在国家政策与资金都到位的情况下，否则只靠感情的维系，只会让就业教育变成没有说服力的口头说教。

第六章　中部地区农村幼儿教师专业发展的路径分析

治贫先治愚，扶贫先扶智，教育是阻断贫困代际传递的治本之策。学前教育作为基础教育的重要组成部分，有着举足轻重的地位。近年来，我国越发重视乡村学前教育的发展，出台了一系列相关的政策文件。

2015 年 6 月，国务院印发的《乡村教师支持计划（2015—2020 年）》，强调了乡村教育是我国教育的薄弱环节，教师是发展乡村教育的关键，需要着重建设乡村教师队伍。同年 11 月，中共中央、国务院出台了《关于打赢脱贫攻坚战的决定》，文件中指出要加快教育扶贫进度，实现教育经费向贫困地区倾斜，关注贫困地区的学前教育，让乡村贫困幼儿有机会接受学前教育。随着 2017 年"两会"的召开和《关于实施第三期学前教育行动计划的意见》的颁布，乡村学前教育问题也越发地被人们所关注。党的十九大提出"实施乡村振兴战略"，强调要实现"幼有所育"，高度重视农村学前教育，重点关注农村幼儿教师并着重提升师资质量。2018 年 1 月，国家制定了《中共中央国务院关于全面深化新时代教师队伍建设改革的意见》，提出建设高水平的幼儿园教师队伍，落实乡村教师支持计划，大力提升乡村教师待遇。同年 2 月，教育部等五部门印发《教师教育振兴行动计划（2018—2022 年）》，聚焦教师教育发展不平衡不充分的问题，加大教师教育财政经费投入力度，提高教师资源供给水平，加强乡村学校教师培养，推动教育公平发展。11 月 7 日，国务院颁布了《中共中央国务院关于学前教育深化改革规范发展的若干意见》，指出要重点扩大农村地区的普惠性资源，构建以普惠性资源为主体的办园体系，加强教师队伍建设，健全幼师待遇保障机制，促进学前教育优质发展间。2019 年 2 月，中共中央、国务院颁布的《中国教育现代化 2035》，提出要"着眼于提高农村学前教育的普及水平，推进专业化创新型教师队伍建设，完善学前教育管理体制、办园体制和投入体制"，这是我国推进教育现代化的纲领性文件，标志着我国教育进入新的发展阶段。

自 2013 年国家开始实施"精准扶贫"以来，乡村教育的状况有了很大改善，但在教育精准扶贫背景下，乡村学前教师专业知识欠缺成为很多省市学前教育发展面临的主要问题。2016 年《中国教育统计年鉴》的数据显示，我国要求至少 71% 的农村专任教师要达到大专及以上学历水平。在这种宽标准下中部某省仍有一些乡村幼儿园教师的学历达不到国家最低要求。部分乡村幼儿园教师在教育教学过程中主要依靠经验而不是专业知识，教学用语不科学，存在"小学化"现象，难以对每位幼儿进行科学合理的保教，兼顾到每位幼儿的发展。

随着国家对乡村幼儿园扶持力度的加强和"三孩"政策的全面放开，中部某省对乡村幼儿园教师的需求量也在不断增长，幼儿园教师的专业程度直接关系到乡村学前教育水平的提高。因此，提高乡村幼儿园教师的专业素质，探索乡村幼儿园教师专业发展路径显得尤为重要。

纵观幼儿教师专业发展的研究成果，涉及"方式"和"路径"的研究成果约占 42.04%。但不尽如人意的是，一方面，这些研究成果处于理论层面，未经过实践的检验，其有效性还需要考证。2012 年，我国教育部出台了《幼儿园教师专业标准（试行）》，但其为幼儿园教师提供的专业标准较为宏观和模式化，与西方发达国家的专业标准相比不免相形见绌，该文件对教师指引专业化发展的策略研究甚少，缺乏一定的实践性与指导性。幼儿园教师专业发展的现实状况，应该成为研究其专业发展路径和方式的出发点和落脚点，纯思辨的研究显得空洞，往往只是"华而不实"。因此，将理论付诸实践，增强"有效性"的研究，不但可以避免重理论轻实践的情况发生，而且有利于更好地推进幼儿园教师的专业发展，实现幼儿园教师专业发展的理论构建和实践探索深层次的结合。另一方面，现有教师专业发展的研究更多针对的是城市幼儿园教师群体，涉及乡村幼儿园教师的研究甚少，其特殊性没有得到充分关注。鉴于此，从中部某省乡村幼儿园教师专业发展路径现状出发，探索促进该专业发展的有效路径，为乡村幼儿园教师专业发展提出一些建议。

第一节　某中部农村幼儿教师专业发展路径的现状

一 、中部某省农村幼儿园教师专业发展的现状

运用教师专业发展理论，通过对《某省农村幼儿园教师专业发展路径的调查问卷》进行发放、回收与分析，并对乡村幼儿园一线教师及园长进行个别访谈，来了解目前幼儿园教师自身、幼儿园、教育行政部门三方在促进乡村幼儿园教师专业发展有哪些路径，以及这些路径是如何实施的。同时，基于调查结果，对乡村幼儿园教师专业发展路径的现状所存在的问题进行分析。

本书主要从被研究者的性别、年龄、教龄、学历、专业、职称六个方面入手，了解中部某省乡村幼儿园教师的基本情况。具体调查如表 6-1 所示。

表 6-1　　　　　　　　　　　研究对象基本情况

变量	类别	人数（N）	百分比（%）
性别	男	128	4.72
	女	2584	95.28
年龄	20 岁以下	20	0.74
	21~25 岁	216	7.96
	26~30 岁	497	18.33
	31~39 岁	1044	38.50
	40 岁以上	935	34.47
教龄	3 年以下	330	12.17
	3~5 年	389	14.34
	6~10 年	495	18.25
	11~15 年	256	9.44
	16 年以上	1242	45.80

变量	类别	人数（N）	百分比（%）
第一学历	高中	818	30.16
	中专	1228	45.28
	专科	366	13.50
	本科	295	10.88
	硕士及以上	5	0.18
最高学历	高中	216	7.96
	中专	797	29.39
	专科	1104	40.71
	本科	584	21.53
	硕士及以上	11	0.41
第一学历专业	学前教育	1309	48.27
	非学前教育	1403	51.73
最高学历专业	学前教育	1104	40.71
	非学前教育	1608	59.29
职称	无职称	1714	63.20
	二级教师	499	18.40
	一级教师	390	14.38
	副高级教师	100	3.69
	正高级教师	9	0.33

根据表6-1研究对象的基本情况，我们可以得出：某省乡村幼儿园教师性别比例失衡。在被调查的2712位乡村幼儿园教师中，女教师占总人数的95.28%，男教师仅占4.72%。由于受传统观念、工资待遇以及个人知识和能力的影响，很多男性不愿从事幼儿教育，这也是目前我国在幼儿园教师队伍建设方面亟待解决的问题。

（1）乡村幼儿园教师年龄结构趋于年轻化。40岁以下的教师占总人数的65.53%，其中人数集中在31~39岁，占38.5%。由此可见，青年教师是参加

2019 年国培计划的主力军。在访谈中了解到，参加此次国培计划的乡村公办园教师约占总人数的 60%，民办园教师外出参加培训的机会是比较少的。

某村民办幼儿园 E 参训教师说道："这是我第一次来省里参加培训！由于县里给民办幼儿园教师出来培训的名额有限，我真的很少有机会能出来学习。另外，园长也不太愿意派我们出来学习，因为我们园师资本来就紧张，我们再出来学习，会影响班里的正常教学，而且园长也担心我们参加过多培训后，便会辞职跑到别的幼儿园去了。"

（2）乡村幼儿园教师以 16 年以上教龄的教师为主，占比为 45.8%。由此看来，某省乡村幼儿园教师的教龄与年龄不成正比，不同于其他的职业情况。虽然乡村幼儿园教师年龄普遍较小，但教学经验较丰富，教龄较长。

（3）乡村幼儿园教师学历水平较低。所调查教师的第一学历以高中和中专为主（高中占 30.16%，中专 45.28%），获得专科学历的人数占 13.5%。目前学历以中专和专科为主（中专占 29.39%，专科 40.71%），获得本科学历的人数占 21.53%。乡村幼儿园教师的学历水平有所提高，尤其是专科学历的教师人数明显增加，但该群体队伍的总体学历处于较低水平。

某乡幼儿园的 D 教师讲道："前几年国家对幼儿园教师学历的要求也不高，自身的学历只要达到中专或大专就可以当幼儿园教师了，所以当时我也没有想再往上读专科的想法，中专毕业之后就直接参加工作了。"

某乡幼儿园 L 园长感慨道："教育局补贴经费较少，经费也只能够用来办公（培训、购买幼儿园教材、书籍），不能补贴教师工资与奖金。教师的工资一个月平均为 1500 元到 1600 元，幼儿园还得出钱给教师发工资。幼儿园收益低，园所招收的幼儿数量少，一个幼儿 4 个月的保育费才 480 元。教师工资待遇较低，招不到老师，更不要谈留住高学历的老师了。"

（4）乡村幼儿园教师所学专业以非学前教育为主，最高学历为非学前教育专业的人数占总人数的 59.29%。学历提升后，学前教育专业教师从 48.27% 下降到 40.71%。究其原因，一是近年来学前教育事业迅速发展，而学前教育专业的教师供不应求，师资紧缺成为我国学前教育的最大"短板"。这使得大量非学前教育的毕业生进入幼儿园教师队伍，他们入职时不具备专业理论基础知识，急需提升自身专业素养。

某村幼儿园 F 老师说道："我中专毕业后没找到专业对口的工作，也不想去附近工厂干活，觉得那儿的工作太枯燥了。自己本身喜欢孩子，愿意与孩子相处，就去我们那的幼儿园当老师了。我刚到幼儿园工作感觉非常不适应，不会唱歌弹琴，我就边学边教，跟孩子们在一起很快乐！"

二是部分具有中专或专科学历的小学教师通过转岗或者外聘的形式来到幼儿园任职。在这部分小学教师中，大多数人的学历提升是在转岗之前进行的，且其提升学历的专业均不是学前教育。调查发现，部分幼儿园教师在职后进修学历时所选择的多为小学教育、行政管理等专业，并没有选择学前教育专业，他们进修的动机更多的是考虑生计。

某村幼儿园 C 教师说："选择进修小学教育专业，一方面是考虑到自己的年龄越来越大了，不能一直待在幼儿园，另一方面是因为进小学当老师工资待遇会比现在高不少。"

由此看来，乡村幼儿园教师专业对口率偏低，专业化水准不高。其专业结构直接决定着幼儿园教师的专业素质，也决定着某省乡村学前教育的质量。因而，提高乡村幼儿园的非学前教师的专业素质，迫在眉睫。

（5）乡村幼儿园教师的职称结构不合理。一方面，乡村幼儿园教师职称评定的名额有限、机会少，使得未获得职称教师所占比例较大，占总人数的63.2%。另一方面，乡村幼儿园教师取得职称的层次偏低，获得一级教师以上的人数仅占 4.02%，这也充分说明某省乡村幼儿园教师职称评定较为困难，晋升的空间有限。

二、内部驱动式专业发展路径现状

乡村幼儿园教师内部驱动式专业发展路径，是一种以教师自身为主体，实现其专业发展的路径，其中包括自发路径和内控路径，这两种路径各具特征。在自发的教师专业发展路径中，教师虽处于自发状态，但由于未意识到自身现有知识的欠缺，学习漫无目的，缺乏清晰的发展目标，导致自身的动力不足，其专业发展走向不清晰，未能科学地引领教师专业发展。相比之下，内控的教师专业发展强调结合每位教师的专业水平，并基于教师专业发展阶段理论，充分地结合教师自身需求，制定各自发展规划，来不断实现自我成长，是一种较为理想的教师专业发展路径，匮此，对该路径下的乡村幼儿园教师专业发展现状进行了深入调查。

乡村幼儿园教师专业发展必然要经历几个相似的阶段，如对学前专业的教师来说，在步入工作岗位前，需要在学校系统地学习教育学、心理学还有相关幼儿教育的各类专业知识，而非专业出身的教师要经过相关的岗前培训。教师步入工作后，要将所学的专业知识应用于教学实践活动中。在此期间，教师会发生一系列的蜕变。然而每位教师自身专业发展路径不尽相同，根据调查问卷及访谈结果整理如下：

（1）教师会进行反思，总结自己在教学实践中的心得体会，表 6-2 是对乡村幼儿园教师反思方式的统计结果。

表 6-2　　　　　　　　　乡村幼儿园教师的反思方式

题　项	数量（N）	百分比（%）
定期写学习总结	883	32.56
与同事交流	1871	68.99
写小论文	309	11.39
借助网络微博、日志形式	401	14.79
在头脑中想象，并没有记录	1744	64.31
其他	50	1.84

由表 6-2 可知，乡村幼儿园教师占主导的反思方式是与同事交流（68.99%），其次是"在头脑中想想，并没有记录"（64.31%）。32.56% 的教师反思方式是定期写学习总结，仅有 11.39% 的教师是写小论文。

某乡镇幼儿园 B 教师反映："我最近工作比较忙，上午带班和下午备课、写教案，下班后我还要参加教师教育网站的远程培训，学习一些师德师风、习近平新时代思想、现代信息技术、专业技能以及专业能力等课程，完成相应的作业，努力获得好的成绩，为自己以后的职称评定做准备，所以我没有太多的经历定期写学习总结，而且我也没有养成学习后写总结的习惯。但是，我很喜欢和同事交流，从中我学到了很多关于幼儿教学的经验；其次，由于时间和个人原因，很多时候我只是将学习过的内容在头脑中回顾一下，并没有落实成书面文字。除非是园里硬性要求教师要写总结，让我们在开会的时候分享，我这才去写学习总结。"

（2）教师会制定学习规划，取长补短，发掘自身潜能。为了解乡村幼儿园教师制定的学习规划内容，笔者进行了如下调查，如图 6-1 所示。

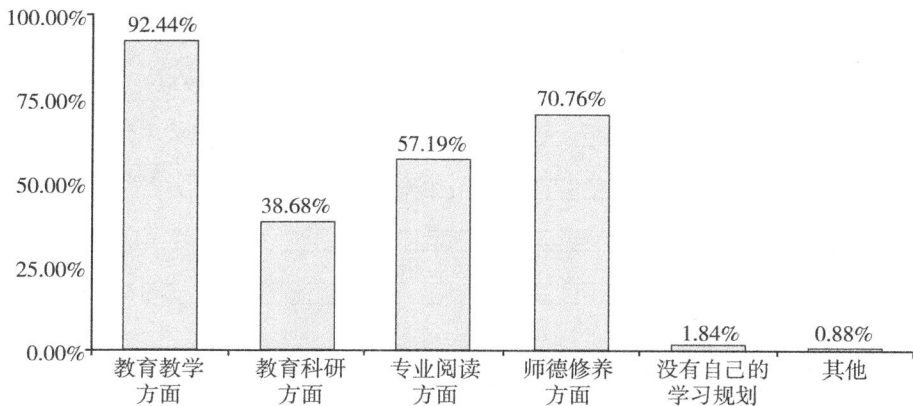

图 6-1　乡村幼儿园教师制定的学习规划内容

　　根据统计结果，发现在乡村幼儿园教师制定的学习规划内容中，教育教学方面所占比重最大，达到 92.44%；其次为师德修养方面，占至 70.76%；专业阅读方面，占至 57.19%；教育科研方面仅占 38.68%。此外，0.88% 的教师选择其他方面，例如：课程进修、撰写论文等，还有 1.84% 的教师没有制定学习规划。

　　在访谈当中，某村幼儿园 A 教师说道："我入职刚 1 年，教学经验十分欠缺，仍需不断学习专业知识，为此我制定了学习规划：首先，在教育教学方面，我将认真准备幼儿活动所需材料，多学习先进的教育理念，工作中积极与同事交流，认真写好教学反思。其次，在师德方面，我会遵守教育法规、师德规范。在专业阅读方面，每学期阅读一部教育专著，并撰写读书心得。关于教育科研，我希望可以参加园里的教研活动，提升科研能力。还有，我希望自考的本科可以顺利拿证。"

　　教师平时会阅读专业书籍，不断积累与自身专业相关的教育教学理论。调查得知，乡村幼儿园教师专业阅读的内容，如图 6-2 所示。

　　从图 6-2 可知，乡村幼儿园教师在对于专业阅读的内容选择中，"教育案例"所占比例最大，占 67.11%，其次是"教材或教辅用书"，大约占 65%。而把"课题研究方法"作为专业阅读内容的比例仅占 31.23%，还有 1.95% 的教师选择了"其他"内容，如诵古典诗词、国学经典和心灵成长类等读物。数据显示，大部分乡村幼儿园教师进行专业阅读的内容是以"教育案例"和

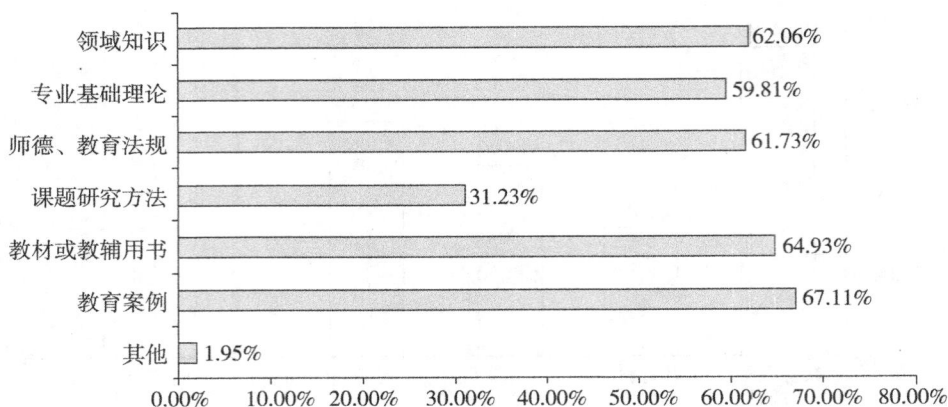

图 6-2　乡村幼儿园教师"专业阅读"内容

"教材或教辅用书"为主，对于教科研方面的阅读略有欠缺。

　　某村幼儿园 J 教师说道："我平时会看幼儿教育的期刊，通过阅读一个个生动的案例，学习到了如何高效组织教学活动的方法，这给我的教学工作带来许多帮助。由于园里不太重视科研，我也没有参与相关的科研活动，所以平时没有看科研方面的书。"

　　教师借助网络学习，从网上搜集适合自己的教学资源。随着互联网技术的发展，网络自主学习为乡村幼儿园教师开辟了一条新的成长路径。以下是对乡村幼儿园教师认为网络在线学习的优势及不足的调查，调查结果如图 6-3 和图6-4 所示。

　　调查显示：通过网络学习，31.08% 的教师完成了规定性的学习任务，89.01% 的教师以此来拓宽自身的专业知识，但在提升教师的科研能力方面仍需加强。网络学习这种新型的学习方式，给予了教师在线学习的机会，但现阶段也存在一些问题，如在网络课程内容方面，24.67% 的教师认为网络学习的课程不够完整，6.67% 的教师反映部分课程质量差，内容缺乏实用性；关于网络学习资源，36.47% 的教师指出可学习的课程资源种类少，22.35% 的教师希望学习到高质量的课程，但因学费过高而放弃；在网络学习成效方面，20.35% 的教师反映课程内容设置缺少课后练习环节，无法保证学习效率。可见，教师网络在线学习的资源和课程开发仍需进一步完善。

　　乡村幼儿园教师个人的理想信念、价值观、教学观以及个人经历都会对其

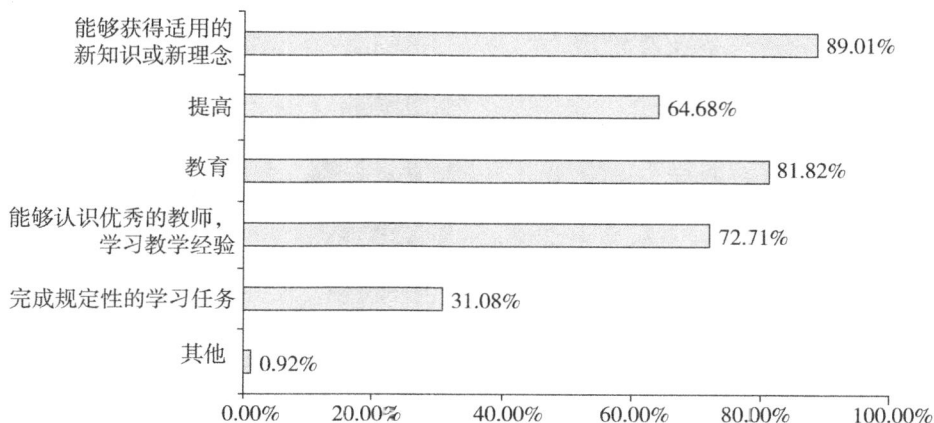

图 6-3 乡村幼儿园教师认为网络在线学习的优势

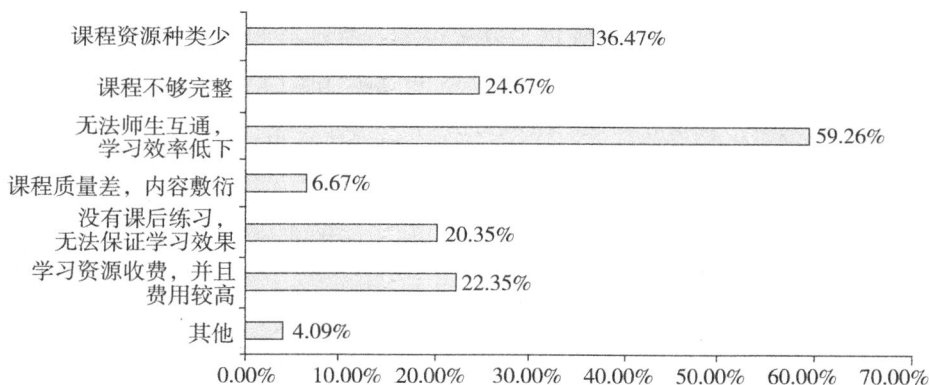

图 6-4 乡村幼儿园教师认为网络在线学习的不足

专业发展产生影响，再加上环境、管理等外部因素，每一个教师的发展路径或者成长的方式定然不会相同，不能说孰优孰劣，重要的是看教师是否能找到适合自身专业发展的有效路径。因此，在问卷中设有"您最喜欢的自主学习方式"的问题，其调查结果如图 6-5 所示。

如图 6-5 所示，42.92%的乡村幼儿园教师最喜欢的自主学习方式是专业阅读。在访谈中，某村幼儿园 I 教师说道："平时工作不忙时，我会根据自己的兴趣、工作的需要去看一些幼儿教育的相关书籍，或者我会根据幼儿教育的

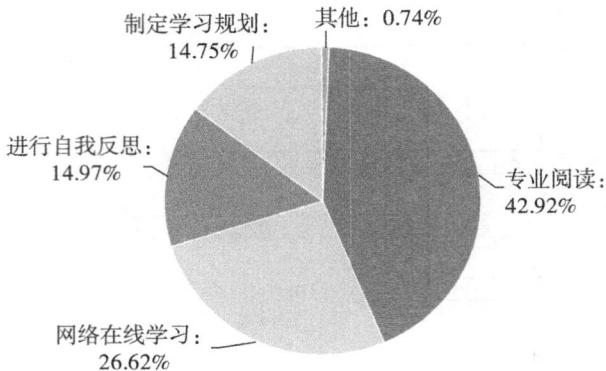

图 6-5　乡村幼儿园教师最喜欢的自主学习方式

网站及园里推荐的书目进行阅读。我所在的幼儿园每学期会鼓励教师读几本专业书，也会开展 1~2 次的教师读书分享活动，教师之间互相交流读书心得。我这段时间在读科恩写的《游戏力》，这本书让我明白了游戏对幼儿的重要性，也学习到了一些指导幼儿的游戏方法。"

三、外部驱动式专业发展路径现状

乡村幼儿园教师外部驱动式专业发展路径，是通过乡村幼儿园和教育行政部门制定一系列政策或改进培训教研模式，对教师施加影响，成为推动其专业发展的一种路径。乡村幼儿园教师的内驱力在专业发展历程中占主体地位，但乡村幼儿园与教育行政部门所提供的外驱力支持也同样重要，为其专业发展提供了不竭的动力。

（一）乡村幼儿园方面

乡村幼儿园促进教师专业发展路径，即以幼儿园为实施主体，旨在提高教师的专业素质，通过一系列教科研实践活动提升全园教师专业水平的模式，分为园内业务学习和外出学习活动。

1. 园内业务学习

园内业务学习对提升乡村幼儿园教师队伍素质至关重要，主要业务学习以园本培训和园本教研的方式开展，而园内其他业务学习主要有读书分享会、高校教师指导、早操评比、区域观摩、教师节特别活动等。

（1）园本培训。园本培训指以幼儿园为主体，由园长等相关负责人组织并实施，对园内教师进行专业技能、师德等方面的培训，成为幼儿园教师专业素质提升的重要路径。为此，从乡村幼儿园教师参加园本培训的频率、内容及其需求和培训存在的问题这几个方面出发，进行了深入的调查。

①乡村幼儿园教师参加园本培训的频率。由数据分析得出，仅有 4.24% 的乡村幼儿园教师从不参加园本培训，经常参与园本培训的教师有 53.6%，频率约为每月 2~3 次。26.98% 的教师偶尔参加园本培训，平均每学期参加 1~2 次，反映出乡村幼儿园教师整体接受园本培训的频率偏低（见图 6-6）。

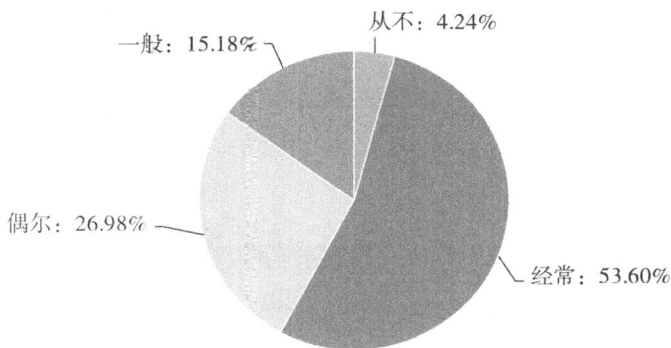

图 6-6　乡村幼儿园教师参加园本培训的频率

②乡村幼儿园教师参加园本培训的内容。园本培训以内容为载体，适宜的培训内容提高了乡村幼儿园教师参与培训的主动性，并实现其专业发展。为此，对乡村幼儿园教师园本培训的内容进行了调查，结果如图 6-7 所示。

由图 6-7 可知，乡村幼儿园非常注重教师教学能力的提高，约 72% 的教师参加过"学前教育专业技能""学前教育理论"的培训，51.66% 的教师参与过"儿童发展理论"的培训，以此来提高自身的工作技能，更好地开展园内教学工作。同时，乡村幼儿园也注重教师师德修养，占比达到了 64.86%，但对于教师的教育科研能力和法律意识培养较为忽视，还有 1.62% 的教师参加的多是教育辅导机构推销教材的培训，仅少数是以乡土资源为主题的特色课程培训，这不利于教师专业发展。

③乡村幼儿园教师参加园本培训的内容需求。为了使乡村幼儿园对教师的培训内容更具有针对性，特此调查了教师对园本培训的内容需求，结果如图

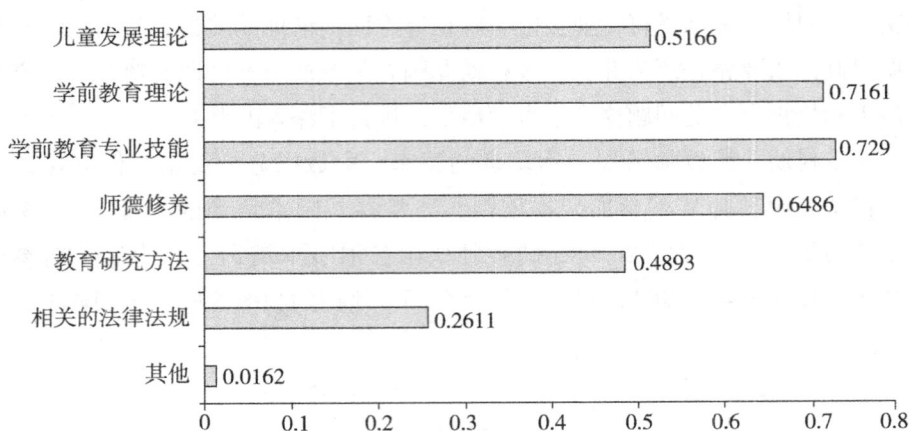

图 6-7 乡村幼儿园教师参加园本培训的内容

6-8 所示。

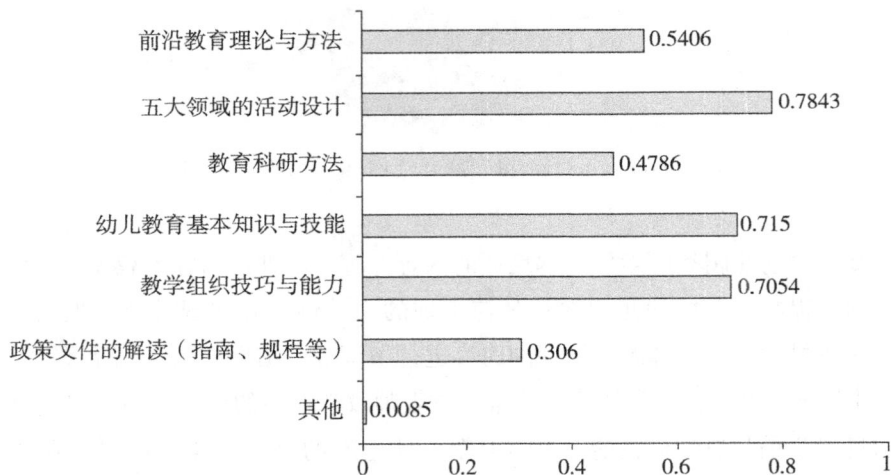

图 6-8 乡村幼儿园教师对园本培训的内容需求

通过数据分析，乡村幼儿园教师希望参加培训的内容首先是教育教学与专业技能方面的培训，以此来提高自身的教学能力。其次是前沿教育理念与方法占 54.06%，教师希望将先进的教育理论与实际工作相结合，反映了教师的教育理论基础比较薄弱。而教育科研方法占 47.86%，表明教师对该项目的培训需求较小。最后是政策文件的解读占 30.6%，由于制度类培训形式较单一，过程枯燥，因而教师缺乏对该项目学习的积极性。

④乡村幼儿园教师认为园本培训存在的问题。通过对乡村幼儿园教师关于园本培训评价的统计，发现 50.7% 的教师认为本园园本培训存在着问题，其调查结果如表 6-3 所示。

表 6-3　　　　　　　　乡村幼儿园教师认为园本培训存在的问题

题　项	数量（N）	百分比（%）
培训内容不实用	463	34.66
时间安排不合理	625	46.78
培训方式不够灵活	732	54.79
培训考核机制不合理	259	19.39
教师缺乏积极性	534	39.97
其他	63	4.72

以上数据表明，54.79% 的教师指出培训方式不够灵活、缺乏多样性，46.78% 的教师希望培训时间更加合理，约 40% 的教师认为需要提高教师的积极性，34.66% 的教师指出培训内容缺乏实用性，还有少数教师认为培训考核机制不合理、培训讲师单一等。

（2）园本教研。与园本培训不同，园本教研中的教师是真实的研究主体，处于主导地位，以教学实践中出现的实际问题为研究对象，是一种在实践过程中解决问题，最后又回到实践中指导、改进教师保教行为的教研活动，旨在通过反思研修、同伴互助、专业引领促进教师专业发展。关于园本教研，据某村 K 园长介绍，"我们这是一所小学附属幼儿园，园里只能是在每学期末组织一次教研活动。园里招收幼儿数量少，再加上仅有两位老师，就把小班和中班的十几个孩子合并在一个班。园里这两位老师各自带一个班，由于没有保育老师，只能是一个人完成教学和保育工作，根本没时间参加教研，只能是在开展教学活动前简单写一下活动设计"。

为了更深入了解乡村幼儿园的园本教研现状，对乡村幼儿园教师关于园本教研的认识和参加园本教研的内容、目的、收获以及培训存在的问题这些方面进行了调查。

①乡村幼儿园教师对园本教研的认识（见图 6-9）。尽管近年来教研的概念广为人知，但仍有 6.01% 的教师对"园本教研"完全不了解，大多数教师对园本教研的认识还处于初级阶段，只有 11.32% 的教师对园本教研非常了解，这些教师多是教研活动中的领导者、骨干教师。乡村幼儿园教师要想有效地参与园本教研，就必须要充分了解园本教研的概念、内容、方式方法、实施策略等相关知识。

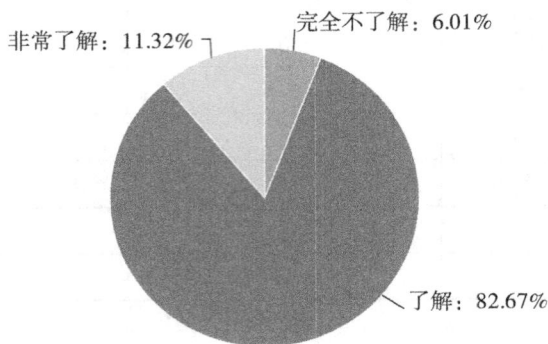

图 6-9 乡村幼儿园教师对园本教研的认识

②乡村幼儿园教师参加园本教研的内容。调查结果如表 6-4 所示，当前乡村幼儿园教研的重心是研究、讨论教学活动中的问题，其被选频次为 62.54%，学习如何备课的被选频次为 60.66%，学习幼教文章、纲要为 58.19%，制定园本特色课程被选的频次为 55.24%。可见乡村幼儿园的教研活动不够深入，仅停留在简单的交流、讨论教学问题、学习教法等方面，不能形成明确的成果以指导幼儿教育。

表 6-4　　　　　　　　　　乡村幼儿园教师参加园本教研的内容

题　项	数量（N）	百分比（%）
如何备课	1645	60.66
学习幼教文章、纲要	1578	58.19
制定园本特色课程	1498	55.24

题　项	数量（N）	百分比（%）
研究讨论教学活动中的问题	1696	62.54
其他	44	1.62

③乡村幼儿园教师参加园本教研的目的。由图 6-10 可知，乡村幼儿园教师参加园本教研以"提高教育教学能力""促进与其他教师交流""适应幼儿教育现实需求"作为教研目的的比例分别为 91.15%、70.43%、66.15%。相对而言，"学习写论文或评职称项"与"幼儿园的规定"选项所占比例较低。可以看出，乡村幼儿园教师重视园本教研的实用性，期待以此来提高教学质量、促进同事间的交流。

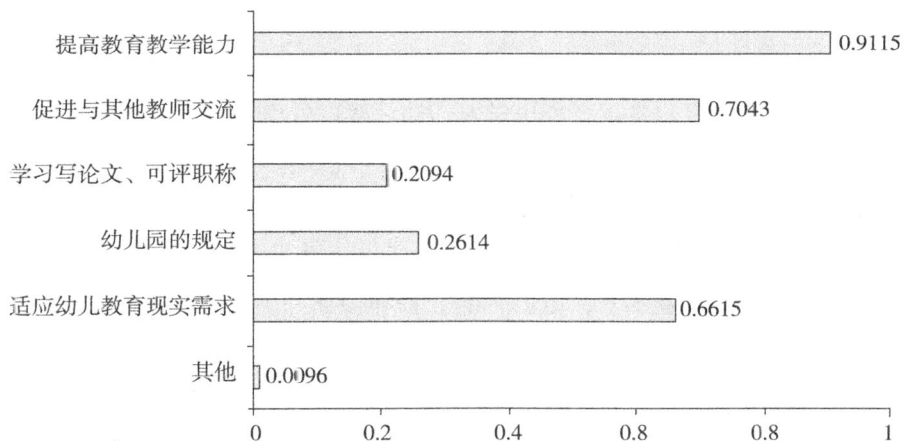

图 6-10　乡村幼儿园教师参加园本教研的目的

④乡村幼儿园教师认为园本教研存在的问题，具体如表 6-5 所示。经调查发现，仅有 48.5% 的教师参加过本园的课题研究，其中约 78% 的教师认为通过教研，改进了教育教学观念，解决了教育教学中的问题，提升了专业能力并实现了自我价值，仅有 3.04% 的教师认为没有实质性的帮助，这说明园本教研是推进教师专业发展的重要路径。但是，54.1% 的乡村幼儿园教师认为园里开展的教研活动存在问题。从表 6-5 可以看出，"缺乏专业理论工作者的指导"

成为乡村幼儿园进行教研活动的最大困难，而选择"幼儿园科研资料、设备缺乏"和"教学任务繁重"项的频次高于"缺乏科研意识和能力""缺乏领导和政策支持"。

表6-5　　　　　　　　乡村幼儿园教师认为园本教研存在的问题

题　项	数量（N）	百分比（%）
教学任务繁重	771	61.83
缺乏领导和政策的支持	293	23.50
缺乏专业理论工作者的指导	830	66.56
缺乏科研意识和能力	511	40.98
幼儿园科研资料、设备缺乏	777	62.31
其他	21	1.68

2. 外出学习活动

通过整理访谈资料发现，外出学习活动主要以外出观摩、培训为主，即乡村幼儿园组织园内教师参加有计划、有目的学习活动。

乡村幼儿园教师参加外出培训的目的将直接影响其最终效果。调查显示，86.45%的教师想通过外出培训来提高综合素质，说明大部分教师意识到要通过外出培训来提升专业水平，但仍有部分教师参加外出培训并不是出于自愿，而是由于某些外在原因，如评定职称的需要、完成上级规定任务等。

某乡 M 园长谈道，"老师们平时因为上课没时间出去，再加上园里经费有限，采用轮流的外出制度，外出的机会就更少了，每次外出的也才有一两个。那些出去的老师们回来后会结合一些视频、PPT 或者拍的照片等给大家进行二次培训，但由于外派老师的自身水平和理解能力有限，最终培训的效果并不是非常理想。"

某村 G 老师回忆起自己外出的培训经历时，仍历历在目："去年 5 月的时候，我观摩了一节应彩云老师的大班绘本课《你的名字》，给我的专业发展带来了很大帮助。比如，我绘本的教学方式发生了转变。以前我只是单纯给小朋友讲绘本的故事内容，让小朋友自己欣赏绘本图片。通过这次学习后，我给班里孩子讲《肥皂泡泡》绘本故事时，先播放《我爱洗澡》的音乐，让孩子们通过歌词知道洗澡的顺序，然后一边跟着音乐一边做动作，并能自己说出来洗澡的顺序。"

可见，乡村幼儿园教师希望外出培训，哪怕是短暂的交流学习也会收获巨大，但由于时间、经费等原因，他们很难有机会外出学习。

对乡村幼儿园教师外出培训内容的调查显示，在经历过外出培训的乡村幼儿园教师中，参加过"幼师专业理论知识"培训的教师占比最大，达到80.42%。其次为"实践技能""教材教法"培训，分别占55.79%、51.29%，而"师德教育""现代技术教育"培训占比较小，另外还有1.95%的教师参加过其他培训，如家园共育、礼仪培训等。总的来说，乡村幼儿园教师参加外出培训的内容以幼教专业理论知识和教材教法培训为主，涉及实践技能和现代技术教育方面的培训较少。

乡村幼儿园教师参加外出学习以讲授式培训为主，主要是校外专家教师的主题讲座或经验分享。对乡村幼儿园教师期待参加专题讲座的内容进行调查，得知"幼教专业理论知识"被选的频次最高，占69.4%，"实践技能"被选频次占64.71%，"家园互动、人际关系"所选占比为62.57%，"教材教法"和"现代技术教育"分别为57.74%、49.52%，"德育教育"最低仅为39.31%。综上可知，目前的培训内容与乡村幼儿园教师所期望的培训内容还有很大差距，说明教师的外出培训内容缺乏针对性，内容质量方面也有待提高。

访谈发现，乡村幼儿园教师更倾向于外出培训的方式是参观观摩式。相对于讲授式培训而言，参观观摩式的学习氛围更加轻松，而且更加直观形象。教师通过观摩其他优秀教师的教学活动，来指导自己以后的教学工作。高效的园际交流可以推动乡村幼儿园教师专业发展，可以弥补"请进来，送出去"培训的不足，为乡村幼儿园教师学习先进的幼教理念提供条件。

某乡公立园 H 老师讲道："园里教师人数少、年龄结构偏大、教学水平不高，所以我们都挺渴望能外出学习，而园里每学期组织的园际交流平均每人只能参加一次，但每个人收获依然很多。比如在对《好饿的毛毛虫》绘本故事的处理上，之前我只是单纯地给孩子们讲述这个故事，而现在我会带孩子们一起搜集道具，让孩子们以舞台剧的形式将故事表演出来。在活动结束后，我会对道具进行整理并投放到表演区，使其成为幼儿日后自主游戏的玩具材料。"

如图6-11所示，针对"您园与本乡镇其他幼儿园之间有没有经常进行相互观摩和交流活动"这项调查问题上，6.31%的教师反映其所在园没有组织

过，72.82%的教师每学期能参加1~2次，而能经常参加园际交流的教师仅占
20.87%，这说明乡村幼儿园之间缺乏沟通交流，教师参加园际交流的机会少。
在此基础上，笔者就乡村幼儿园园际交流的方式对参加园际交流的教师进行了
调查，具体如图6-12所示。

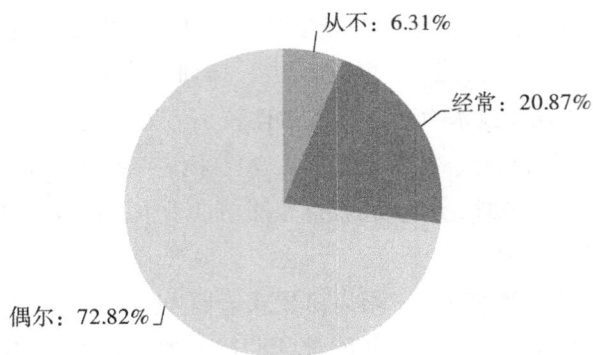

图 6-11　乡村幼儿园教师参加园际交流的频率

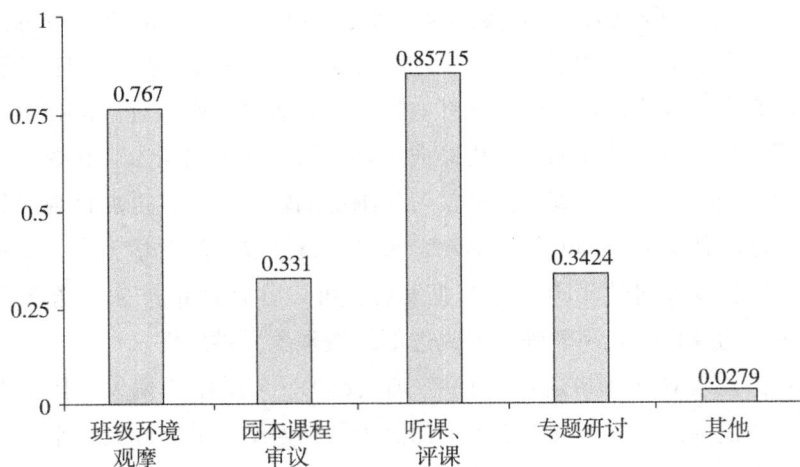

图 6-12　乡村幼儿园组织的园际交流形式

其中，"听课、评课""班级环境观摩"是乡村幼儿园进行园际交流的主
要形式，以"专题研讨""园本课程审议"形式开展的较少。由访谈得知，多
数园长确定园际交流的对象只是凭借"主观意愿、就近选择"，自主结对并随

机进行交流活动，并没有依据园所发展规划与教师发展需求建立"结对姐妹园"，导致乡村幼儿园之间的交流活动形式过于单一，评课、议课往往是"蜻蜓点水、走马观花"，研究专题流失情况普遍。

（二）教育行政部门方面

教育行政部门促进乡村幼儿园教师专业发展路径，即以教育行政部门为实施主体，为该辖区内幼儿园制定政策、提供资源、进行督导，通过开展继续教育培训，提升教师专业化水平。调查发现，87.3%的乡村幼儿园教师参与过教育行政部门组织的继续教育培训，其中61.1%的教师认为其对自身的专业发展有很大帮助。经查阅资料和整理访谈结果，了解到教育行政部门促进乡村幼儿园教师专业发展有以下路径：

1. 学历培训

依托地方高校，鼓励教师参加的幼师专业学历培训是中部某省乡村幼儿园教师专业发展路径之一。教师利用函授、自考等形式参加地方高校组织的专业学历培训，以弥补不能经常外出学习的遗憾，从而提高自身的理论与实践水平。表6-6是对乡村幼儿园教师希望提升到相应学历层次的调查。

表6-6　　　　　　　　乡村幼儿园教师希望参加的学历培训

题　　项	数量（N）	百分比（%）
专科	800	29.50
本科	1579	58.22
在职研究生	138	5.09
其他	195	7.19

由表6-6可知，教师提升学历的意愿比较强烈，希望将学历提升至"专科""本科""在职研究生"的教师分别占29.5%、58.22%、5.09%，表明学历也是影响教师专业发展的重要因素。

2. 送教下乡培训

教育行政部门组织省市、区县优秀培训团队，联合高等院校专家，为乡村幼儿园教师提供了高质量的教育培训，如"国培计划（2019）——某省乡村幼儿园教师送教下乡培训"，重点提高项目县的教师对幼儿观察与指导的知识技能，把保教融入幼儿一日生活，提高保教能力，具体有现场诊断、课例示范、实践指导等方式。送教下乡活动推动了教师培训模式的不断创新，带动了乡村教师园本研修的发展。

3. 网络研修整合

教育行政部门通过教师网络研修培训机构，对所在县区幼儿园教师进行多种形式的远程在线培训，帮助乡村幼儿园教师实现专业发展。如"国培计划（2019）——某省乡村幼儿园教师工作坊研修"，依托教师网络研修社区，对项目县幼儿园教师进行不少于 110 学时的混合式培训，包括线上网络研修 80 学时，线下园本研修 30 学时。教师线上采取"必修+选修"课程的学习模式，除了学习规定的课程外，还可以依据自身需求进行针对性的学习。教师需要按时完成课程作业，获得一定的继续教育学分，通过考核后会颁发相关培训证书。

4. 置换脱产研修

乡村幼儿园教师培训团队置换脱产研修项目由市县级教师发展中心、国培远程培训机构、高等学校和幼儿园共同承办。如"国培计划（2016）——某省乡村幼儿园教师培训团队置换脱产研修项目"，培训方式主要包括院校集中研修、县级教师发展中心以及幼儿园影子教师跟岗实践、课题研究、参与体验、返岗培训实践等。置换脱产研修项目有效提高了教师的理论、实践水平和教学能力，推动乡村幼儿园教师专业发展。

5. 课程进修

教育行政部门组织各种形式的课程进修，即以高等院校或教育机构为基地，对乡村幼儿园"三保"人员、管理者及教师进行相关的课程培训。如某省国培计划（2019）"乡村幼儿园教师保教能力提升培训者研修""乡村幼儿园园长办园能力提升""乡村幼儿园骨干教师培训"等。以下是对乡村幼儿园教师参加课程进修现状的统计，结果如图 6-13 所示。

根据调查结果可知，在乡村幼儿园教师参加的课程进修类别比例中，专业理论知识与专业实践能力所占比例较大，其次为师德修养与专实践操作，而自我反思与专业发展占比最小。可见，教育行政部门偏重教师专业知识和实践能力的培养，在理论学习贯穿教师实践操作活动较少，缺少自我反思与专业发展方面的课程培训。

6. 教学研讨

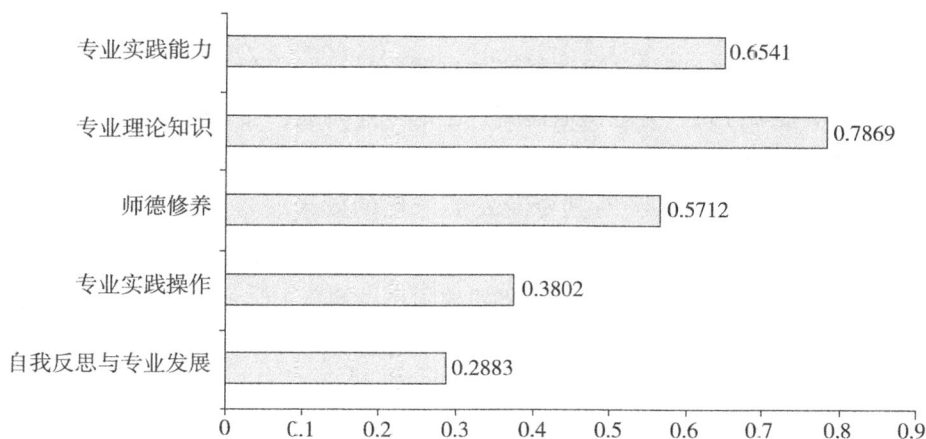

图 6-13　乡村幼儿园教师参加的课程进修类别

教育行政部门组织辖区内的幼儿园教师开展主题性的研究讨论，拓宽其教学研究视野。对乡村幼儿园教师来说，缺少专业发展平台。数据表明，仅有30.94%的乡村幼儿园教师参加过教育行政部门组织的学术会议，其中几乎很少有教师参加过高水平的学术会议。

从以上具体的路径来看，教育行政部门重视乡村幼儿园教师的专业发展，并将乡村幼儿园教师所获得继续教育学分作为定职晋职的硬性指标，甚至达到"一票否决"的程度。

第二节　制约农村幼儿园专业发展的原因

在推动乡村幼儿园教师专业发展中，内、外部驱动式路径凸显的作用各有侧重，但各自优势并没有在实践中完全发挥出来。内、外部驱动式路径的实施主体之间彼此孤立、各自为政，致使现有路径中部分路径功能重合、部分路径功能缺失，其结果事倍功半。由此导致幼儿园教师专业发展路径看起来五花八门，但教师个体的专业发展却不尽如人意。为此，运用教师专业发展理论，为乡村幼儿园教师专业发展提供有效路径导向，从教师个体、乡村幼儿园、教育行政部门方面分析该专业发展现状，从而深入地了解乡村幼儿园教师专业发展路径。

一、内驱路径：乡村幼儿园教师自主学习主动性受制约

乡村幼儿园教师通过自主选择诸如自我反思、制定学习规划、专业阅读、网络在线学习等方式，有意识地提高自己的专业素质，实现自身的专业发展。可见，自主学习对于促进教师的专业成长至关重要。经过调查得知，乡村幼儿园教师认为自主学习路径对其专业发展产生的效果非常明显，得分均值是4.1，说明乡村幼儿园教师比较喜欢自主学习的专业发展路径。然而这种喜欢很难付诸实践，究其原因有许多，比如教师自身的自主学习意识及学习动机不强烈，教师的学习时间不充足等。

（一）教师自主学习意识淡薄

通过调查得知，乡村幼儿园教师最高学历以专科为主，其中所学专业59.29%为非学前教育，整体专业素质较低。42.81%的乡村幼儿园教师制定的学习规划内容未涉及专业阅读方面，没有意识到自主学习对自身专业发展的必要性，缺乏自主学习意识。自主学习意识是教师自身实现专业发展的根本，乡村幼儿园教师要想提高自身专业素质，就需要养成自主学习的习惯。

目前，一方面，自主学习不是乡村幼儿园教师的日常必需，仅为一种工具性的临时需要。教师的学习规划内容不均衡，专业阅读内容以"教育案例""教材或教辅用书"为主，侧重教育教学技能，只为满足日常教学需要。另一方面，在访谈中了解到，乡村幼儿园教师的工资待遇不高，导致教师缺乏工作热情。教师觉得自身现有的专业知识足够完成日常教学任务，即便是遇到问题，一般也是询问同事或者上网搜索，就不想再浪费时间和精力去学习相关的知识技能。此外，教师的自我反思意识仍需加强。数据表明，64.31%的乡村幼儿园教师的反思方式是"在头脑中想想，并没有记录"，这说明教师反思不够深入，缺少总结记录，反思结果不清晰，体现出教师对自我反思不够重视，未意识到自身水平不足，所以自主学习意识较为薄弱。

（二）教师自主学习时间欠缺

时间是学习的保障，没有时间，何谈学习？然而乡村幼儿园教师工作繁忙，自主学习时间得不到保障。在访谈中问及教师是否有固定的时间来自主学习，比如读书、定期写学习总结等，几乎所有被访谈的教师都回答说没有，即便是有，也是为了应付完成园里规定的任务。大多数老师以"自己忙着班级环境的创设，写活动计划、活动反思，下班后还要忙着给家长反馈信息和照顾

家里，没有太多时间和精力学习""园里组织各种活动，如团建活动占据了空余学习时间"等此类回答来解释自身缺少自主学习时间的原因。

总体看来，教师缺乏时间和精力实现自主学习的原因主要有三点：一是幼儿园教师的教学工作比较繁忙，各种幼儿园事务占据了教师大部分时间和精力，致使其学习时间无法得到保障；二是部分幼儿园教师不善于时间管理，自制力欠缺，不能根据自身需求科学安排最佳学习时间，对时间的整体把控性不强，无法保证学习任务按时完成和已定计划的顺利执行；三是其职业角色和社会角色之间存在冲突，幼儿园教师不单是需要学习进步的教师，同时在家庭生活中扮演着子女、丈夫或妻子、父母等不同的角色，各种社会角色都会分散幼儿园教师学习的精力。

二、外驱路径：难以满足乡村幼儿园教师专业发展需求

为提升乡村幼儿园教师队伍的水平，各级教育行政部门和幼儿园采取了一系列的措施，推动教师专业发展，提升乡村学前教育质量。这些措施多是通过行政主导、指标考核等外部驱动的方式控制教师专业发展方向，教师处于被动状态，因而并不能考虑到每一位教师的特点和实际需求。

（一）乡村幼儿园缺乏对教师专业发展的关注

乡村幼儿园教师大多数时间是在幼儿园度过的，所以幼儿园是促进教师专业发展的主要场域，其所提供的外部驱动式专业发展路径对教师专业发展作用巨大。据调查统计，乡村幼儿园教师认为园本培训和园本教研对其专业发展产生的效果较好，得分均值是 4.03。但教师的反映和实际情况显示，乡村幼儿园对教师专业发展的关注不够，在推动其专业发展过程中还有着一些不足之处。

1. 园内业务学习难以实现常态化

就园内业务学习频率而言，46.4%的乡村幼儿园教师每月参与园本培训的频次不足2次，而参与园本教研的频次更是少之又少，致使高达83%的乡村幼儿园教师对园本教研的了解处于初级阶段，间接反映出园内组织的业务学习无规律可言，缺乏明确的园本研修制度。这使得园内组织的学习计划与目标不清晰，培训内容缺乏针对性，虽然约72%的乡村幼儿园教师参与了"学前教育专业技能""学前教育理论"的培训，但仍有一定比例的教师需要教育教学和专业技能方面的培训，这体现出了培训工作效果不理想，园本培训趋于形式

化，难以推动教师专业发展的问题。

结合访谈与查阅相关资料，出现上述问题的原因有两点：一是乡村幼儿园教师队伍构成成分特殊，整体教师的专业素质不高，缺乏高校教师、教研员、幼儿园骨干教师的专业引领。幼儿园教师工作的对象、目标以及内容的特殊性决定了其较强的专业性，但由于在当前乡村幼儿园教师队伍中，大部分是来自其他学校教育阶段转岗教师和自聘教师，这些教师的专业背景并非学前教育，其专业水平有待提高。一小部分乡村幼儿园虽有教育专家入园指导研究课题，但专家只是对某课题的研究节点进行指导，不能准确把握该课题的研究进度，不能针对其存在的问题，提出实质性的对策建议。这种入园指导约为半年一次，培训内容多为"大而空的理论"，教师在教学中应用不到，只有在写结题报告的时候才能用得上，专家指导效果并不理想。

二是乡村幼儿园师生比例严重失衡，多为保教合一。繁重的教学任务使得教师缺乏时间和精力参与园内业务学习。乡村以小规模幼儿园为主，班级少，一般一个年龄段一个班。有的幼儿数量少，混龄教学总共也就1~2个班。这导致乡村幼儿园的班级人数严重超标，幼儿园教师的工作负担很重，再加上教师人数少，人均承担的教育和保育等各项工作繁重，这严重阻碍了教师的园本教研。另外，乡村幼儿园缺乏专业理论工作者的指导以及硬件设备、教研资料，不利于乡村幼儿园教师科研意识和能力培养。而且乡村幼儿园教师年龄结构的不平衡，减弱了幼儿园的学习氛围。近年来，乡村小规模幼儿园教师的年龄结构跨度较大，"两极现象"严重，以至于在教师专业发展上，出现了"老教师不想动，年轻教师没人带"的现象，新教师在碰到教学难题时找不到寻求帮助的对象。再者，乡村幼儿园也很少组织专家指导和园际之间的交流，教师缺乏学习动力、专业发展全凭自觉。

2. 外出学习与教师意愿契合度低

幼儿园组织的外出学习活动可以使教师获取最新的教育资讯，但乡村幼儿园的教师很少有机会外出学习。86.45%的乡村幼儿园教师希望通过外出学习来提升自己的综合素质，外出学习意愿尤为强烈。69.21%的教师认为机会不多是影响乡村幼儿园教师外出学习活动的主要因素，学习机会的缺乏极其不利于教师的专业发展；46%的教师认为幼儿园对教师外出学习缺少资金方面的支持，以至外出名额稀少，更没有去北上广这些发达地区外出学习的机会，这大大限制了教师的成长进步；57.41%的教师认为工作太忙、精力不足影响了教师外出学习活动，由于每天工作繁忙，忙着班级环境的创设，写活动计划、活动反思，导致教师没有太多的精力放到学习上。幼儿园对于一些系统的培训课程，采用教师轮流学习的形式，使得教师学习的内容呈现碎片化，学习趋于形式及氛围不佳，减缓了教师专业成长的进程。

调查显示，外出学习活动忽略了乡村幼儿园教师的实际需求，没有根据教师所处的发展阶段、专业水平提供相应的学习培训，使得外出学习内容质量不高、实用性低。如某些对乡村普通园教师培训的蒙台梭利课程，由于园所没有相关的蒙台梭利教具，教师学习回来后"无用武之地"。另外，乡村幼儿园的外出学习侧重于对幼教专业理论知识和实践技能、教学法的培训，忽略了其他方面。有62.57%的教师期待外出学习的内容为家园互动、人际关系，49.52%的教师想要学习现代技术教育。培训内容缺乏针对性，使得幼儿园教师对外出学习缺乏热情，仅为完成领导任务，达不到理想效果。

乡村幼儿园教师外出学习主要是集中培训，培训方式多为讲授式，学习形式较为单一，缺乏多样性。乡村幼儿园教师较为喜欢观摩式培训，然而，由于乡村幼儿园开展园际交流的开销较大，给园里带来较大负担，而且乡村幼儿园师资紧张，外出交流学习会阻碍正常的教学工作。如果外出学习的时间安排在教师的业余时间，则会打击教师参加的积极性。再加上交流形式以听课、评课与班级环境观摩为主，学习不够深入，满足不了其专业发展需求。

（二）教育行政部门对乡村幼儿园教师的继续教育不足

教育行政部门对乡村幼儿园教师的继续教育是促进其专业发展的外部驱动力量，是提高幼儿园教师整体专业水平的必要路径。教育行政部门花费了大量的财力、物力对乡村幼儿园教师进行继续教育，但收效甚微。从现状来看，乡村幼儿园教师参加继续教育基本上是非自愿的，由于完成规定学时关系到教师的定职晋职，多数乡村幼儿园教师参与培训只是流于形式，很难学到真正的东西。

1. 教师网络研修实际效果不理想

先进的互联网技术为乡村幼儿园教师的专业发展提供了更为便捷的路径。网络研修在一定程度上弥补了乡村与城市教师发展环境之间的差距，为乡村幼儿园教师发展提供便利，使一切目标的实现变为可能。在21世纪的今天，信息技术迅速发展，广大教师通过研修网参与国培计划势在必行。以网络为媒介的新型培训模式可以有效促进乡村幼儿园教师的继续教育发展，但考虑到网络自身和乡村幼儿园教师特质方面的影响，该研修方式也存在一些问题。

调查显示，仅有 25.7% 的乡村幼儿园教师认为网络在线学习在促进自身专业发展方面效果很好，绝大多数教师认为其实际效果不理想。原因主要有以下几点：

第一，乡村幼儿园教师对网络学习缺乏热情。网络学习要求乡村幼儿园教师具有较强的自律意识，教育行政部门为了使网络学习发挥积极效应，规定教师必须完成一定的学时与学分，但这种善意的督促逐渐演变成为一种硬性的要求。31.08% 的乡村幼儿园教师反映参与网络研修是以完成规定性任务、获得相应继续教育学分为目的的。教师的学习热情也由最开始的激情满怀渐渐变为后来的消极懈怠，致使教师对培训目标不清晰，线上学习时自由散漫。

第二，硬件设施缺乏阻碍乡村幼儿园教师的网络学习。受经济和科技发展等因素的制约，乡村地区的互联网发展程度远远赶不上城市，而且乡村幼儿园教师的自身能力和专业素质存在着较大差异，使得我国通过互联网对乡村幼儿园教师开展继续教育工作还面临许多问题。通过访谈发现，由于乡村幼儿园缺少现代教学设备，多数乡村幼儿园教师仍运用传统方式教学，很少接触网络，导致网络操作技能较差，不能灵活运用网络资源来提升自己的专业能力，学习起来比较吃力，时间一长便对参加继续教育培训失去了学习信心。

在访谈中还了解到，在信息化发达的今天，许多乡村幼儿园教师还接触不到工作坊研修学习，很少参与以乡镇幼儿园为基地开展的线上或线下的工作坊研修学习。乡村幼儿园教师徘徊在信息化时代的边缘，这无疑延缓了其专业成长进程。

第三，网络研修活动设计缺乏科学性、针对性。网络平台的研修活动主要是按照中部乡村幼儿园教师专业成长总体水平统一设置的，主要包含送教下乡、置换脱产、课程进修等几大类。而且线上研修活动并不是根据每个教师的具体情况设置的，设置前也没有进行充分细致的前期调研，研修活动结束后没有对其进行持续的跟踪调研，致使网络研修存在课程内容质量不高、课程体系不完整、缺乏实用性以及课程资源种类少等问题，影响了乡村幼儿园教师网络研修的学习效果。

2. 线下继续教育培训制度不完善

目前，我国在法律法规方面很少有涉及乡村幼儿园教师继续教育的，这使得教育管理人员和幼儿园教师在实际工作中无法可依。可见，我国关于乡村幼儿园教师继续教育方面的法律建设还有待完善。在促进乡村学前教育发展的政策方面，我国要求继续促进公办幼儿园的发展，并扶持民办幼儿园，但"国培计划"却重点针对公办园，忽略了大部分的民办园，民办园想要参加需要自费。许多民办园由于经费问题，尽可能地减少教师培训的频次和名额，乡村民办园参加外出培训的现状不容乐观，即便有机会外出参加国培，频率也是非常低的。幼儿园由于性质不同，在继续教育方面有着各自的需求，而教育行政部门对乡村不同性质幼儿园的教师继续教育缺乏针对性。

由于教育行政部门经费投入不足，乡村幼儿园教师参与培训的名额受限、机会少且不均衡。调查发现，诸多乡村幼儿园每学年都获得不了 1 个名额，以至教师参与培训的频次低，大多数教师入职以来仅参与过 1~2 次的外出培训，有的民办园教师从未参加过。此外，促进乡村幼儿园教师专业发展的平台很少，参加教育行政部门组织的学术会议的乡村幼儿园教师仅占 30.94%，几乎很少有教师参加过高水平的学术会议。由于各地教育行政部门的重视程度和经济发展水平的不同，当地的幼儿园教师参与培训的机会也各不一样。领导重视的地区，教师有更多的机会参与培训，反之就少。同一区域，教育行政部门对公办园扶持较多，使得其教师参与培训的机会要高于民办园。乡村幼儿园教师参加继续教育机会有限、不均衡是继续教育培训不连贯、效果不佳的重要原因。

中部某省在 2019 年开展的国家级以及省级国培项目，对参训的教师主要采用终结性评价方式。例如属于长期培训的"某省乡村幼儿园骨干教师培训项目"，培训方式分为讲座、跟岗实践研修和远程协同三部分，学员只要保证出勤，按要求完成相关任务，就可以拿到结业证书。这种考核方式缺乏科学性、合理性，忽略了学员在培训中的表现，监管制度有待完善。

第三节　农村幼儿教师专业发展的建议

在对农村幼儿园教师专业发展路径问题分析的基础上，运用教师专业发展理论为其专业成长提供一个正确的方向。面对专业发展上的困难，多数乡村幼儿园教师力不从心。无论是自身内部驱动式专业发展路径，还是促进乡村幼儿园教师专业发展的外部驱动式路径，都存在着或多或少的问题。促进学前教育改革，乡村幼儿园教师的专业发展是其关键环节，针对专业发展中的诸多问题，可以从以下方面着手解决：

一、内驱路径：营造学习文化，拓宽教师自主学习路径

乡村幼儿园教师在教学实践中处于主导地位，需要不断补充自己。要想成为专家型教师，就必须拥有超强的自主学习能力和学习意识。良好的自主学习习惯对于乡村幼儿园教师来说，尤为重要。教师可以通过多种形式开展自主学习，来提升自己的专业能力。教师自主学习能力与其自主发展意识密切相关，良好的幼儿园学习文化可以有效激发教师自主发展的意识。因此，针对中部某省乡村幼儿园教师自主学习过程中所遇到的问题，拓宽教师自主学习的路径是十分必要的。乡村幼儿园要营造学习文化，为实现教师自主发展创设浓厚的学习氛围。

（一）制定个性化学习规划，激发其自主学习动机

良好的职业规划可以更好地实现教师专业发展，并为教师提供动力和方向。专业发展规划，即教师运用教师专业发展理论，在分析自身专业发展现状的基础上，依照《专业标准》并考虑自身需求而制定的促进其专业发展的详细方案。由于乡村幼儿园教师在背景、知识与能力、专业发展阶段以及其自身的优势、劣势等方面具有很大的差异，使得制定职业发展规划是需要教师自己解决的事情。乡村幼儿园虽然不能对教师的专业发展进行统一的规划，但可以从旁协助，为教师制定自己的发展规划提供便捷。比如为每位教师准备一个职业规划袋，用来装教师自己制定的纸质版个人发展规划，规划分为短期、中期、远期。起初规划袋只能由教师本人和管理者查看，管理者与教师进行定期交流，以了解教师的实施情况，从而更好地帮助教师发现问题并及时调整规划，直至教师养成发展的自觉性。然后，管理者便可以把规划袋集中放置在教师的办公室，教师根据自己的意愿决定是否公开发展规划。

（二）搭建学习平台，吸引教师主动学习与阅读

乡村幼儿园教师每天忙于各种教学和幼儿园其他事务，再加上封闭的乡村环境，生活与工作较为单调，容易出现身体忙碌而精神空虚的情况，致使教师对专业发展没有积极性，产生职业怠倦感。"携书如历三千世、无书唯度一平生"，读书对于乡村幼儿园教师来说不仅可以充实生活和精神世界，还可以提高自己的教学水平，可见阅读对其专业发展尤为重要。乡村幼儿园教师认为专业阅读对其专业发展产生的效果较好，得分均值是 4.03，42.92% 的教师喜欢

通过专业阅读来实现自主学习。所以，完善学习平台建设是推动乡村幼儿园教师的有效路径。结合教师的自我发展规划，乡村幼儿园为教师创建良好的学习平台，激发教师的读书兴趣，帮助教师形成正确的学习阅读习惯。

首先乡村幼儿园要加强园内图书室建设，为教师创造舒适的阅读学习环境，设立开放式的书架，以便教师可以根据自己的时间、兴趣自主借阅。另外，乡村幼儿园应加强教师现代技术教育，让教师熟练掌握相关操作技能，充分发挥网络优质在线学习资源的作用，吸引教师主动学习。其次，乡村幼儿园应定期向教师推荐一些合适的专业书刊，由浅入深，引导教师的专业发展，避免多走弯路。推荐的书籍要体现出多样化，案例型、经验型、分析型等多种书籍都要涉及。对于图书室暂时缺少的书籍，要鼓励教师主动寻找资源或购买。通过鼓励教师阅读的方式来弥补教师不能经常外出培训的缺憾，使教师可以接触最新的教育理念和专业知识，还可以定期评出"模范读者"，以此保持教师的阅读热情。最后，乡村幼儿园可以定期组织读书沙龙活动，让教师通过和同事交流分享加深对知识的理解并可以灵活运用。

（三）鼓励教师写作，增强其反思与创造能力

幼儿园教师岗位具有专业性，其专业成长具有复杂性，这要求教师要不断地通过自主学习与自我反思，实现自我成长，促进专业发展。其中，自我反思是实现教师专业发展的有效路径。但在现实情况中，自我反思没有得到乡村幼儿园教师应有的重视。调查显示，32.56%的教师反思方式是定期写学习总结，仅有11.39%的教师是写小论文。不管是写学习总结还是写小论文，都要求教师具有一定的写作能力。写作是在实现教师专业发展的过程中，教师必须具有的能力。反思是教师专业发展的有效手段，而写作是进行反思的最好方式。写作的过程常常会引发教师进行深度思考，会让教师对教学中出现的问题有更加深入的了解。但大多数乡村幼儿园教师的自我反思仅停留在表面，"与同事交流"是乡村幼儿园教师最主要的反思方式，"在头脑中想想，并没有记录"的教师也不在少数。一名乡村幼儿园教师如果没有反思，那么他的教学能力永远也得不到提高，更谈不上实现自身的专业发展了。教师撰写教学日志，可以把教学过程中出现的一些想法集中起来，经过深思熟虑之后融入自己的教学体系，对自己教学技能的提升有很大帮助。教师要想言之有物，还需要进行大量阅读，写作和阅读是相辅相成的，二者缺一不可。教师在阅读的过程中遇到了对自己有帮助、有启发的教学方法和教学思想时，会不自觉地应用到自己的课堂教学中，课后进行反思，记录心得，实践—评价—反思—再实践，久而久之就会内化成自己的东西，真正实现学以致用，从而帮助教师形成一个良性循环的学习过程。

所以，乡村幼儿园应大力支持教师写作，激发教师写作的积极性。乡村幼儿园对教师的写作成果，无论水平高低，只要是教师用心写的东西，都要给予足够的尊重和重视。其次，乡村幼儿园要为教师提供更加便利的写作条件，比如为教师营造舒适的写作环境，向教师开放图书室，为爱好写作的教师提供专业辅导，帮助教师提高写作能力。乡村幼儿园还应鼓励教师积极参加相关的写作比赛，并对表现优秀的教师给予奖励，从而调动教师写作的积极性，还可以将优秀作品进行发表，让教师荣获更大的成就感，从而推动乡村幼儿园教师专业发展。

二、外驱路径：加强教师队伍建设，探索多元化发展路径

在我国的现代化教育改革中，学前教育的改革是重要的一环。由于乡村各方面发展都比较落后，致使乡村幼儿园教师队伍建设成为改革中最薄弱的环节，所以探索多元化发展路径，提升乡村幼儿园教师的整体水平，刻不容缓。

（一）重视教师专业发展，深化园本研修路径

幼儿园层面的支持力度制约着教师专业的发展。乡村幼儿园要将《专业标准》作为促进教师专业成长的方向和依据，借着园本培训和园本教研，培养教师的使命感和责任感，帮助教师建立科学合理的专业发展规划、提升教师的专业实践能力，促进教师专业发展。现阶段，在乡村幼儿园中开展一种普遍的研修活动就是园本研修。针对中部某省乡村幼儿园现有园本研修路径中出现的问题，建议如下：

1. 提高教师专业素质

内驱动力是促进乡村幼儿园教师专业发展的力量源泉，是推动乡村幼儿园教师专业发展最重要的前提，是制约乡村幼儿园教师专业发展的根本因素。当前，乡村幼儿园教师内驱力不足的主要体现在专业素质较低。数据显示，某省乡村幼儿园教师第一学历为高中或中专毕业学历的教师占比为75.44%，专科和本科学历所占比例分别为13.5%和10.88%；第一学历为学前教育专业的仅为48.27%，51.73%的在职教师为非学前教育专业，其中职后进修学前教育专业的教师只占14.33%，所占比重很小。总体看来，乡村幼儿园教师的整体专

业水平满足不了当前学前教育发展的要求，主要体现为专业理论知识不够、教学实践能力不足、教研能力较低等方面，当务之急是要提升乡村幼儿园教师的专业化程度。

乡村幼儿园要对提高教师专业素质加以重视，通过各种培训研讨等方式实现教师专业成长。首先，通过观摩教学，提高教学能力。乡村幼儿园要多多鼓励教师参加观摩教学，借鉴他人成功经验，提高自己的教学水平。通过对不同教师、不同活动类型的教学观摩，及时进行总结反思，撰写观摩心得，吸收优秀教师的教学理念，取长补短，从而提升乡村幼儿园整体教学水平。其次，组织专项培训，提高专项技能，按照各个乡村幼儿园教师的自身需求，制订相应的培训计划，在音乐、说课、备课、教学活动等方面对教师进行专项培训，理论与实践相结合，个人与小组的培训形式相结合，提高教师的专业技能。另外，还要开展教育研究方法的学习。有51.5%的乡村幼儿园教师未参与本园的课题研究，使得大部分教师不了解教育研究，认为教育研究跟他们没有关系，为此乡村幼儿园可以多组织这方面的专门培训，开展专题讲座以及教学研讨，推动教师积极进行教育研究。

2. 完善园本研修制度

园本研修，即以幼儿园为实施主体，采取多种方式解决幼儿园教育中发现的问题，从而实现教师专业发展的一种学习和研究活动。一方面，大部分乡村幼儿园教师希望通过参与园本研修来提高自己的教学水平。由于缺乏正确的制度保障，园内业务学习难以实现常态化，教师参加外出学习机会较少，难以满足教师专业发展的需求。所以乡村幼儿园应加强园本研修制度建设，为推动教师专业发展给予制度保障。另一方面，乡村幼儿园应当结合"自下而上"的研修制度。研修制度可以保障园本研修的正常进行，并能规范参与者的行为，因此促进教师构建学习共同体，园部要将权力下放。路径决策者要根据乡村幼儿园教师的反馈及时对已有路径进行改进、调整，并把更多的专业自主权给乡村幼儿园教师，增加他们的外出学习机会，鼓励他们结合自身实际制定出适合自己的专业发展规划和路径，让乡村幼儿园教师成为促进自身专业发展的真正的主人。而且还要完善乡村幼儿园教师研修评价机制，采用发展性评价，重视教师的自身特点，关注教师是否能够通过园本研修学到知识，解决自己在教学过程中的难题。因此幼儿园需要建立"以需求导向"的园本研修制度，如实反映教师的教学实际需求，结合激励制度和"自下而上"的制度共同促进乡村幼儿园教师专业成长。

3. 强化教师专业引领

专业引领指专家学者、教研员以及骨干教师对普通教师的引导带领作用，对园本研修的实施效果有很大的影响。首先，要整合园内外的一切优质资源，加大乡村幼儿园教师对园内外资源的充分利用，坚持"走出去"和"引进来"相结合。幼儿园应加强与专家主动联系，充分发挥专家的引领作用，推动乡村幼儿园园本教研的有效开展。一方面，让乡村幼儿园教师有更多机会可以接触到外界教育资源，另一方面也要相应引进专家学者深入乡村幼儿园开展专题讲座与培训，激励教师关注自我专业成长。对于外出学习归来的教师，乡村幼儿园要即时组织对园内教师的二次培训，让没能参加外出学习的教师也可以了解相关的内容，学习到在园里学不到的知识，这无论是对参训教师还是对其他教师而言，都是一个专业提升的过程。其次，专业引领的过程中要重视基于实际课堂教学展开具体指引与对话，实现理论与实践相结合，结合现实的研讨可以满足乡村幼儿园教师的需求，其效果也最为理想。乡村一线幼儿园教师在充分了解和接受专家传递的先进的教育理念和方法之后，可以更好地将其运用于自己的教学实践中。最后，加强地方高校对乡村幼儿园教师的职后培养，弥补教师的专业理论知识不足的缺陷，增强其教育科研能力，使教师可以有更多的理论来指导实践，进一步实现教师的专业成长。

（二）健全制度保障机制，发展混合研修路径

目前，乡村幼儿园教师的培训仍存在一些问题，教育行政部门需完善乡村幼儿园教师培训制度，避免乡村幼儿园教师继续教育培训机会不均衡的情况发生。信息技术的发展，为乡村幼儿园教师研修实现方式多样化提供了条件。在这种背景下，混合研修模式应运而生。混合式研修指基于互联网信息技术，把线上线下研修活动结合起来的一种培训模式，充分发挥网络学习与面对面学习的优势，针对乡村幼儿园教师不同的专业需求采用适合的培训方式，如教师通过网络进行自主学习、开展专家讲座等。混合式研修利用互联网技术整合了现有的教育资源，对教师的学习方式进行了优化，为乡村幼儿园教师给予持久学习的动力支持，增加其专业自信心。

1. 合理设计网络研修

由于乡村幼儿园教师受到经济条件和信息技术发展的影响，其网络研修效果不理想。所以，需要设计符合乡村幼儿园教师实际需求的研修活动，加强工作坊成员之间的交流互动。

首先，通过对乡村幼儿园教师进行群体调研，了解乡村幼儿园教师在教师发展方面的实际需求，以此为标准增减线上研修项目并进行适时调整，设计出更加能满足教师实际需求、解决实际问题、对教师帮助最大化的网络研修。其次，减少实效性不高的培训和与教学不相关的事务，保障乡村幼儿园教师网络研修时间，是发挥网络研修作用的前提。再者，提高乡村幼儿园教师的网络应用技术，鼓励教师自行设计研修任务。一方面教师可以根据自己的兴趣自行设计研修任务并执行，充分激发教师自主学习的积极性，让教师可以在真实且有意义的情境中学习；另一方面，乡村幼儿园教师要学会借助网络选取适合自己专业成长所需的资源自行创建资源库，有效促进自身专业发展。最后，乡村幼儿园教师工作坊成员之间要加强情感联系并互相监督，建立具有可持续性的网络学习共同体。加强教师网络学习的互动交流，对于教育教学实际中出现的问题可以相互探讨，共同进步，激发教师们的学习兴趣。

2. 提升线下培训实效

调查发现，大多数乡村幼儿园教师希望通过参加学历培训、课程进修等形式的培训来实现自身专业发展，但培训效果却不甚理想。为此，积极建立合乎实际的乡村幼儿园教师培训体系，显得格外重要。然而任何单方面形式的培训都是不可取的，都不能使培训效果理想化，所以必须在基于网络学习的同时加强线下实地培训，实现线上和线下资源的有效整合，要求提高针对乡村幼儿园教师薄弱环节的送教下乡与送培下乡的次数。

《中共中央国务院关于学前教育深化改革规范发展的若干意见》中提出，要"健全各级学前教育教研机构，充实教研队伍，落实教研指导责任区制度，加强园本教研、区域教研，及时解决幼儿园教师在教育实践过程中的困惑和问题"。线下培训应制定科学合理的培训计划和培训内容，以解决乡村幼儿园教师教学中遇见的问题和困惑为宗旨，提高线下培训的时效性。另外，增加乡村幼儿园教师参与培训的机会，解决现实中超过半数的乡村幼儿园教师没有机会参与骨干教师培训等诸如此类的问题。再者，对于新兴的网络研修模式，乡村幼儿园教师特别是老教师们更倾向于面对面的现场培训，认为现场培训效率更高，学到的东西更加深刻，实用性更强。但由于乡村幼儿园地处偏僻，很少有专家型教师来乡村幼儿园进行培训，培训者多为城市幼儿园下来的教师。对此，教育当局也应尽可能多地委派专家等优势师资，增强乡村幼儿园教师实地培训的实效性，充分发挥城镇优质幼儿园和农村乡镇中心园的辐射带动作用，加强对薄弱园的专业引领和实践指导。最后针对乡村幼儿园教师的特殊性，采用科学适用的培训方式。理论与实践相结合，争取实现培训效果最大化。授之以鱼不如授之以渔，注重对乡村幼儿园教师思维的影响，培养其主动探索与发现的行为习惯，保持培训效果的持久性。

3. 加大政策和经费支持

教育部部长陈宝生在 2019 年全国教育工作会议上的讲话，强调"财政教育经费更多向教师倾斜，725 个集中连片特困地区乡村教师生活补助政策全覆盖，依法保障教师福利待遇"。强化教育行政部门在乡村幼儿园教师专业发展中的主体作用，加大对乡村学前教育的政策和资金扶持，提高乡村幼儿园教师待遇水平，完善教师专业发展的制度保障机制，为其专业发展提供有力基础。为了保证乡村幼儿园教师继续教育顺利开展，激发其参加继续教育的意愿，教育行政部门应出台一些关于幼儿园教师继续教育的法律法规和激励性政策。如把参加幼儿园教师继续教育与定职进职制度联系起来，形成外部推动力促进教师参加继续教育等。同时，政策制定者应站在乡村幼儿园教师的立场上维护教师利益，在制定过程中要积极听取乡村幼儿园教师代表的想法，给予他们发言权与决策权。教育行政部门还应重视对《乡村教师支持计划（2015—2020年）》的宣传，拓宽宣传渠道，让乡村幼儿园教师充分了解计划，明确自己享有的权利与义务以及该政策给自身带来的各种支持。

政府要向乡村加强经费支持力度，促进乡村幼儿园教师继续教育有效开展。同时还要保证政府投入的教师培训的经费落实到实处，各地应明确教育行政部门、幼儿园和教师个人承担的费用比例。一方面，扩大省一级财政的预算，减轻地方政府的负担，为政策充分发挥作用提供保障。另一方面，县一级政府也要通过多方渠道争取资金援助，倡导社会各界为乡村幼儿园教师捐款，为引进更多的优质人才，设立专项基金促进乡村幼儿园教师队伍建设。

4. 优化监督和评价体系

各级教育行政部门要注重监督乡村幼儿园教师继续教育的过程，保证继续教育的时效性。其中，对培训过程和经费的监督尤为重要，要实现监督制度化、公开化，保证培训经费落到实处，专款专用。此外，还要建立问责机制。上级部门要明确执行主体及其拥有的权限与责任，就实施过程中可能发生的违规行为采取惩罚措施，对政策执行不力的部门进行追责，以督促各执行部门把

《乡村教师支持计划（2015—2020年）》等政策落到实处，推进乡村学前教育事业的发展。

同时还要实现评价系统多元化，绩效评估和多种评估方式相结合。目前，量化管理是乡村幼儿园评价教师的主要方式，教师的教学、工作、绩效都被量化成积分，与职称、评优、待遇息息相关，一定程度上使办学行为得到规范，但这种评价方式过于单一，缺乏科学性、合理性，束缚了乡村幼儿园教师的自我发展。优化乡村幼儿园教师评价体系，建科学的教师工作考评机制，势在必行。

本书通过运用教师专业发展理论，分析乡村幼儿园教师内外部驱动式专业发展路径状况及存在的问题，发现乡村幼儿园教师的反思方式不深入，学习规划内容不均衡，专业阅读内容侧重教育教学技能，网络学习资源有待完善；乡村幼儿园缺乏对教师专业发展的关注；教育行政部门难于满足教师专业发展需求。为此，笔者提出了乡村幼儿园要营造学习文化，拓宽教师自主学习路径，重视教师专业发展，深化园本研修路径；教育行政部门要健全制度保障机制，发展混合研修路径。"多方联动，内外把控"，结合教师的需求采取不同专业发展路径，使专业学习和研究更具针对性、实效性，这样才能更好、更快地促进乡村幼儿园教师的专业发展。

第七章　中部地区幼儿教师专业
发展的支持策略

从人类发展生态学的视角分析，人的发展是个体与所处环境之间相互作用的结果。这个影响环境包括宏观系统、外展系统、中间系统和微观系统，并构成了一个生态体系。借鉴这一方法论，幼儿园教师专业发展在宏观系统层面需要国家政策保障，在外展系统层面需要得到社会支持，幼儿园组织及其团队合作是中间系统，自身发展诉求与努力则是微观系统。为便于学习讨论，我们将宏观系统和外展系统归纳为国家与社会支持系统。国家政策的宏观保障与社会外展支持、幼儿园组织层面的中间支持和幼儿园教师自身的微观支持，共同构成教师专业发展的支持体系，三者缺一不可，任何一个子系统出现问题都会导致整个教师专业发展生态体系的失衡。因此，只有三者紧密联系、互为支撑、形成合力，才能共同促进幼儿园教师的专业发展。

以人类发展生态学的理论为基础，从更为广阔的发展环境了解教师如何影响环境并接受环境影响，探讨、研究幼儿园教师专业发展的支持策略，具有现实意义和指导意义。

第一节　政府有关幼儿教师专业能力发展的政策环境

纵观近代以来的我国学前教育师资培养，可以发现政府一直没有制定专门的幼儿教师教育标准，有关幼儿教师教育的规格，一般在相应的师范教育"教学计划"中附带说明。以我国培养幼儿教师的主体——幼儿师范学校为例，国家教育委员会在 1995 年发布的《三年制中等幼儿师范学校教学方案（试行）》中，第一部分"培养目标与规格"，分别从"思想品德""知识、技能及基本能力""身心素质"三方面对幼儿教师的培养标准作了附带说明。可是随着学前教育的大力发展，这些标准现在也受到挑战。一方面，大量中等幼儿师范学校已改制或升格、合并，三年制中等幼儿师范教育基本上被各种形式的大专及本科幼儿教师教育所取代；另一方面，这些标准的制定只从幼儿教师从业人员自身角度考虑，很少从满足幼儿教育实践要求以及教师专业能力发展的角度思考。因此，从国家层面单独制定幼儿教师教育标准，到地方政府幼儿教师专业能力发展提供相应的政策环境极为重要。为了更清楚地认识这一问题，我们对学前教育的历史沿革进行回顾。

一、幼儿教师称谓的变更

从幼儿教师专业发展视角出发，我们关注的第一个问题就是人们对幼儿教师这个职业群体的称谓方式。在不同的时代，在不同的政治经济和文化背景下人们对幼儿教师的称谓，直接反映了人们对幼儿教师职业的认知，反映了对幼儿教育的目的与任务的认知，也反映了人们对幼儿行为与活动的理解。这些由历史文化造成的观念上的差异也极深刻地影响着人们对幼儿教师职业性质、社会地位、专业化程度的判断，当然也就会影响人们对幼儿教师从业要求、入职标准以及幼儿教师具备的知识与能力结构的认知。人们对幼儿教师职业认知就经历了从"阿姨"到专业"教师"这样一个变化过程，这个过程也就是社会对幼儿教师专业化发展的逐渐认同的过程。

（一）"略知文理"的保姆

在清政府颁布的《奏定蒙养院章程及家庭教育法章程》中有这样两段话："即于堂内划出一院为蒙养院，令其讲习为保姆者保育教导幼儿之事。""本地附近幼儿，其父母愿送入其中受院内教育者听，以便院中保姆练习实地保育之法。"从清政府的文件用词中可以知道清末蒙养院的师资被称为保姆，而保姆是不需要有什么文化的，也不需要有特殊的职业技能。这种现象背后的深层社会政治原因是当时的妇女没有受教育权，并且中国尚未形成现代教育制度，学校教育极度落后，绝大多数中国人是没有接受任何教育的，接受过教育的妇女更稀少。清末蒙养院的师资（按清政府设想）只得由乳媪和节妇担任。①

1907 年，清政府颁布了《女子师范学堂章程》，这才从法律上解决了妇女接受教育的问题，同时也标志着我国幼儿园师资的培养在师范教育制度中有了一席之地。

---

① 叶澜. 教师角色与教师发展新探［M］. 北京：教育科学出版社，2001：111.

1912 年，民国政府教育部公布《师范教育令》，并规定女子师范学校应附设保姆讲习科。首次明确地提出女子师范学堂的两大培养目标：小学堂教师与蒙养园保姆，幼儿教师的地位得到初步确立。在此后的相当长时期，幼儿园的师资并不称为"老师"，而是称为"阿姨"。"阿姨"其实就是保姆的另一种称谓，不过在"阿姨"这种称谓中带有了亲情意味，它有亲属关系的意思，如母亲的妹妹通常就被称为"姨"。

（二）能歌善舞的"阿姨"

20 世纪 50 年代后，我国的幼儿教育进入了有史以来的第一次快速发展时期。推动幼儿教育快速发展的直接原因是中华人民共和国的成立和我国妇女解放运动的极大成功。这一时期，中国妇女在最短时间内完成了群体"社会化"过程，这使得新中国的妇女与历史上所有时期的妇女都有了根本性的区别。国家通过法律和行政干预，不仅使"男女平等"思想深入人心，而且使之体现在社会生活的各个方面，尤其强调了妇女参与政治生活权，享有同样的工作权和受教育权。同时，国家通过意识形态、政治运动要求并动员妇女走出家庭参加社会工作。1956 年，内务部、教育部、卫生部发布的《关于托儿所、幼儿园几个问题的联合通知》中指出："随着国家经济建设和文化建设的日益发展，今后将有更多的妇女参加生产劳动和社会工作。为了帮助母亲们解决照顾和教育自己的孩子的问题，托儿所和幼儿园必须有相应的增加。"可以说，中华人民共和国的成立，妇女解放运动、社会经济活力的释放和社会文化事业的快速发展，都为学前教育的快速发展创造了良好的社会条件。中国学前教育事业的发展迎来了第一个黄金发展期。不过幼儿园师资的称谓在官方文件中称为"教养员"，如 1952 年 3 月，教育部颁发《幼儿园暂行规程草案》，规定幼儿园教师称教养员。现在来看，教养员这一称谓的使用是有多种意味的。首先是政府给予幼儿园老师这种职业一个正式的名称，其次是政府明示了幼儿园教师工作性质是以保育基础的"保教并重，保教结合"的准老师。在民间，人们仍然习惯地将幼儿园教师称为"阿姨"。

（三）专业教师

到了 1981 年，全国学前教育资源总量比中华人民共和国成立初扩大了很多倍，幼儿园数为 1946 年的 100 倍，入园儿童数为 1946 年的 80 余倍。[1] 同

---

[1] 叶澜. 教师角色与教师发展新探 [M]. 北京：教育科学出版社，2001：104.

年，教育部下发的《幼儿园教育纲要（试行草案）》中，将幼儿园师资的称谓由"教养员"改称"教师"，开始将幼儿教师正式纳入教师系列。这一改变具有十分重大的历史意义，它意味着国家对幼儿园教育工作专业程度的肯定，意味着幼儿园教师国种职业不再是一般普通职业，而是一种专门化的职业、一种专业。它同时也体现了提高幼儿教师素养的要求与入职条件必然性。另外，称谓的改变也反映学前教育观念的变化，这种变化的核心也就是幼儿园教育目的、任务的变化，它的改变必然导致幼儿教育工作重心的调整以及由此带来的幼儿教师职业工作特性和工作主要内容的变化，它意味着幼儿园教师不再是"能歌善舞的阿姨"，而应该成为幼儿学习与发展的支持者与促进者，它也意味着支撑幼儿教师工作的职业技能应当从普通的文化素养发展为需要专门化训练的专业知识和专业能力。

二、幼儿教师从业资格：从略知文理到教师认证制度

社会对某种职业的入职要求也直接反映了社会对该职业专业化的认可程度，入职要求的基本指标就是入职从业人员的受教育程度。这一指标也是社会对该职业从业人员的文化素养、专业技能的要求，也能清晰地描述该职业所关涉的知识的积累与发展水平以及该职业的从业人员的行为方式的规范化程度。

（一）幼儿师范的产生

1904 年，作为湖广总督的张之洞认为当时的湖北幼稚园和附设的女学堂与《奏定学堂章程》精神不符，便委托刘德馨为监督创办了湖北敬节学堂。挑选 100 名粗通文理的节妇进学堂傅姆科学习，由日本教习讲授女子师范与家庭教育等科目，以培养家庭女教师。同时，又任命高凌蔚为监督建造育婴学堂，挑选 100 名略识字的妇女（乳媪）入保育正科学习。委托日本女教习充任教员，讲授幼儿保育、幼儿教养等课程，并附设蒙受养院作为实习场所。这一举措开创了我国幼儿教师教育之先声。

民国初期，民国政府教育部公布《师范教育令》，并规定女子师范学校应附设保姆讲习科。这是由政府明文规定幼儿师资的培养方式，幼儿教师教育的地位得到初步确立。这段时期，由于人们学前教育的认知严重不足，学前教育的理论知识与实践经验的累积几乎都是空白。早期蒙养院或幼稚园都只是家庭教育的辅助机构，目的在于为幼儿进入小学学习奠定基础，"重养不重学"则是它的基本特点。故在相当长的时间内，我国并没有专职的幼儿师范学校，师

资的培养只能由女子师范学校附设的保姆讲习科来承担，且一般修学年限都很短。社会对幼儿教师素质要求和入职要求都比较低。①

（二）从三级师范到二级师范

20 世纪二三十年代是我国学前教育思想发展较快的时期。其中根本原因是"五四"运动给我国带来的文化思想和社会生活方式的重大变化。"五四"运动本质上是我国一场前所未有的思想启蒙、思想解放运动，它标志着中国社会发展进入了一个崭新的历史阶段。另一个重要原因则是西方教育思想的广泛传播。1919 年，美国进步主义教育家杜威应北京大学、尚智学会、中国公学等机构的联合邀请到中国讲学。杜威的足迹遍布大半个中国，留下了著名的《杜威五大演讲》等书籍，同时也打开了西方教育学者访问中国的先河。继杜威访问中国后，美国大批知名学者先后造访中国，如孟禄、柏克赫斯特、华虚朋、克伯屈等。美国教育家相继到中国讲学或进行社会调查对中国社会、尤其是对中国教育界产生巨大的影响，西方教育思想在中国的广泛传播冲击了中国保守的传统教育，也为中国教育的改革发展提供了强大的理论武器。

学前教育理论建设与思想积累也就是从这一时期开始的，先后产生了如陈鹤琴、张雪门、张宗麟等幼儿教育家，他们对西方教育理论的传播、学前教育思想借鉴和对西方学前教育课程的本土化实践研究都为中国学前教育文化（保教知识体系与实践案例）发展奠定了重要基础。而学前教育理论建设与教育思想积累正是幼儿教师专业化发展的内在要素。

我国的第一所专门化的幼儿师资的培养教育机构是于 1940 年建立的。陈鹤琴在办幼稚园的过程中深受幼教师资匮乏的困扰，也深感"幼稚师资的重要"。而当时的中国还没有一所专门的幼儿教师培养与教育机构。于是他接受了当时江西省主席熊式辉的邀请创建了我国历史上第一所专门的公立的幼师机构——江西省立实验幼稚师范学校。此外，大专程度的幼儿教师教育也在那个时代产生了，不过高等幼儿教师教育主要以大学附设幼稚师范专修科为主，并没有独立的幼儿高等师范学校。幼儿教师教育初步形成了一个具有中等和高等两个层次的框架，但是我国已经进入了艰苦的抗战时期，长期的战乱对我国幼儿教育和幼儿教师教育都产生了严重影响。

1951 年 10 月颁布的"新学制"规定：培养幼儿园师资的师范学校称为幼

---

① 叶澜. 教师角色与教师发展新探 [M]. 北京：教育科学出版社，2001：98.

儿师范学校，并规定师范学校和初级师范学校均得附设幼儿师范科，这是我国首次把独立的幼儿师范学校写进学制。到了 20 世纪 60 年代初，经过调整，中级幼师逐渐成为培养幼儿园教师的主要力量。在此期间国家多次修改两级幼师的教学计划以提高教育质量。同一时期，以北京师大和南京师大学前教育专业为代表的高等学前教育也得到国家重视。高等学前教育机构则主要是为中师程度的幼儿教师教育机构提供合格师资，以满足其发展需要。这样，我国基本形成了既包含中等（含初级、中级及师范学校幼师科）和高等（本科）两个层次的正规形式的职前教育，又包括大量的多种形式的职后教育的幼儿园教师教育体系。

经过 20 世纪 50 年代的努力，我国教师教育体系逐渐形成了由中师（幼师）—师专—师范大学（学院）三个层次，形成了分别由幼师、中师负责培养幼儿园和小学教师，由高等师范专科和本科培养初中和高中教师的基本格局。

到了 2000 年，经二十多年的改革开放，我国社会经济实现了连续二十多年的高速增长，无论是经济规模与经济水平都有了极大的提升，这就为我国教育的发展提供了良好的条件。另外，社会经济的发展也对极大提高国民的受教育水平提出要求。在这样的背景下，促进教育的发展以满足人民对享受高水平的教育需要就成为国家发展战略的重点。而促进教育的发展就必须提高幼儿园、中小学教师的学历层次，推动教师教育体系整体结构水平的进步则是必然。2001 年国务院《关于基础教育改革与发展的决定》正式提出："推进师范教育结构调整，逐步实现三级师范向二级师范过渡。有条件的地区要培养具有专科学历的小学教师和具有本科学历的初中教师，逐步提高高中教师学历，扩大教育硕士的培养规模和招生范围。"在这些社会背景下，我国教师教育机构开始了从三级师范向二级师范的过渡，我国中等师范学校逐渐退出教师教育体系，高等本科院校逐渐增加，研究生学历的教师培养规模日渐扩大。而幼儿园教师培养与教育主力机构——幼师也开始了从中师升格为大专，而各地高等师范院校也开始创建学前教育专业以培养更高层次的幼儿师资。

（三）教师资格制度

教师资格制度是国家对教师实行的一种特定的职业许可制度，它规定了教师资格作为一种国家法定的职业资格具有很高的权威性，同时，它也规定了国家对从事教育、教学工作的人员在资格、学历、能力等方面应该具备的基本条件。

西方国家建立法定职业资格制度的历史过程证明：任何一项国家资格制度的建立，对这个国家教育事业的发展，对该国教师专业化发展以及对教师社会地位的提升都具有重大的意义和作用。

在教师资格制度建立之前，教师职业的专业性没有得到应有的重视，教师入职资格缺乏统一标准，我国教师水平不高。这种情况在幼儿教育领域更为突出，表现为幼儿教师整体文化素养、学历程度都比较低，相当多的幼儿教师仅拥有高中甚至高中以下的学历，且相当多的幼儿教师没有接受过专门化的幼儿师范教育。进入 20 世纪 90 年代后，随着社会经济文化的发展和我国民众对接受高质量教育需要的不断提高，国家社会发展战略的重心也开始发生转变，提高我国文化教育的整体水平成为我国社会经济发展的重要方面和突出问题，当然，提高我国教育的质量和整体发展水平就必须提高我国师资的整体水平，其中的重要措施之一就是教师资格法制化和教师入职要求的标准化。

1993 年，国家颁布的《中华人民共和国教师法》为建立国家教师资格制度提供了法律依据。这份法律文件也对取得教师资格的标准和条件、申请认定程序、资格考试、在职教师资格认定、确认教师资格的机构及教师资格丧失的条件等作出详细规定。1995 年，国务院颁布《教师资格条例》及《教师资格认定过渡办法》，对教师资格认定作出了操作性的规定，并开展了对在职教师的资格认定工作。

实行教师资格制度对发展我国幼儿教师教育、提升幼儿教师学历水平和提高幼儿教师质量的影响是显而易见的。到 2008 年，我国幼儿教师中学历水平达专科及专科以上的比例开始出现历史性的逆转，相关统计表明：2008 年我国幼儿教师中具有大专及以上学历的比例达到了 56.4%。① 这些年，随着全社会对学前教育重视程度的不断提高，幼儿教师教育整体规模与质量的不断发展，幼儿教师学历水平与专业素质也将不断提高。

（四）教师专业标准

早在 1986 年《中华人民共和国义务教育法》中就明确规定了国家建立教

---

① 庞丽娟. 新纲要与幼儿园教师专业素质——幼儿园教育指导纲要解读［M］. 南京：江苏教育出版社，2002：43.

师资格考核制度，对合格教师颁发证书。1993年国家颁布的《中华人民共和国教师法》中就规定了教师是"履行教育教学职责的专业人员"，明确了教师的权利和义务，提出国家实行教师资格和任用制度，并对教师的培养与培训、考核、待遇、奖励等方面作出了明确规定。但该份法律文件缺乏作为配套的相关文件，尤其是没有对教师作为专业人员的基本素质要求作出明确的规定和详细的描述。这使得我国教师资格认证与授予仍然缺乏专业规范，教师聘任的操作过程也存有许多问题和矛盾。

1993年国际培训、绩效教学标准委员会（IBSTPI）制订了一个"教师能力标准"。这个标准是该委员会在调查了全球五大洲1327名有经验的教师，并根据调查所获得的信息资料建立了一个由5个维度、18项能力和98条绩效指标构成的教师专业化标准。该标准在出台后很快为全世界广泛接受，并被许多国家作为制定本土化的、具有本国特色的教师专业标准的参照。

教师专业标准本质上就是关于教师基本的素质要求和教师从事教育、教学工作的行为规范，被人们广泛地运用于教师培训、培养、准入、考核等工作，成为衡量教师合格与否及教师专业发展水平与程度的重要工具。教师能力标准是对合格教师应具备的知识、技能和情感态度等方面的系统描述，这些知识、技能和情感态度恰恰就是教师顺利地开展专业工作和执行专业性任务素质基础和核心能力。国际培训、绩效教学标准委员会将教师能力标准定义为：一整套使得个人可以按照专业标准的要求有效完成特定职业或工作职责的相关知识、技能和情感态度。

2012年，我国教育部颁发《幼儿园、中小教师专业标准》，这份文件包括了《幼儿园教师专业标准》《小学教师专业标准》和《中学教师专业标准》三个部分。专业标准概括地反映了特定时代教育的基本思想和教学技术发展水平，同时它也具有"评价"和"导向"两个方面的重要作用：首先，作为"评价"的标准体系，它是各级各类教师教育机构从事教师培养、培训工作，教育管理部门开展教师准入、考核、职称评定等工作的重要依据，也是教师开展教育教学活动的"基本规范"；其次，作为"导向"标准，它是引领教师专业发展的"指南"。如果说，1993年《中华人民共和国教师法》的颁布标志着我国教师资格的法律建设的实现，那么1995年《教师资格条例》的产生则标志着我国教师资格制度的全面启动，《教师专业标准》的颁布为教师资格制度提供了政策层面的保障，同时它为教师教育、教师准入、教师考核和教师教学工作提供了一种完整的通用标准与专业准则。

第二节　国家和社会层面的支持策略

幼儿园教师专业发展受多种环境因素影响，国家政策和社会支持，特别是国家行为是教师专业发展最为有效的支持系统。当前，国家和全社会对学前教育、幼儿园教师的关注程度是空前的、前所未有的。然而，当前的关注、重视与幼儿园教师现实的社会地位、自身感受、教师队伍专业化程度之间还存在较大的差距。因此，政府在幼儿园教师专业发展中的职责，幼儿园教师的权利与义务、待遇与薪酬等仍然需要进一步加强和规范，并需要得到政策性支持和保障，给幼儿园教师创设一个良好的发展环境，从而保障并促进幼儿园教师社会地位、生活质量和专业水平的提升，有力地推动学前教育事业持续健康的发展。

一、幼儿园教师专业发展的政策保障体系逐步完善

强化政府在幼儿园教师专业发展中的主体责任，加强幼儿园教师教育、准入制度、专业规范建设，加大政府投入，提高教师福利待遇，稳定教师队伍，提高教师专业水平和质量，建立教师专业发展的保障机制，为教师专业发展提供有力的组织与政策支持，是促进幼儿园教师专业发展的重要举措。

回顾我国幼儿园教师专业发展的有关政策和指导意见，政府在幼儿园教师培养与资格要求（见表7-1），幼儿园教师队伍建设与管理制度（见表7-2），幼儿园教师权益、地位与待遇（见表7-3）等方面提供了政策支持与制度保障。全方位创建并逐步完善幼儿园教师发展的大环境，充分发挥了政府的主体责任和主导作用。

表 7-1　　　　　　　　　　有关幼儿园教师的培养与资格要求

法律法规、文件	内 容 要 求	简 要 分 析
师范学校暂行规程（草案）（1952）	"培养幼儿园的师资"是师范学校的任务之一，培养幼儿园师资的学校称为幼儿师范学校	幼儿师范学校是培养幼儿园师资的专门机构

续表

法律法规、文件	内容要求	简要分析
关于大力培养小学教师和幼儿园教养员的指示（1956）	大力培养幼儿园的师资，可通过正规的幼儿师范学校和非正规的短期训练班培训，也可在师范学校内附设幼儿师资班，也可举办短期幼儿师资班	培养幼儿园的师资，可以是多种形式
关于加强和发展师范教育的意见（1978）	积极办好幼儿师范学校，为幼儿教育培养骨干师资	办好幼儿师范学校
关于办好中等师范教育的意见（1980）	幼儿教育是整个学校教育的基础，积极办好幼儿师范教育，要做好幼儿师范学校的发展规划	制定幼儿师范学校发展规划
第五届全国人民代表大会第四次会议《政府工作报告》(1981)	要培训大批合格的幼儿教师	有需求、有要求
关于加强幼儿教育工作的意见（1988）	建立合格的师资队伍	"合格"意味着有基本要求
关于进一步办好职业高中幼师专业的意见（1988）	职业高中办幼师专业是培养幼儿教师的主要渠道之一	"职业"趋向，多渠道
幼儿园工作规程（试行）（1989）	幼儿园教师具有师范学校（包括职业学校幼儿教育专业）毕业程度或取得幼儿园教师专业合格证。热爱幼儿教育事业，爱护幼儿，努力学习专业知识和技能，提高文化和专业水平，品德良好	明确幼儿园教师学历、执业资格和职业要求
幼儿园管理条例（1989）	教师应当具有幼儿师范学校（包括职业学校幼儿教育专业）毕业程度	学历要求
中华人民共和国教师法（1993）	具备本法规定的学历或经国家教师资格考试合格后取得教师资格。取得幼儿园教师资格，具备幼儿师范学校及其以上学历	学历要求与任职资格
中华人民共和国教师资格条例（1995）	幼儿园教师资格是教师资格之一	强调"幼儿园教师资格"

193

续表

法律法规、文件	内 容 要 求	简 要 分 析
三年制中等幼儿师范学校教学方案（试行）（1995）	中等幼儿师范学校是培养幼儿园教师的中等专业学校，要坚持社会主义方向，培养德、智、体等诸方面全面发展，能适应当代幼儿教育发展和改革需要的幼儿园教师	培养学校及其教学方案
关于正式实施《幼儿园工作规程》的意见（1996）	建立和完善幼儿园教师资格审定和考核制度	幼儿园教师资格审定和考核制度提上日程
幼儿园工作规程（1996）	幼儿园教师必须具有《中华人民共和国教师资格条例》规定的幼儿园教师资格，并符合本规程	资格要求有法可依
全国幼儿园园长任职资格职责和岗位要求（试行）的通知（1996）	规定幼儿园园长任职资格、主要职责、岗位要求，是选拔、任用、考核和培训幼儿园园长的依据	规范幼儿园园长任职资格，规定其主要职责、岗位要求
全国幼儿教育事业"九五"发展目标实施意见（1997）	认真贯彻国务院颁布的《教师资格条例》及配套规则，做好幼儿教师的资格过渡及认定工作。要根据农村幼儿教师的实际制定相应的办法，保证村幼儿教师的稳定	认定幼儿园教师资格，开始关注农村幼儿园教师
关于幼儿教育改革与发展的指导意见（2003）	依据《中华人民共和国教师资格条例》的有关规定，实行幼儿园园长、教师资格准入制度，严格实行待证上岗	准入制度开始实施
教育部关于进一步加强幼儿园安全工作的紧急通知（2004）	幼儿园教职工的聘用应符合有关法规对其任职资格的规定	强调任职资格
国家教育事业发展"十一五"规划纲要（2006）	严格教师资格准入制度	严格准入制度

续表

法律法规、文件	内容要求	简要分析
国家中长期教育改革和发展规划纲要（2010—2020年）	完善并严格实施教师准入制度，严把教师入口关。国家制定教师资格标准，提高教师任职学历标准和品行要求，建立教师资格证书定期登记制度，省级教育行政部门统一组织中小学教师资格考试和资格认定，县级教育行政部门按规定履行中小学教师的招聘录用、职务（职称）评聘、培养培训和考核等管理职能	建立教师资格证书定期登记制度，明确各级教育行政部门在资格认定与管理方面的职责
国务院关于当前发展学前教育的若干意见（2010）	健全幼儿教师资格准入制度，严把入口关	进一步完善幼儿园教师资格准入制度
教育部关于大力推进教师教育课程改革的意见（2011）	全面提高教师素质，建设高素质专业化教师队伍	强调高素质、专业化师资队伍的培养与建设
教育部关于规范幼儿园保育教育工作防止和纠正"小学化"现象的通知(2011)	依法依规实行幼儿园教师职责是合格幼儿园教师的基本专业素质	依法依规实施保育教育工作，强调幼儿园教师队伍的专业化
中小学和幼儿园教师资格考试标准（试行）（2011）	主要考查申请教师资格人员从事教师职业所必需的职业道德、专业知识与基本能力。完善幼儿园教师资格制度，严把幼儿园教师入口关，促进幼儿园教师专业化	幼儿园教师资格考试制度化、规范化、专业化
幼儿园教师专业标准（试行）（2012）	幼儿园教师需要经过严的培养与培训，具有良好的职业道德，掌握系统的专业知识和专业技能	明确合格幼儿园教师专业标准
中小学教师资格考试暂行办法（2013）	建立国家教师资格考试制度，严格教师职业准入，保证教师队伍素质	严格教师资格考试制度和职业准入
幼儿园园长专业标准（2015）	园长是履行幼儿园领导与管理工作职责的专业人员	明确合格幼儿园园长专业标准

表 7-2　　　　　　　　有关幼儿园教师队伍建设与管理的指导意见

法律法规、指导意见	主 要 内 容	简 要 分 析
全国托幼工作会议纪要（1979）	必须高度重视建设一支又红又专的保教队伍	师德与业务要求
关于发展农村幼儿教育的几点意见（1983）	建设一支稳定、合格的幼儿教师队伍	加强农村幼儿园教师队伍建设
关于加强幼儿教育工作意见的通知（1988）	发展幼儿教育事业要从培养和提高师资人手。必须积极发展幼儿师范教育，同时抓紧在职教师的培训工作，以保证幼儿教育事业发展对师资的要求	关注在职幼儿园教师培训与业务提高
中华人民共和国教师法（1993）	建设具有良好思想品德修养和业务素质的教师队伍	师德与业务素质并重
全国幼儿教育事业"九五"发展目标实施意见（1997）	建设一支素质优良、相对稳定的幼儿教师队伍。各省（区、市）教育行政部门应制定和完善幼儿教师资队伍的培养和培训规划，使之与当地幼儿教育事业的发展相适应。有计划地逐步地使大专以上学历占一定比例。注意培养和造就一批具有较高理论素养和实践经验丰富的幼儿教育专家	有计划地建设幼儿园师资队伍，提出高学历、高素质幼儿园教师队伍建设要求，打造一批幼儿教育专家
关于深化教育改革，全面推进素质教育的决定（1999）	建设全面推进素质教育的高质量的教师队伍	有素质、有质量的教师队伍建设
关于幼儿教育改革与发展的指导意见（2003）	加强师资队伍建设，努力提高幼儿教师素质。将幼儿教师的培训纳入当地中小学教师继续教育规划	关注幼儿园教师专业素质，培训有计划、一体化
国家中长期教育改革和发展规划纲要（2010—2020 年）	提高幼儿园教师队伍整体素质，切实加教师培养培训，特别是农村幼儿园教师的整体素质	整体提高专业素质，关注农村幼儿园教师资源与素质提高
国务院关于当前发展学前教育的若干意见（2010）	多种途径加强幼儿教师队伍建设。加快建设一支师德高尚、热爱幼儿、业务精良、结构合理的幼儿园教师队伍。完善学前教育师资培养培训体系	强调师德高尚、业务精良、结构合理的幼儿园教师队伍建设

续表

法律法规、指导意见	主 要 内 容	简 要 分 析
中小学和幼儿园教师资格考试标准（试行）（2011）	加强中小学和幼儿园教师队伍建设，提高教师队伍整体素质	幼儿园教师队伍整体素质提高
关于加强幼儿园教师队伍建设的意见（2012）	各地要按照构建税改城乡、布局合理的学前教育公共服务体系的要求、结合本地实际，科学确定幼儿园教师队伍建设的目标。专任教师达到国家学历标准要求，取得职务（职称）的教师比例明显提高。形成一支热爱幼儿、师德高尚、业务精良、结构合理的幼儿园教师队伍	结合实际、科学规划幼儿园教师队伍建设
幼儿园教师专业标准（试行）（2012）	是国家对合榰幼儿园教师专业素质的基本要求，是幼儿园教师开展保教活动的基本规范，是引领幼儿园教师专业发展的基本准则	提出合格幼儿园教师的基本要求、专业发展的基本准则，建设专业化教师队伍
国务院关于加强教师队伍建设的意见（2012）	加强教师思想政治教育和师德建设。大力提高教师专业化水平。确保教师队伍建设政策措施落到实处	强调专业化教师队伍建设
幼儿园教职工配备标准（暂行）（2013）	促进幼儿园教师队伍建设的重要手段	教师配备（基本素质）的基本要求与标准
幼儿园园长专业标准（2015）	促进幼儿园园长专业发展，建设高素质幼儿园队伍	专业化的园长队伍建设标准

表 7-3　　　有关幼儿园教师权益、地位与待遇的规定

法律法规、文件	政 策 规 定	简 要 分 析
幼儿园暂行规程（草案）（1952）	教养员应对幼儿负全面教育的责任	由原"幼稚教师"改称教养员

续表

法律法规、文件	政 策 规 定	简 要 分 析
关于评选特级教师的通知（1978）	将"幼儿园的教养员"和"长期从事幼儿教育工作、领导教学工作有特长的幼儿园主任"列为评选对象	教养员、幼儿园主任与"教师"关联
全国托幼工作会议纪要（1979）	解决保教人员工资、劳动保险、福利待遇问题。城镇民办园保教人员的工资、劳动保险、福利待遇，由市、县（区）和街道有关领导部门规定。公办园所保教人员的工资、劳动保险、福利待遇，应结合全国工资、劳动保险、福利制度的改革予以解决	明确民办园和公办园保教人员工资福利的主管部门以及解决办法
城市幼儿园工作条例（试行草案）（1979）	幼教工作者的劳动是辛勤而光荣的，应该受到党和人民的尊重，要提高他们的政治地位和社会地位，逐步改善他们的工作条件和生活待遇	肯定幼教工作者的劳动，并在政治地位和社会地位上受到应有尊重
关于组织优秀教师暑期休养的联合通知（1980）	包括幼儿园优秀教师在内的108名代表，被选派至青岛休养	在当时，意味着"幼儿教师"得到了国家空前的尊重和爱护
第五届全国人民代表大会第四次会议《政府工作报告》（1981）	要培训大批合格的幼儿教师	政府开始使用"幼儿教师"一词
幼儿园工作规程（试行）（1989）	幼儿园按照编制标准设园长、副园长、教师、保育员、医务人员、事务人员、炊事员和其他人员。幼儿园教师对本班工作全面负责	明确了幼儿园教师的"教师"身份和地位
幼儿园管理条例（1989）	幼儿园园长、教师应具有幼儿师范学校（包括职业学校幼儿教育专业）毕业程度	这一表述使幼儿园教师身份在教育法规层面得到确认

续表

法律法规、文件	政 策 规 定	简要分析
口华人民共和国教师法（1993）	幼儿园教师资格。教师的平均工资水平应当不低于或者高于国家公务员的平均工资水平，并逐步提高。中小学教师和职业学校教师享受教龄津贴和其他津贴	以法律形式规定幼儿园教师及其资格，以及教师的平均工资水平和津贴
全国幼儿教育事业"九五"发展目标实施意见（1997）	各级政府和主办单位要妥善解决幼儿教师的工资、教师职务评定、医疗和住房等问题。特别对农村幼儿教师要给予更多的关心和帮助，其报酬可参照当地小学教师工资水平或不低于当地人均收入的水平而定，并有所增长。工资必须及时兑现	解决幼儿园教师、特别是农村幼儿园教师工资、福利、职称、医疗、住房等有关具体问题，并及时发放教师工资
关于幼儿教育改革与发展的指导意见（2003）	幼儿园教师享受与中小学教师同等的地位和待遇。依法保障幼儿教师在进行培训、评选先进、专业技术职务评聘、工资、社会保险等方面的合法权益，稳定幼儿教师队伍	进一步明确幼儿园教师地位和待遇
关于深化中小学教师职称制度改革试点的指导意见（2009）	围绕拓展教师职业发展通道，完善评价标准，创新评价方法，形成以能力和业绩为导向，以社会和业内认可为核心，覆盖各类中小学教师的评价机制，建立与事业单位岗位聘用制度相衔接的职称制度	创新教师评价机制、与事业单位岗位聘用制度相衔接的职称制度建立
国家中长期教育改革和发展规划纲要（2010—2020 年）	依法落实幼儿教师地位和待遇。不断改善教师的工作、学习和生活条件。吸引优秀人才长期从教、终身从教。依法保证教师平均工资水平不低于或者高于国家公务员的平均工资水平，并逐步提高。落实教师绩效工资	由"提高他们的政治地位和社会地位"向"依法落实"和"依法保证"转变

续表

法律法规、文件	政 策 规 定	简 要 分 析
国务院关于当前发展学前教育的若干意见（2010）	依法落实幼儿教师地位和待遇。切实维护幼儿教师权益，完善落实幼儿园教职工工资保障办法、专业技术职称（职务）评聘机制和社会保障政策。对长期在农村基层和艰苦地区工作的公办幼儿教师，按国家规定实行工资倾斜政策。对优秀幼儿园园长、教师进行表彰	再次强调"依法落实"和维护幼儿园教师的地位、待遇和权益。强调工资政策向农村和艰苦边远地区的公办幼儿园教师倾斜
幼儿园教师专业标准（试行）（2012）	幼儿园教师是履行幼儿园教育工作职责的专业人员	幼儿园教师是专业人员
国务院关于加强教师队伍建设的意见（2012）	切实保院教师合法权益和待遇	从政策和制度上保院教师合法权益和待遇

表7-1、表7-2、表7-3充分说明，党和国家历来重视幼儿园教师队伍的建设和专业化发展。中华人民共和国成立以来，相继出台了多项政策、特别是2010年以来，更是密集出台推动学前教育发展和教师队伍专业化建设的政策、举措：从《幼儿园教师教育课程标准》《幼儿园教师资格考试标准》《幼儿园教师专业标准》《幼儿园园长专业标准》《幼儿园教师国家级培训计划课程标准》到《纲要》《指南》等学前教育专业规范，以各种"标准"规范幼儿园教师的专业发展和保教行为；从"提高他们（幼儿园教师）的政治地位和社会地位"到"依法落实"和"依法保证"幼儿园教师权益、地位和待遇，不断改善幼儿园教师的工作、学习和生活条件，保证教师平均工资水平不低于或者高于国家公务员的平均工资水平，并逐步提高。这充分表明政府在努力构建幼儿园教师专业发展的支持、保障体系，创设良好的政策保障和社会环境，全面提高学前教育质量和幼儿园教师专业素质。

以点概面，"幼儿园教师"这一称谓的变化就是很好的佐证。1952年3月，中央人民政府颁发《幼儿园暂行规程（草案）》，在对幼儿园的任务、目标、学制、设置、教养原则、教养活动、组织会议制度、经费、设备等作出规定的同时，也改称原"幼稚教师"为"教养员"。教养员的称谓意在强调幼儿园的教养合一性质，但也使"教养员"与中小学的"人民教师"不能共享"教师"称谓，而被边缘化，在无形中降低并弱化了幼儿园教师的社会地位和应有的权益。直到1981年10月，教育部颁发的《幼儿园教育纲要（试行草案）》改称"教养员"为"教师"，1981年11月，第五届全国人民代表大会第四次会议《政府工作报告》指出："要培训大批合格的幼儿教师……"政府文本开始使用"幼儿教师"称谓。1987年3月，劳动人事部、国家教育委员会关于颁发《全日制、寄宿制幼儿园编制标准（试行）》的通知（劳人编〔1987〕32号）采用了"专职教师"一词。1989年6月，《幼儿园工作规程（试行）》第三十三条规定"幼儿园按照编制标准设园长、副园长、教师、保育员……和其他人员"，同年9月，《幼儿园管理条例》颁布，行文再次采用"幼儿园园长、教师"称谓，这也是自中华人民共和国成立后，国家从教育行政法规层面明确幼儿园"教师"身份。1993年10月，《中华人民共和国教师法》以"幼儿园教师资格"的表述方式，从法律层面确认并规定幼儿园教师的身份及其资格。此后，国家和各级政府有关法规、政策文件开始广泛使用"幼儿园教师"称谓。称谓的改变体现了政府对幼儿园"教师"身份的认可、专业地位的尊重，体现了社会对学前教育、幼儿园教师职业认知观念的转变。事实上，"幼儿园教师"称谓并不违背幼儿园"实行保育与教育相结合的原则"，也不否认幼儿园教师身负的教育职责和保育责任，因为这一称谓本身就有别于小学教师、中学教师，强调"幼儿园"教师"是履行幼儿园教育工作职责的专业人员"。"专业"更强调从业人员所具有的特殊"专业素养"，强调从业人员对于所从事职业的自我理解和个人见解，强调立足于专业反思的自主实践，凸显专业性。

不仅如此，政府在建立健全幼儿园教师管理制度，建立高素质、专业化的幼儿园教师队伍，保证幼儿园教师队伍质量，特别是在落实幼儿园教师社会地位和待遇上，作出了不懈的努力，如建立统一的中小学教师职务制度、设置正高级专业技术职称（职务），开创了自中华人民共和国成立以来的先河。可以说，政府创建了良好的幼儿园教师专业发展的政策保障环境，营造了和谐的社会支持氛围。

二、强化并落实政府在幼儿园教师专业发展中的责任

《国务院关于当前发展学前教育的若干意见》（国发〔2010〕41号）指

出："多种途径加强幼儿教师队伍建设。加快建设一支师德高尚、热爱儿童、业务精良、结构合理的幼儿教师队伍。各地根据国家要求，结合本地实际，合理确定生师比，核定公办幼儿园教职工编制，逐步配齐幼儿园教职工。健全幼儿教师资格准入制度，严把入口关。公开招聘具备条件的毕业生充实幼儿教师队伍。中小学富余教师经培训合格后可转入学前教育。""依法落实幼儿教师地位和待遇。切实维护幼儿教师权益，完善落实幼儿园教职工工资保障办法、专业技术职称（职务）评聘机制和社会保障政策。对长期在农村基层和艰苦边远地区工作的公办幼儿教师，按国家规定实行工资倾斜政策。对优秀幼儿园园长、教师进行表彰。"

《国务院关于加强教师队伍建设的意见》（国发〔2012〕41号）也指出："幼儿园教师队伍建设要以补足配齐为重点，切实加强幼儿园教师培养培训，严格实施幼儿园教师资格制度，依法落实幼儿园教师地位待遇。"

这两个文件说明，政府一方面在努力构建幼儿园教师专业发展的支持、保障体系，创设良好政策保障和社会环境；另一方面在幼儿园教师编制、准入制度、权益、地位和待遇，以及财政投入等方面亟待改进和完善。

政府不仅具有宏观干预和制定幼儿园教师队伍建设及其专业发展政策的职责，更有政策落实并加以督促、检查的责任和义务。况且，政府的职责履行主要反映在政策的实施和落实上，特别是以法律形式对教师权利和义务、资格和任用、培养和培训、待遇与奖励、责任与发展等方面进行了规定。只有真正解决现实存在的、教师关注的实际问题，才能建设一支高素质、有质量的幼儿园教师队伍。

首先，伴随幼儿园的大力发展建设，师资不足问题凸显，幼儿园教师编制问题亟待解决。无编、缺编就不能足额配齐、补足幼儿园教师，就不能从根本上解决教师的合法权益、待遇和地位问题。经过"学前教育三年行动计划（2011—2013年）"的实施，除个别省区外，全国基本实现幼儿园覆盖乡镇，并向行政村延伸。以甘肃省为例，截至2013年，中央、省、市（州）、县（市、区）累计投入资金28.69亿元，新建、改扩建幼儿园1300所，增设小学附属幼儿园1100所，每个乡镇都有中心幼儿园，其中大的乡镇有两所幼儿园；"二期学前教育三年行动计划（2014—2016年）"中，幼儿园建设继续向行政村延伸覆盖。① 按照教育部《幼儿园教职工配备标准（暂行）》估算，仅

---

① 王丽娟，沈建州. 幼儿园聘用教师建设中存在的问题及对策研究——以兰州市C区为例 [J]. 内蒙古师范大学学报（教育科学版），2014（12）：73-75.

已建成并投入使用的幼儿园需补充教师 3 万人。由于编制不足，幼儿园教师的补充陷入"等米下锅""无米指标"的两难境地。而且，幼儿园在增加，幼儿入园数在增长，教师补充不及时，将会导致幼儿园师幼比严重失衡。过高的师幼比，沉重的保教任务，必然会影响幼儿的健康成长和教师的专业发展。尽管一些地方想尽办法，通过"培、招、转、聘"等途径补充教师，但特定时段内集中补充教师也有可能造成教师年龄、职称结构的趋同性和结构性断层，既不利于幼儿园教师专业发展，也不利于学前教育事业的发展。这是政府要协调编制、教育、财政等部门统筹解决的问题。

其次，依法保障幼儿园教师的权益和工资待遇。教师权益和工资待遇的保障，是吸引优秀人才充实幼儿园教师队伍、保证队伍专业化和质量的关键。政府明确规定幼儿园教师享受与普通中小学教师同等的地位和待遇，并以法律形式规定幼儿园教师的平均工资水平和津贴，同时要求各级政府切实解决幼儿园教师工资、福利、职称、医疗、住房等有关问题。但在现实中，受多种因素的影响，幼儿园教师权益和工资待遇问题突出。福利、职称、评优选先、住房等教师权益问题暂且不谈，幼儿园教师工资待遇偏低的现实问题普遍存在。有关幼儿园聘用制教师工资状况的调查显示，兰州市某区聘用制教师年薪最高的为23000 元、最低的为12000 元，平均年薪17100 元、月薪为1425 元，平均月薪略高于兰州市市民每月最低生活保障水平，远低于在编教师月薪2190 元（工作 1~3 年教师工资。① 事实上，在编教师月薪也不高）的工资标准，其月薪仅能维持基本生活。被调查的 10 所幼儿园中，9 所有聘用制教师（因为无编制），其中两所幼儿园为聘用制教师购买了养老保险、医疗保险、生育保险、失业保险、工伤保险 5 险，4 所幼儿园为聘用制教师购买了养老保险，3 所幼儿园没有为聘用制教师购买任何保险。工资待遇低是导致幼儿园教师职业认同感缺失、教师队伍不稳定、专业化程度低的主要因素之一。为改变这一现状，政府及其相关部门应切实负起责任，建立政策落实的监督、检查机制，依法保障并提高幼儿园教师的权益和工资待遇。

幼儿园教师的身份是保证教师合法权益、稳定师资队伍的重要前提和基本条件。《中华人民共和国教师法》明确指出："中小学教师，是指幼儿园、特

---

① 王丽娟，沈建州. 幼儿园聘用教师建设中存在的问题及对策研究——以兰州市 C 区为例 [J]. 内蒙古师范大学学报（教育科学版），2014（12）：73-75.

殊教育机构、普通中小学、成人初等中等教育机构、职业中学以及其他教育机构的教师。"幼儿园教师是我国教师队伍的组成部分,其合法身份毋庸置疑。除专门的、针对学前教育和幼儿园教师的政策、规定等标准、文件外,政府和教育行政部门一般使用"中小学教师"(广义的)来包含幼儿园教师。然而,社会所理解的"中小学教师"与《教师法》所指的"中小学教师"并不一致,他们更多的是从狭义的,即"普通中小学教师"来理解和认识的,其中并不包含幼儿园教师。这种狭隘的、片面的理解通常会使幼儿园教师遭遇"你不就是'看'孩子的吗"的歧视,导致幼儿园教师身份受到质疑,得不到应有的社会尊重,失去或无法获得社会外展系统的理解与支持。因此,建议政府和教育行政部门多使用"幼儿园、中小学教师"或"幼儿园教师和中小学教师"的提法,以正视听。

再次,全面实施《专业标准》,提升教师专业品质。长期以来,我国幼儿园教师的专业地位和社会地位远不如普通中小学教师,更不如医生和律师,究其原因,幼儿园教师没有明确的、严格的从业标准,导致幼儿园教师素质良莠不齐,甚至"城门失火,殃及池鱼",不仅降低了幼儿园教师队伍的专业化程度,也弱化了其专业性和独特性,严重影响了幼儿园教师的专业地位和社会地位。顾明远先生认为,社会职业有一条铁的规律,即只有专业化才有社会地位,才能受到社会的尊重。如果一种职业是人人可以担任的,则其在社会上是没有地位的。教师如果没有社会地位,教师的职业不被社会尊重,那么社会的教育大厦就会倒塌,社会也不会进步。可见,专业化及其程度对幼儿园教师专业地位和社会地位有着极为重要的影响。

标志着我国幼儿园教师队伍建设跨入规范化和专业化发展新阶段的《专业标准》出台已有4个年头,包括《中小学教师资格考试暂行办法》和《中小学教师资格定期注册暂行办法》的颁发也有时日。事实上,不仅社会上对此不清楚、不知道,就是一些幼儿园教师也不甚了解。一方面是由于宣传力度不够,另一方面是因为还没有引起广大幼儿园教师的高度重视。所以,各级教育行政部门应加大宣传力度,全面推进《专业标准》的实施,依照标准和配套的办法措施,严把教师入口关,严格执业标准,实行过程性教师质量监控,凸显幼儿园教师的专业性和独特性,全面促进幼儿园教师专业发展。

最后,加大政府投入,为幼儿园教师专业发展提供根本性保障。经费短缺、政府财政性投入不足,是制约幼儿园教师专业发展和质量提高的重要因素。幼儿园教师专业发展需要一定的人力、物力和财力做保障。《中国教育年鉴》《中国教育统计年鉴》以及《中国教育经费统计年鉴》相关统计数据表明，政府对学前教育的财政投入总量在逐年增长，但学前教育财政经费占总教育财政经费比例、学前教育经费中政府分担比例、预算内人员经费拨款占人均经费支出比例偏低，用于幼儿园教师专业发展的经费则少之又少，甚至没有。对此，政府应加大对幼儿园教师专业发展的经费投入，其投入至少包括幼儿园教师职前培养和职后培训经费，明确学前教育经费中教师专业发展经费比例，重点用于幼儿园教师教育和教师专业发展。①

幼儿园教师合法权益的保障与实现需要依靠一定的组织来完成。目前，各级教育行政部门的学前管理力量明显不足，特别是县级教育行政部门，学前教育管理责任大，但管理力量十分薄弱，常常无力顾及，难以履行基本的管理和引导职能，更谈不上关注幼儿园教师的专业发展问题。有些地方，常年缺乏实质性的幼儿园教师队伍建设与发展规划，这势必会严重影响幼儿园教师的专业发展。基于此，建立完善学前教育管理机构，为幼儿园教师的专业发展提供有力的组织保障迫在眉睫。

第三节　幼儿园层面的支持策略

教师专业发展的有效性在很大程度上取决于幼儿园层面的支持及其支持力度。在保教实践真实环境中，幼儿园要将《专业标准》作为引领、支持教师专业发展的指南和依据，加强教师职业理想与职业道德、育人责任感与使命感教育，通过园本培训和园本教研，实施发展性教师评价机制、建立教师成长档案袋等措施，有效促进教师专业发展。

一、以园本培训支持教师专业发展

"园本"由学校本位这一概念推演而来，即立足幼儿园内部及其实际，以幼儿园发展提高为宗旨。园本培训就是由幼儿园主动发起和组织的，以本园为培训基地、本园教师为培训对象，紧密结合本园保教实际与发展目标，充分利用园内外培训资源开展的满足本园教师专业发展、实现办园目标的培训。

---

① 刘微. 教师专业化：世界教师教育发展的潮流［N］. 中国教育报，2002-1-3.

培训机构或园外其他培训往往涉及面广泛，多会采用自上而下、相对统一的内容和要求实施培训，无暇顾及园与园之间、师与师之间的差异，无法满足每个幼儿园和每个教师的需要。与之相比，园本培训有其自身的优势，不但能够有效解决培训机构或园外其他培训的局限与不足，还可基于幼儿园自身的实际情况，针对本园教师特点和发展需求制订培训方案，提高培训效能。而且以园为本的培训是在幼儿园教师最熟悉的现实情境中进行的，它使教师已有的知识与经验、实践困惑与问题得以充分显现，可以在最大程度上关注教师个体差异，结合每个教师的具体情况解决具体问题，帮助提升专业技能，使教师在培训中始终处于积极主动的状态，提高了培训的质量和实效性。

（一）园本培训的特点

与培训机构或园外其他培训相比较，园本培训具有以下 3 个特点：

1. 针对性强

园本培训的决策、组织、管理主体都是幼儿园，其出发点是解决幼儿园自身和教师专业发展中存在的实际问题与具体问题，最能结合并找准幼儿园及其教师的问题所在，其效果随时能够在真实的保教情境和过程中得到验证，从而使培训更具针对性。加之园本培训以"问题"为中心，从幼儿园和教师的实际出发，伴随培训的不断深入，会使"问题"不断得到解决，新的"问题"又不断产生再得到解决，在这样的良性循环往复中，教师的保教行为不断得到规范，专业实践能力得到提高与发展。

2. 自主性高

园本培训中，幼儿园有充分的培训自主权，在园长和教师共同探讨、分析解决问题的基础上，结合幼儿园发展目标、教师专业发展，自主编制施训方案，选择培训资源，制订教师专业发展计划。教育行政部门、业务主管部门和专家学者只是为培训提供咨询、建议及一定程度的支持和监督，培训的主体始终是幼儿园自身，充分体现了培训的自主性。

3. 灵活性大

园本培训始终立足于教师任职的幼儿园，而每所幼儿园所具有的内外环境不同、办园特色不同、发展目标不同、教师特点不同，这就使园本培训在内容设置、课程模块组合、形式选择、时空安排上具有极大的灵活性。

（二）园本培训的主要形式

园本培训的形式主要有以下 3 种：

1. 专题研讨

专题研讨是在平等、民主的氛围中，以某一专题（主题）为载体，以参与式研讨为主要形式的一种研修方式。它强调教师的主动参与、独立思考，激发教师的学习积极性，以此培养教师的创新能力，提高教师的实践能力。专题研讨包括专题（主题）确定、独立思考、小组交流、团队研讨、总结提升 5 个基本环节，具有过程性、问题性和自主性的特点。

2. 现场观摩与评议

即教师通过对他人（自己）保教活动的现场观摩、分析与评议，进而反思、转变保教观念，不断提升自身专业能力和水平的过程。这是在教师专业发展中经常采用且有效的一种培训方式。通过对保教活动的观摩与评议，可以为教师提供一个在实践中相互切磋与交流的真实情境，为其带来更生动、更鲜活、更直观、更具体的感受和体验。需要特别关注的是，活动过程一定要具有真实性，避免任何形式的"预处理"和"包装"等虚假现象。

3. 案例研究

案例就是含有问题或疑难情境的、真实发生的典型性事件。一个案例就是一个关于真实情境的描述，它承载着一个或多个疑问，包含问题解决的启示、方法、途径等信息。园本培训中的案例就是对某一具有研究价值的典型案例或片段展开分析和研讨，以引发教师的主动思考，获得启发、示范、共鸣或探索寻求最佳的解决方案，并以此促进教师专业发展。案例研究的关键是案例的选择，所选案例须具有典型性、针对性、生动性、真实性和启发性。案例积累的过程是教师专业成长的过程，案例研究的过程是教师专业发展再提升的过程。

二、用园本教研支持教师专业发展

园本教研是一种以幼儿园自身为研究基地，以本园教师为研究主体，以教师在保教实践中所遇到的真实问题或困惑为研究对象，旨在促进幼儿园教师专业发展，提高保教质量的研究活动。

（一）园本教研的基本特点

如果"生活即教育"是教育的普遍规律，具有普适性和理论性的特点，那么，园本教研探讨的则是保教实践中具体的、真实的、对于幼儿健康成长和教师专业发展具有现实意义的问题，是一种基于实践过程并解决问题，最后再回到实践中去指导或改变教师保教行为的教研活动。

1. 教师是真正的、真实的研究主体

园本教研的研究主体是幼儿园一线教师及管理人员。虽然园本教研需要专业研究人员或专家的参与、引领和指导，但具体实施教研活动的主体是教师。幼儿园里的每一位保教人员和管理人员都可以成为研究者。所以，园本教研是基于幼儿园教师的、可触可感的、真实的研究活动。

2. 在行动中研究

园本教研关注的是教师实践问题的解决，是在实践—研究—再实践—再研究的行动研究过程中，探索问题解决的有效策略，以改善、规范保教行为，促进幼儿健康成长。

3. 在合作中研究

园本教研的实施，必须以同伴合作、交流互助为平台，并依靠团队及其成员的合作、互帮互助解决实践问题，使全体教师在不同层次上获得专业发展。

（二）园本教研的主要内容

"以园为本的幼儿园教研制度建设"项目专家组组长李季湄教授，在中国幼儿教育网就幼儿园开展园本教研的方法和策略等问题做在线互动问答时强调，园本教研要按《幼儿园教育指导纲要》精神开展，并以真正提高幼儿园教师的专业素质为宗旨。园本教研的内容要围绕 4 个方面展开。

一是让教师将"了解幼儿"作为专业素质的基本，认识到"了解幼儿"是幼儿教育每一个环节的基础。通过园本教研，从根本上帮助教师掌握观察、了解幼儿的基本功。

二是让教师将"与幼儿有效互动"作为专业素质的核心，认识到提高师幼互动的质量是创造高质量幼儿教育的最本质的环节。通过园本教研，帮助教师学习和掌握这方面的知识、技能，发展专业能力。

三是让教师将"教育、教学研究"作为专业素质的重要内容，认识到"教育、教学研究"是提高幼儿园保教质量和教师保教能力，发展自己的教学风格和实践智慧的重要环节。引导教师通过自己的教育、教学过程进行学习研究，研讨真实的、复杂的实践问题，在真实的教育情境中提高理论分析和解决实际问题的能力，在反思性实践中实现专业发展。

四是通过园本教研，引导教师将终身学习作为自身专业发展和自我人生发展的途径，让教师明确自身专业发展的方向和重点，了解教师专业发展的阶段、特点、途径与方法，学会制定符合自身实际的发展规划，正确处理工作、生活中的问题和困难，帮助教师把个人生活和职业生活、专业发展和人生规划和谐地统一起来。

（三）园本教研的主要方式

园本教研的形式多种多样，案例分析、说课听课评课及课题研究是比较常见的方式。

1. 案例分析是一种运用最为广泛的园本教研方式

这里言及的案例是指教师用录像、视频或微课等方式记录下来的自己的保教活动过程和片段。案例分析就是教师以记录材料为载体，将自己的保教活动呈现在其他教师和研究人员面前、并与其他教师、研究人员一起对活动（片段）进行研究和反思，以此帮助自己或他人去思考"为什么教""教什么""如何教""怎样才会更好"等问题，从而从根本上改进和完善自己的保教活动。在案例分析中，教师和研究人员不再是评述某个教师设计和实施的活动有哪些长处和缺点，而是从多种角度对案例本身进行剖析，提出问题和建议。这样教师就会感觉到自己不再处于被人评价的被动地位，而是处于积极的建构状态，有助于幼儿园教师的专业发展。

2. 说课听课与评课

这里所谓的"课"意指幼儿园的各种集体教育活动和游戏活动。这是一种极为适合幼儿园集体教研活动的、最为有效的方式，也是促进幼儿园教师专业发展的重要途径之一。说课就是教师面对同行或研究人员以口头表述为主，系统说出教育（游戏）活动的设计意图及其理论依据，资源准备、内容要点、主要活动环节、活动组织与策略的教研方式。幼儿园教师说课活动主要包括说活动内容、说幼儿特点、说方法策略、说活动组织等几个主要环节。

园本教研中的听课不同于平日、随意的听课，而是一种有目的、有准备的"听课"活动。教师应注意3个问题：一是听课前要做一定的准备工作；二是认真观察和记录；三是及时反思与整理。听课中教师要集中精力，做到耳到、眼到、手到、心到，不仅要关注教师的教育行为，也要关注幼儿的学习行为与特点。

评课是"说课、听课与评课"的重要环节。一般要根据教研目的来确定评课的主题和内容。评课中既要讲究技巧，也要坚持实事求是、坦率诚恳、兼顾整体的原则，以调动教师的积极性和主动性，帮助和指导教师不断总结教学经验，提高教育教学水平，在教学过程中形成自己独特的教学风格。

备课、上课、听课与评课是教师最为重要的专业实践途径，也是一种有效的教学研究途径。对此，江苏省羊尖高级中学陈平老师这样概括："备课是一种策略研究，上课是一种临床研究，听课是一种比较研究，评课是一种诊断研究，'教后记'是一种反思性研究。"① 幼儿园教师的专业发展也正是在现实的策略研究、临床研究、比较研究、诊断研究和反思性研究中逐步实现的。

3. 课题研究

在幼儿园，课题研究准确地说应该是小课题研究，这是园本教研中常用的一种方式。园本教研的课题来自幼儿园保教实践，是幼儿园普遍存在的、具有研究价值的，或与本园特色形成有密切联系。园本教研立足于幼儿园的日常保教实践，强调幼儿园作为一个学习型组织在教研活动中的作用发挥，强调教师作为研究主体的参与性和个人反思，强调园外专业人员或专家学者在教研过程中的指导作用，更强调教研问题的真实性和现实性，并以研究和解决现实中的真实问题或困惑为核心，旨在通过反思研修、同伴互助、专业引领来促进幼儿、教师和幼儿园的共同成长与发展。园本教研有以下特点：

园本教研有别于教育研究人员和专家学者的研究活动。其课题研究的核心力量是幼儿园教师，研究方法主要是基于保教实践的反思与叙事，或行动研究，研究目的在于解决保教实践中的现实问题，并在研究中实现教师专业发展。

为促进园本教研顺利开展，幼儿园应注意提供园本教研的制度保障，为园本教研创设民主和谐、宽松自由的研究氛围，形成自下而上的课题选择和确立渠道，提供适宜、有效的专业引领和指导。

三、采用发展性评价帮助教师专业发展

在幼儿园教师专业成长过程中，适宜的评价手段对教师的专业发展起着诊断、反馈、调整的积极作用，也是一种组织制度保障。

（一）发展性评价与教师的专业发展

幼儿园教师的发展性评价是在充分尊重教师的前提下，以促进教师专业发展为目的的评价手段。发展性评价不是给教师当前的能力和水平下一个简单的结论，而是帮助教师诊断、反馈发展中存在的问题，给出改进意见或建议，使教师的专业发展更具科学性和有效性。所以，发展性评价的实施，要着眼于教师的未来，为其日后的专业发展起激励和导向作用。

---

① 陈平. 新教师的教学研究从哪里入手 [N]. 中国教育报，2006-10-16.

1. 发展性评价鼓励教师自主发展，关注专业发展过程

发展性评价以幼儿园日常保教规范为依据，支持鼓励教师发展的主动性和自我规划。从分析教师的发展现状，到实践过程的每一环节，都着眼于帮助和促进教师个体的专业发展。

2. 发展性评价重视教师的个体差异

发展性评价承认并尊重教师的个体差异，基于每一位教师的自我认识和判断，以及发展现状和发展潜质，从实际出发，结合教师个体发展特点和目标，给出具体建议。它从发展的视角看待发展中的每一位教师，对不同教师实施不同内容和标准的差异性评价，打破了用统一标准要求所有教师的做法，使每一位教师在不同的发展基础上获得更高层次的发展。

（二）教师发展性评价的方法

从评价内容来看，发展性评价包括集体教育活动评价法、教师保教行为评价法、教师整体素质评价法；从评价过程来看，包括搜集、整理评价信息的方法，交流、研讨、评定的方法；从评价主体看，可以分为自我评价、同事评价、多主体综合评价。依据评价主体，发展性评价的具体方法如下：

1. 自我评价

即教师以自己为评价对象，对自己的专业发展进行评价。自我评价能够突出教师在评价中的主体地位，体现对教师的尊重，有助于促进教师的成长和发展。教师通过搜集、筛选和资料整理，把自己认为有价值的作品和成果归纳整理出来，以此发现自己的优缺点，看到自己发展和变化的过程，反思成绩与不足，提出发扬光大或改进的具体措施。这一评价方法有助于提高教师的自我判断能力和专业反思能力。

2. 同事评价

这是一种以同事或教师群体为评价主体而进行的、促进教师专业发展的评价方法。同事评价包括教研交流评价、教师小组评价、教师结对评价、教学成果展示评价等具体方法。由于评价双方处于同等环境和地位，相互了解且能够做到相互理解，因此交流、讨论的评价内容具有较高的针对性和真实性，能够使被评价者从中获得有价值的信息，使评价者或旁听者得到启迪和启发。

3. 多主体参与的综合评价

由多个评价主体参与，运用多种评价策略对教师进行评价。在评价主体上，重视教师自评、同事互评和幼儿园评价相结合；在评价内容上，强调教师基本保教能力和素质评价、所在班幼儿发展情况的综合评价；在评价过程上，

把集体听评课，以及研讨、访谈、交流融为一体；在评价策略上，注重定性评价和定量评价相结合。

四、建立教师成长档案袋助推教师专业发展

档案袋（Portfolio），即"带着走的作品集"。最初是说一些画家、摄影师把自己满意的作品收集在一起，交给自己的委托人来看，以获得展出或出版的机会。其在后来无意中形成了艺术家的一个成长"portfolio"。因为这种特有的形式既集中保存了艺术家的优秀作品，长期积累还记录了艺术家的艺术追求、艺术风格、创作成就、涉猎领域和艺术探索的历程，人们据此能够了解艺术家的成长道路，对艺术家的艺术成就和发展作出质性分析与评价。这种形式引起了社会其他领域的广泛关注和借鉴。20 世纪 80 年代末，美国斯坦福大学教师评价项目组探索并尝试了在教师教育中使用档案袋进行评价的可能性。进入 20 世纪 90 年代，档案袋开始作为一种评价工具在全美的大中小学校广泛地发挥作用，并逐步影响到世界许多国家和地区。

教师成长档案袋是描述教师职业生涯中专业发展的有效工具，它将教师在保教实践中遇到的问题及其回应方式、过程，以"档案"的形式予以保留，以此作为对教师保教行为进行诊断、评价和指导的依据，从而有目的地解决保教实际问题，促进教师专业发展。教师成长档案也是教师专业成长的记录袋，它承载着教师的经历、梦想和成果，记录着教师在其专业成长过程中的收获与困惑、感悟与感动、知能与情感、自我评价与他人评价。教师成长档案袋的呈现方式可以是档案盒、电子文件夹或有实际意义的档案袋等。例如，吉林省 A 幼儿园结合自身实际和教师具体情况，确定了教师成长档案袋需要收集、整理和归纳保存的内容要求。

《A 幼儿园关于教师成长档案袋内容要求的规定》①

（一）个人基本信息

个人照片（符合教师身份）

教师姓名

---

① 徐铭泽. 幼儿教师成长档案袋制作与评价策略研究——以 A 幼儿园为个案［D］. 长春：东北师范大学，2009：15.

英文名字

年龄

参加工作时间

学历、进修情况

工作简历

教师心语

以往获奖经历（条目式的）

（二）个人成长系列

个人成长系列资料包括教学、学习、管理以及成果展示4个方面。具体内容要求如下。

第一部分：教学方面

个人专业发展目标（短期目标或长期目标）

精品活动设计与活动反思

对1~2名幼儿的持续性观察日记

组织教育活动的音像资料（光碟、照片等）

教师反思日记

教育随笔、教育叙事、教育困惑和问题分析等

第二部分：学习方面

阅读书籍有感（教育方面或对自身教育工作有启示）

业务学习后的感想

参与进修或培训活动后的心得

从同事、管理者或专家那里获得的经验与收获

针对自己在工作中遇到的问题，别人给予的建议或看法

参与课题的名称、内容、成果及体会等

第三部分：管理方面（对班级、幼儿及其家长工作的管理与服务）

班级环境、区域设置的介绍、反思、作用及价值

对助教、保育教师和实习生的指导

班级教育特色的研究与实施

阶段性工作的自我评价

第四部分：成果展示

做课资料

比赛资料

证书

发表的论文或著作摘要

（三）评价系列

阶段性教师自我评价

阶段性幼儿评价

阶段性家长评价

阶段性同事评价

阶段性管理者评价

（一）教师成长档案袋的内容

《吉林省 A 幼儿园关于教师成长档案袋内容要求的规定》为我们了解"档案袋"提供了翔实而直观的范例。作为教师成长的"档案袋"，应包括以下基本项目和信息。

基本信息：

便于快速了解教师个人的基本情况。主要包括个人简历、所学专业、学历学位、专业技术职称（职务）、教学年限、教学风格以及个人爱好等，也可包括教师对其工作和学习背景的清晰描述。基本信息翔实可靠的，可用于教师专业发展态势的快速预测。

目标资料：

涵盖个人专业发展规划和不同阶段的发展目标。

过程资料：

能够反映教师专业发展水平和绩效的印证性资料。包括论文、著作、获奖证书的复印件，参加课题研究、教研活动的记录、报告、证明等，继续教育证件、专业发展中的重要事件记录、保教案例、个人反思以及班级幼儿的学习和发展情况等。

评价资料：

主要记录教师在各个专业发展阶段的专业发展情况和评价。包括自我评价、幼儿评价、家长评价、同事评价、幼儿园评价和专家评价等。

（二）教师成长档案袋创建

建立档案袋旨在帮助教师领会并贯彻发展性教师评价的理念，收集整理证明自身专业发展的资料并呈现资料、利用资料。档案袋的创建过程是教师不断总结、反思和促进专业发展的过程，是教师对专业发展中的问题进行自我改进、完善和调整的过程。作为一种"档案"，档案袋创建环节和步骤可分为前期准备阶段、资料收集阶段和管理运用阶段。

1. 前期准备阶段

这是建立教师成长档案袋的基础阶段。主要任务是明确档案袋的创建目的、确定类型与内容材料。第一，确定档案袋的类型。建立档案袋是有目的、有计划地开展教师发展性评价、支持教师专业发展的过程。依据不同的评价目的和发展目标，教师成长档案袋主要有展示型、过程型和评价型 3 种类型。展示型档案袋旨在呈现教师个人专业发展中的成绩与成就；过程型档案袋旨在真实地、动态地、全面地记录和描述档案袋主人的发展与成长过程；评价型档案袋关注和呈现的是，教师个人在其成长与发展过程中的评价、评价反馈，以及自我反思、自我调控的过程性资料。处于不同发展阶段、发展目标任务的教师，需要选用与之相适宜的档案袋类型。例如，成熟期的专家型教师就可采用展示型档案袋，大多幼儿园建立的多数档案袋其目的是为了促进教师专业发展，所以多以过程型档案袋为主，并辅以阶段性发展评价的有关资料。第二，规定教师成长档案袋的内容与材料。如前所述，教师成长档案袋包括教师个人基本信息，以及目标、过程和评价资料等基本项目和信息材料。实践中，幼儿园可根据本园具体情况来增减内容和资料。但无论怎样，幼儿、家长、幼儿园管理者对教师的评价资料、教师自身的发展规划、自评资料和各种总结是必须要有的内容资料。

2. 资料收集与整理阶段

主要有两种方式，一个是教师自主收集、整理资料。每位教师都是自己的成长档案袋建立的主体，也是建立的主人，收集、整理成长档案袋资料的过程，就是引导教师通过材料整理进行自我反思，促进教师专业发展的过程。教师的资料收集与整理必须结合保教工作实际，在注重体现过程与结果相结合的同时，还应体现角度多元的特点，反映自己在团队合作、师德修养、师幼关系、活动教学、课程开发、资源整合、进修学习、园本教研、幼儿观察记录等多方面所发生的变化和取得的成绩。同事或家长对自己的意见或建议、自我反思等都可以以文字形式放入档案袋。另一个是结合日常保教工作丰富档案袋资料。幼儿园要将教师成长档案袋的建立寓于教师日常保教实践的过程之中，注重在保教过程中存留各种评价和反馈信息，以及其他印证性资料。幼儿园要及时制作教师的常规考核、评价，阶段性评价或专项评价的副本，并及时入档。总之，档案袋的资料应当体现教师在专业理念、专业知识和专业能力等专业素养方面的发展和变化。这就意味着它的建立不是短时间内教师个人资料堆砌或突击完成的，而是一个不断积累、丰富与发展的过程。同时，伴随教师的成长，其档案袋的内容应始终是动态的，能够使教师依此及时反思和改进自己的保教行为。

3. 管理与运用阶段

教师成长档案袋是教师专业学习与发展，取得成就和进步的集中体现，它真实地反映教师个人专业化成长的历程。幼儿园通过对教师档案袋的管理与运用，及时了解教师专业发展中的优势与不足，进而为教师的专业发展提供支持依据和策略。因此，幼儿园需要做好以下 3 个方面的工作：

一是督促并指导教师对成长档案袋进行自我管理。档案袋是教师自身专业成长和发展的纪录和展示，需要调动教师自身专业发展自主性，强化教师对档案袋自主管理的主人翁意识。结合教师自主收集专业成长与发展的内容资料，培养教师对成长档案袋的自我管理能力。

二是建立教师成长档案袋管理制度。为保证教师成长档案袋资料的原始性、真实性和完整性，幼儿园应建立资料收集、积累制度和严格的归档管理制度。同时，对档案的存储载体应有严格的要求或规定，以免因存放原因而对文本档案资料造成损失。

三是定期组织交流与展示。为更好地发挥教师成长档案袋的作用，幼儿园应定期进行交流和展示活动。可以班组为单位交流研讨，也可在全园或园际之间进行展示交流。从中教师可以彼此分享最珍贵或最难忘的有益经验或收获，也可提出自己在专业发展中的困惑，请教师们给予帮助与支持。通过定期的交流与展示，不仅可以使教师看到自己的成长历程和自身的优点，也能使教师明确自身存在的不足，从而更好地促进教师的专业发展。

教师成长档案袋不仅是教师专业成长的记录袋、专业成长历程的缩影，还是教师工作和思想的"博物馆"，展示着教师的劳动成果、经历和专业梦想。它就像一面"镜子"，虽然有时会有一些扭曲，但是更多的时候是对"自我"的一种真实反映；它记录着教师对教育活动目标和《专业标准》的理解、成长过程的反思性评价，以及教育管理者和专家的建议与评价等，这一切又构成了一个多元化的评价体系；它是一种学习工具，记录着教师学习的过程。教师成长档案袋的建立就是要培养教师善于反思、勤于发现、乐于分享的学习习惯。

第四节　幼儿园教师层面的支持策略

希望个人在专业上有所发展，渴望自己在专业领域有所建树，是每一位幼儿园教师的美好愿望。然而必须明确，教师的专业发展除幼儿园、社会等外部影响因素外，其关键还在于教师自己。许多成功的幼儿园教师及其专业发展都证实了这一观点。因为教师的专业发展是教师"内在专业结构不断更新、演进和丰富的过程"，所有外部的机会和条件只是为教师的专业发展提供了一个外源性支持，只有依靠自我发展的力量，教师才能真正走向自主发展之路。所以，教师要将《专业标准》作为专业发展的依据，结合《纲要》《指南》等专业规范，自觉承担专业发展的主要责任，激发成就动机，制订专业发展规划，在实践中不断进行自我反思和改进提高，从而实现专业发展。

一、形成强烈的成就动机

成就动机是推动个体事业发展的动力之源。教师在成就动机的激发下更乐于担当教育工作，享受事业的成功为自己带来的成就感和幸福感。如果教师具有良好的成就动机，往往会具有自尊、自信等职业特点。在高成就动机的驱使下，教师个体能够维持较高强度的成就行为，且不需要大道理或高谈阔论，也不需要太多的外部刺激，他们都会自主、自发地向着专业发展的目标前进，并且会为未来可能出现的问题和机会做好各种应对准备。反之，成就动机较低，则容易出现自卑、焦虑、敌对、偏执、难以与人相处等不利于专业发展的负面情绪和行为，专业发展将会受到限制。因此，成就动机是教师专业发展最大的内驱力。

（一）成就动机的内涵

所谓成就动机是一个人按照自己确定的目标，通过自己的努力，完成某项有价值或重要的事情，并力求达到更高标准的一种内在心理过程。简言之，是一个人追求卓越的愿望。具体到行为上，成就动机表现为一个人对自己认为有价值的或重要的目标的积极追求。研究表明，高成就动机不仅影响教师自身的专业发展，而且还会影响到教师的人格形成以及幸福感的获得。

（二）成就动机的形成策略

1. 增强教师的角色意识及其使命感、责任感，激发成就动机

心理学研究表明，强烈的角色意识是执行角色规范的前提。幼儿园教师对专业的重要性、崇高性的认识，对角色的认同感和强烈的使命感，是激发成就动机的重要因素。"理解幼儿保教工作的意义，热爱学前教育事业，具有职业理想和敬业精神""认同幼儿园教师的专业性和独特性，注重自身专业发展""具有良好职业道德修养，为人师表"是《专业标准》对幼儿园教师基本的角色定位。每一位幼儿园教师都应当具有"关爱幼儿，重视幼儿身心健康""尊重幼儿人格，维护幼儿合法权益，平等对待每一个幼儿"的责任感和使命感，切实担负起幼儿健康成长的启蒙者和引路人的职责。

2. 以教师的自我效能感加强成就动机

美国心理学家班杜拉的自我效能理论认为，自我效能感是个体对自己能否成功地进行某种成就行为的主观推测和判断。它包括结果预期和效果预期。结果预期是指人对自己某一行为会导致某一结果的推测。如果教师预测到某一特定的行为将会导致某一特定的结果，那么这一行为就可能被激活并得到选择。效果预期是指人对自己能够进行某一行为的实施能力的推测和判断，即对自己行为能力的主观判断。也就是说，个体的自我效能感决定着他的成就动机。

具有较高自我效能感的教师倾向于为自己选择和设定富有挑战性的成就目标，在教育实践中表现出较高的积极性，乐于付出努力和采取有效策略来应对遇到的问题，并解决面临的困难。而当问题、困难得到解决和克服时，当初的效能感就得到了证实，动机得到进一步维持和维护。即便教师偶尔遇到前所未有的困难，他所具有的能力和取得的成功的信心，也有助于诱发动机行为，克服工作中的难题。相反，自我效能感低的教师在教育实践中的积极性就低，不愿付出过多的努力和采取相应的策略应对困难、解决问题，这将导致行为结果不尽如人意，又使他降低了效能感和成就动机。因此，教师要拥有良好的自我意识，有效提升自我效能感，进而增强成就动机。

3. 提高自身的心理健康水平，激发成就动机的心理潜能

拥有健康的心理，正视自身存在的力量，有助于教师发挥自身的潜能，激发教师追求完美的人生和自身价值的实现；有助于教师战胜在追求成功的过程中遇到的挫折和面临的困难，使积极的动机与有效行为得以保持和坚持。所以，健康心理是教师成就动机的土壤，拥有强烈的成就动机本身也是健康心理的具体体现。

此外，幼儿园环境对教师个人的成就动机有很大影响，主要来自激励因素和保健因素两个方面。激励因素主要有工作的成就感、承认程度、挑战性、责任感和个人获得的发展；保健因素主要包括领导的管理、人际关系、工资、地位等。基于此，幼儿园要为教师成就动机的形成与维护提供条件，尤其是在满足教师的专业成长、社会地位、荣誉、自我实现的需要等方面，创设有助于教师成就动机形成的氛围，开展有助于教师成就动机发展的各种活动。同时，建立合理的奖励机制，对教师的努力和取得的成就及时进行表彰奖励，从外部环境上强化教师的成就动机。

二、养成专业自主发展意识

幼儿园教师的专业发展，是在内在专业价值引领下的自我完善、自主管理的发展过程，反映了教师自主发展的愿望、需要与追求。自主发展意识是教师专业发展的必要条件。有研究者认为，在教师发展中教师要具备高度的自我意识，要有随时准备接受改变的积极态度，以改变自己所需要的知识和技能结构。研究与实践均表明，意识可以带动教师对态度、知识和技能 3 个要素的关注。传统的、知识传递式的教师教育强调了知识和技能的掌握，却忽视了态度的作用。事实上，教师的专业发展、特别是专业自主发展，必须从意识和态度的改变开始，只有教师具备发展的主观愿望和积极的态度，才能真正实现教师个体的专业发展。

（一）教师专业自主发展意识的内涵

自主发展意识是教师个体内在的专业发展意向，它建立在教师个人对所从事职业的基本认同感上，并为获得专业发展而不断地主动学习，自觉调整、完善自身的保教理念与实践活动。包括对过去专业发展的总结意识，对自己当前专业发展状态和水平的评估意识，对未来专业发展的规划意识。在自主意识的驱动下，教师专业发展是一种积极主动的发展，教师能够自觉地承担专业发展的职责，将自己的专业发展状况作为反思的对象，并通过自我反思、自我设计、自觉实施和自觉调整，不断更新自己的内在专业结构和素养，从而获得专业发展。

（二）教师专业自主发展意识的养成策略

首先，唤醒幼儿园教师的自主发展意识，萌发专业自主发展的愿望。教师要深度了解和关注自身专业发展的内部需求与动机，激发个人内在的发展愿望，从而走向自主发展之路，并在外部行为上使自己变被动为主动，从"授人以鱼"向"授人以渔"转变，使自己成为专业自主发展的真正主人。在此基础上，通过对保教工作、专业水准以及人际关系等方面的自我评价，提高自我认识和自我分析能力，达到自我提升的目的。

其次，切合个人专业实际和环境条件，制定专业发展规划。通过深刻的自我反思，认真分析自己目前的专业发展状况，形成对专业发展现状的客观认识，确立专业发展目标及实施计划。基于实践的、科学而合理的专业发展规划，能够保证专业发展具有明确的目的性和方向性，这也是教师专业能力形成的过程。

三、制定个人专业发展规划

教师专业发展规划是在教师个人对专业发展环境、专业需求和发展水平进行全面而深入分析的基础上，进行的个人专业发展设计与职业规划。它不仅对专业发展起引导、督促和监控作用，而且专业发展规划的制定也是教师专业发展过程中的一个重要环节，是一种非常重要而有效的专业活动。

（一）教师专业发展规划的内涵和内容

所谓规划，通常指比较全面、系统或长远的计划。教师专业发展规划就是教师对自身专业发展的各个方面和各个阶段所做的设想和规划。包括教师对职业目标、预期成就的设想，对工作岗位的理解，对专业素养的具体目标设计和成长阶段的设计以及所采取的措施等。

教师专业发展规划的内容没有统一的规定，但在结构上一般包括现有起点、发展目标和发展措施 3 个部分。

1. 现有起点

教师的专业发展必须建立在教师现有的专业基础和水准之上。所以，制定规划时应对自己现有的专业起点和水平进行认真分析评估、形成正确认识，并作客观而详尽的描述。现有起点可以包括教师成长过程与发展阶段描述、个人专业素养分析以及环境因素阐释。

2. 发展目标

基于现有起点和当前状况分析，对未来一段时限内的发展趋势或理想状态进行预设，提出专业发展目标。发展目标的确立既要实事求是、客观现实，又要体现一定的高度，通过努力可能达到。一般包括总体目标和阶段目标，总体目标和阶段目标之间是统领与支撑的关系，总体目标是教师专业发展的基本思路和发展方向，而阶段目标则是教师在不同发展阶段应达成的具体发展目标。总体目标和阶段目标的明确，有助于教师对专业发展规划始终保持清晰的认识。

3. 发展措施

这是教师实现专业发展目标所必需的、扎实有效的举措和实践保障。促进教师专业发展的措施和保障有很多，如进修提高、观摩研修、活动诊断、理论学习、教育科研、专家引领、自我反思等，教师可根据自己的具体情况选择适宜的、有针对性的措施。例如，对于初任教师而言，观摩研修、活动诊断就是针对性较强的措施，对处于专业发展阶段"高原期"的教师来讲，活动诊断、专家引领、自我反思就显得很有必要。如果要全面而系统地提升自身的专业素养，进修提高、学历提升不失为一种有效的发展措施。也就是说，专业发展措施必须明确而具体，具有高度的可操作性和针对性。

（二）教师专业发展规划的制定

1. 学习理解相关理论，是教师专业发展规划制定的基础

从实践视角看，专业发展规划实质上是教师运用教师专业发展理论，结合自己的实际情况而制订的具体行动方案。没有理论做基础，规划就会简单而肤浅，从而失去理论指导意义。

需要明确的是，《专业标准》提出了合格幼儿园教师的基本要求，是教师专业发展规划制定的主要依据。教师要在分析自身专业发展现状的基础上，依照《专业标准》制定出一个详细的、操作性强的专业发展方案和规划设计。

2. 结合自身的专业发展实际制定规划，体现个性特点

专业发展规划的制定要立足自身所处的环境、面临的问题和需要，从自身专业发展的实际出发，强调规划的现实性和针对性，切忌拿他人的规划为己所用，使规划失去应有的价值和功能。由于个人知识结构不同、所处专业发展阶段不同、个体专业特点有别，其自身的优势与特殊性，以及专业发展目标、需求存在明显的差异性，因此专业规划必须做到有的放矢。

专业发展规划是教师个人的规划，具有鲜明的个性特征，与教师个人的专

业学习、发展和职业生涯密切相关。发展规划的制定应充分考虑个人因素，凸显个人的德行、情怀、能力、理想和追求等个性特征，强调教师自我认识和需求，以保证专业发展规划对个人的实际意义。

3. 专业发展规划的内容应具体而明确

规划的内容应避免含糊其辞和泛泛而谈，要具体而明确。从专业发展的现状、目标到措施，都必须具体细化，语言描述简洁明了、清晰具体，避免使用笼统、概括、有歧义的语言。

4. 专业规划的制定和实施是一个动态过程

教师专业发展过程是一个动态的、不断发展变化和调整的过程，专业发展规划与实施也应体现这一点，并根据教师专业发展形势和要求的变化，不断进行调整和修正，使规划与实施更具实效性。

作为专业发展的主人——幼儿园教师既是教育活动的实践者，还要表现出一个教育研究者的反思能力。不仅能够对教育实践进行反思，又能在反思中不断实践、提高。幼儿园教师就是在不断实践、反思、再实践、再反思的过程中获得专业发展。

第八章　幼儿园教师的专业发展规划

幼儿园教师专业发展依靠每一位幼儿园教师对自身专业发展的规划。俗话说，计划是行动的纲领。人生每一阶段的计划就像一颗颗美丽的珠子，这些珠子串在一起，才能成为一条美丽的项链，而这条项链就是规划。规划的意义就像一颗北极星为在黑夜中的行人指明了前进的方向，而幼儿园教师专业发展规划的作用就是为广大的幼儿园教师人生价值的实现提供一个行动的指引。

第一节　幼儿园教师专业发展规划的内涵

近年来对幼儿园教师专业发展及其重要性问题的论述越来越多，随着《专业标准》的出台，对于"什么是幼儿园教师的专业发展或成长"的内涵也有了更加深刻的认识。然而，在具体的实践过程中总会出现各种各样的关于幼儿园教师专业发展方面的问题，因此我们通过对其阶段特点进行分析，期望给广大的幼教工作者的专业发展提供一些指导。

一、幼儿园教师专业发展规划的含义与目标

（一）人生规划、职业规划概念的分析和关系

通常意义上的规划有筹划、计划的意思，尤指比较全面的、长远的发展计划，如三年、五年规划等。人生规划，就是指一个人根据社会发展的需要和个人发展的志向，对自己的未来发展道路作出一种预先的策划和设计。一般来说，人生规划的期限比较长远，其中又包括很多方面。例如：个人自身规划、健康规划、长远规划、事业规划、情感规划、晚景规划、幸福规划等。

职业规划，是职业生涯规划的简称，就是对职业生涯乃至人生进行持续的、系统的计划的过程，它包括职业定位、目标设定、通道设计三部分。通常所说的职业生涯设计实际上是指对职业通道的设计，它包括客观认识自我、评

估职业机会、确定职业目标和路径、终身学习和高效行动、与时俱进和灵活调整这几个部分。

职业规划只是人生规划的一部分，并不是人生的全部。职业有很大一部分只是作为实现高质量生存的手段存在而已。职业生涯规划是指组织或者个人把个人发展与组织发展相结合，决定个人职业生涯的个人因素、组织因素和社会因素等进行分析，制定有关个人一生中在事业发展上的战略设想与计划安排。一般来说，职业生涯规划可以从个人角度和企业角度划分成两个方面的内容，而个人职业生涯规划即是在组织中的发展计划，是指一个人一生的工作经历，特别是职业、职位的变动及工作理想实现的整个过程。

（二）幼儿园教师专业发展规划的内涵

1. 幼儿园教师专业发展规划的含义

前文中对规划、职业发展规划等概念进行了分析，因此幼儿园教师更容易理解专业发展规划的含义。在一定程度上，它其实可以等同于幼儿园教师的职业生涯规划。我们从国内外的相关研究中来对幼儿园教师职业生涯规划的含义进行概念上的界定。早在 20 世纪初，国外就出现了关于职业生涯设计的研究，发展至今，具有代表性的有：美国著名职业指导专家霍兰德的职业兴趣理论和著名职业生涯规划大师舒伯的职业生涯发展理论等。国内关于职业生涯设计的研究有两类观点：一是职业生涯设计，是主动发展职业的一种主体性行为，主要是人们对职业发展的一种预期；二是职业生涯设计主要是认识自己、分析环境、确立目标与制订行动计划的有机统一的活动。

我们认为，幼儿园教师专业发展规划是指在幼儿园教师对自身所处的阶段和内外部因素进行分析的基础上，制定的有关专业发展的各个方面和各个阶段的设想和规划。这种发展规划有长有短，一般可分为：短期的具体规划、中期的发展规划和长期的生涯规划。幼儿园教师专业发展规划常见的是以三年为发展阶段的规划。例如，《人民教育》2008 年第 2 期《教育者的遐思》一文，把教师的职业生涯按照时间分为五个阶段：

3~5 年的教师靠教育的技术，这是教育技术的熟练期。

5~8 年的教师靠经验，有了比较丰富的经验，能熟练地完成教育目标。

8~10 年的教师靠艺术，教育不再是简单的艺术，而有了较娴熟的教育艺术，教书育人逐渐成为一种生活中的自然。

10~15 年的教师靠哲学，教师个人逐渐有了自己的教育哲学观。

15~20 年的教师有了宗教情怀，对待教育有了一种神圣感。教育开始成为一种天职性的实践。

俗话说：一年适应讲台、三年站稳讲台、五年成就讲台。这似乎成为骨干优秀教师的"潜规则"了。因此，幼儿园教师要成就自身专业的长远发展首先要做好一份专业发展的规划，即要对幼儿园教师自己每一个发展阶段进行具体的规划。

2. 幼儿园教师专业发展规划的目标

计划在前，目标先行。众所周知，幼儿园教师专业发展在不同的阶段有不同的发展目标。为了制订幼儿园教师专业发展规划的目标，我们来分析目标的实施策略，即目标的分解和组合。目标分解是将目标具体化的过程，是把目标变成可操作的实施内容的有效手段。依据这个方法，我们按照时间、性质两个维度来分解目标。美国心理学家施恩认为，外职业生涯目标是经历一种职业（由教育开始，工作期，到退休）的通路，它包括招聘、培训、提拔、解雇、奖罚、退休等职业的各个阶段；内职业生涯目标注重的是所取得的成功和主观情感以及工作事务与家庭义务、个人消费等其他需要的平衡，目标组合是处理不同目标相互关系的有效措施。通常有时间组合、功能组合和全方位组合三种。幼儿园教师专业发展规划的目标，可以分为并进和连续两种。并进主要指同时着手两个平行的工作目标；连续是以时间为纽带，将各个目标前后连接起来，实现一个目标后，再接着进行下一个目标。按照功能组合的目标存在因果和互补关系。有些目标之间存在明显的因果关系，如上文所说的工作能力目标、职务目标是因，那么收入目标就是果。一名幼儿园教师成为优秀教师，同时又获得教育硕士学位，这两个目标之间存在着直接互补的关系。全方位组合是指职业生涯、个人和家庭三者的和谐发展。依据上文目标实施的策略，即目标的分解与组合，我们从职业发展角度可以把幼儿园教师专业发展分为三个大阶段的目标。

新手幼儿园教师的专业发展目标。首先在教育教学活动方面。幼儿园教师要掌握幼儿园工作的一般规律，遵守幼儿园的规章制度，熟悉《规划纲要》和《专业标准》的各项要求，适应教学活动，懂得幼儿园综合活动的方案设计，形成扎实的教育教学活动的基本功。其次，幼儿园班级管理。新幼儿园教师须担任相关任教班级的副班三任，学习并协助班主任对幼儿进行日常的生活和教育管理工作。最后是现代教育技术方面。幼儿园教师须懂得获得信息技术和教学活动整合，能初步应用现代教育技术服务教学。

熟练幼儿园教师的专业发展目标。总体上说，有以下几个方面：教育教学基本功扎实熟练，教育教学观念先进；善于学习研究，有较好的教育教学方法，教学水平较高，成为幼儿园的骨干教师；具有一定的教育科研能力，针对教学活动，开展科学研究，成为教育改革和研究的探索者、实践者，成为幼儿园的科研骨干；胜任班主任工作。

专家幼儿园教师的专业发展目标。第一，主讲园级公开课，积极参加园级、区级、市级幼儿园教师优质课竞赛并获奖。第二，主课教师能独立设计主题活动，并达到优秀水平。第三，教育教学方面的论文在各级各类刊物上发表或在各类论文评比中获奖。第四，能出色地胜任班主任工作，并在所教学科中初步形成教育教学特色而受幼儿欢迎。

案例1：

幼儿园教师个人规划方案①

为了进一步提高自己的专业化发展速度，打造独特的工作特色和具有个人特点的教育风格，本学期根据个人实际情况及本职工作任务，制订个人专业化发展计划如下：

（1）对于班级管理及班级日常工作，主要从细处着手，做到统筹管理、分工明确，一月一次定期召开班级会议，及时总结经验及部署下一步的工作，使班级管理更上新台阶；日常教育教学工作中，认真领会教材，活学活用并凸显其教育价值，抓好细节，从点滴教育做起，本学期重点培养幼儿良好的学习习惯和做好幼小衔接工作。

（2）努力提高自己的教科研能力，以身作则带领青年教师认真开展业务学习，倡导大家多读书、多模仿、多学习；本学期在教研组内重点抓好上课与评课的有机结合，在教学评研活动中使每一位教师，都将在理论与实践结合中得到不同程度的提高。

（3）结合幼儿园园本课题《幼儿早期阅读兴趣培养的策略研究》做

---

① 卜欣欣，陆爱平．个人职业生涯规划［M］．北京：中国时代经济出版社，2004：104.

好实验与研究工作，作为子课题组组长，充分发挥带头和组织的作用，本学期计划认真阅读《跟苏霍姆林斯基学当老师》和《跟孔子学当老师》两本教育图书，并分别写出自己的读书感受；在日常工作中，注重从一日生活各环节培养班内幼儿的阅读兴趣和阅读习惯。

（4）配合园内各项活动，认真完成各项任务，注重观察和及时沟通，适时调整自己的教育方法，期末为青年教师提供一节观摩活动；在做好面向全体教育的同时做好个别教育，并注重积累经验，撰写3篇教育札记或教育教学小故事。

（5）采用切实可行的方法与家长沟通，通过不同的形式经常与家长保持联系，指导其家庭教育工作，逐步转变家长的教育观念和教育行为，使家长认可并积极配合班内教育，本学期的难点是针对不同的家庭情况，采取不同的教育模式、采用不同的口吻和不同的沟通方式做好家长工作。

（6）本学期的专业化成长目标是努力争取做一名反思型教师，并在不断地学习、实践、反思的过程中向研究型教师迈进；工作中需要解决的问题是：使自己的教育实践与教育理论相结合，并能逐步提升自己的理论水平。

从案例中可以看出这位幼儿园教师的专业发展规划是属于短期的发展计划，其对于自己专业发展的内容包括管理、技能等方面都有了一定的认识，并对如何促进专业发展提出了一些具体可行的措施。因为幼儿园教师在制定专业发展规划时，一定要"心中有方向"，即时时刻刻铭记自身专业发展所处的阶段目标，并在设计自己的专业成长规划时，制定出具体可操作的步骤和措施。显然，这位幼儿园教师还是不太清楚自己所处的成长阶段和自己的优势、劣势，所以没有分清楚主次，把六个方面的措施都列出来了。其实可以详略得当，扬长补短。例如：如果幼儿园教师在与家长沟通方面比较有处理经验，就应该把文中"通过不同形式经常与家长沟通"再写具体些，可以采用家长会、亲子活动、电话、短信、网络等，还可以抓住每天的来园和离园环节加强与家长进行沟通。在制定规划时要大胆想象，在具体撰写规划时再注意甄别。如某幼儿园开展了"老爸向前冲"这个活动，请幼儿的父亲走进课堂，参与设计、组织活动，这不仅能够弥补现代家庭教育中父亲角色作用的缺失，还可以让我们幼儿园教师自己找出与家长交流、沟通的机会，而且还充分利用了家长资源。

二、幼儿园教师专业发展的阶段特点

（一）幼儿园教师专业发展的阶段理论

教师从职业新手到成长为专家型教师要经历不同的发展阶段，教师职业发展具有内在的规律性。关于教师专业发展的阶段划分，学术界从不同的角度出发提出了许多不同的观点，例如，美国学者休伯曼提出的教师职业生命周期论。他把教师职业发展分为入职期、稳定期、实验和重估期、平静和保守期、退出教职期这五个阶段。具体来说，就是把教师职业生涯归为工作后 1~3 年的入职期、4~6 年的稳定期、7~25 年的实验和重估期，26~33 年的平静和保守期，34~40 年的退出教职期五个阶段。德国教育家本纳主要把教师职业发展分成以下几个阶段：新手阶段、高级新手阶段、胜任阶段、精熟阶段、专家阶段。因此，这五个阶段被称为教师职业发展阶段理论。美国学者斯蒂芬和沃尔夫，总结幼儿园教师专业能力发展的阶段性规律，提出幼儿园教师成长的生命周期理论。此外，还有美国教育家凯兹的教师发展阶段论，美国学者伯顿的教师生涯发展论，美国学者费斯勒的教师生涯循环论以及美国学者富勒的教师教学关注阶段论等。国内的一些学者最初对骨干教师专业发展的阶段进行研究，把骨干教师的成长过程分为四个阶段：准备期、适应期、发展期、创造期。

（二）幼儿园教师专业发展的阶段特点

从国内外这些教师职业阶段的理论可以看出，教师的专业发展是指教师从一个非专业人员成为专业人员，而且不断提升自己的专业品质的发展过程。幼儿园教师的专业成长实际上是幼儿园教师在其专业生涯中，习得幼儿教学的专门知识与技能、内化幼教专业规范、形成幼教专业精神、表现专业自主性并实现专业责任的历程。这个过程实际上是一个人由"普通人"转化为"幼教工作者"并最终融入教师专业团体的专业成长过程，也是一个必须终身进行的过程，还是一个受到多种因素影响的、动态发展的、持续不断而又永无休止的曲折、复杂的过程。鉴于此，我们把幼儿园教师的专业发展阶段划分为新手阶段、迅速发展和稳定阶段、停止和退缩阶段、持续成长阶段这四个阶段，并分别分析处于这些阶段中的幼儿园教师的特点。

1. 新手阶段幼儿园教师的特点

依据教师专业成长的相关理论，幼儿园新教师正处于入职初期，这一阶段是教师成长的关键期。作为幼儿园教师队伍中的新鲜血液，他们所面临的主要任务是熟悉教学，适应新环境和新角色。新教师在教育观念、态度、方法、能力等方面还有很大的发展空间，急需积累教育教学的实践经验。这一阶段的幼儿园新教师专业发展主要有以下几方面特点：第一，教育观念处于发展期。教师教育观念是教师有关教育的全部看法，幼儿园新教师的教育观念会对其专业成长产生重要影响。幼儿园新教师处于职业探索阶段，尤其是刚入园的师范院校学生，缺乏教育教学的实践经验，对于儿童观的认识停留在理论阶段，在幼儿一日生活中进行保育教育的教育观和教师观也有待发展。

　　某位女老师的第一年工作是跟在师傅后面，作为一名候补的"配班"老师，第二年开始，其接到了一份全新的挑战：自己做班主任，从亲子班带起。脱离了师傅的"庇佑"和对师傅的依赖，这位老师一开始显得有些手足无措。"第一次开家长会的时候，我紧张得面红耳赤，有 30 个家庭把他们的孩子交到我的手上，要是带不好，我该如何交代？况且，毕竟我没有结婚生孩子，有的家长生的是第二胎，也有些孩子是老人在带，他们的育儿经验比我足，一开始我跟家长们说的一些东西，他们是不大认同的，这样就不能让人信服。"这位老师这样描述第一次开家长会的心情。

　　但是，这位老师并没有乱了阵脚，而是总结之前一年的工作经验，虚心向园里的优秀教师请教，广阅书籍，弥补自己的不足。"渐渐地，我就给自己一个信念：我是专业的育儿人员，我要用科学的教养方式去指导家长们，把我已有的专业知识传达给他们，用正确的理念与观念去引领他们，也让他们理清教师与家长的角色问题。"

　　第二，专业知识处于实践期。一般来说，幼儿园新教师，尤其是师范院校毕业生，刚走出学校大门，并且经过系统的专业理论知识的学习，在普通文化知识、专业学科知识、教学法知识等方面的掌握比老教师更有优势。新教师刚到幼儿教育岗位不久，工作态度积极，理论素养较高，专业发展潜力巨大。教育教学实践是教师专业成长的基本途径，新教师必须将专业知识应用到教学活动中去。

　　某老师说，以前她在读大学期间，也是像有些大学生那样，简简单单地"混日子"，对于所学的专业课程与理论也不是很理解，粗略地知道一些学前教育的基本理论并形成了一些比较科学的儿童观念，以为这些理论差不多就可以指导以后的工作了。但是真正进入幼儿园，走上工作岗位以后，才发现很多在大学里所学的东西，与幼儿园的实际是脱节的，不光是理论知识发挥不了特别大的指导作用，就连专业技能也没有多少基础。

某位女老师举例说，就拿钢琴来讲，在学校里练习的都是一些演奏类的曲子，对照已经配好伴奏的五线谱反复练习就好了，练熟了就是所谓"弹得好"，练不熟就是钢琴技能差。但是在幼儿园里，所有的乐谱都是没有左手伴奏的简谱，得自己根据谱子，结合情境和小朋友的音域特点，自己配伴奏。而这些很多学前教育专业的老师在大学里根本就没有接受过学习与训练。"刚开始工作的时候很不顺，但是我努力把自己的理论与实践相结合，用理论指导实践，又在实践中修正我的理论。如果你把大学里面学的那一套完全照搬到幼儿园里，那你在幼儿园里就'混'不下去了。"

第三，能力素质处于储备期。专业能力是教师专业发展的核心，包括教育教学能力、交往能力、教研与自我发展能力、教学改革与创新能力等诸多因素。教师专业发展的最高水平就是勇于创新并能够积极主动地参与教学改革，新教师为了达到这一发展目标，必须逐步积累储备前几种能力，并在此基础上不断学习与进步。

某位女老师很喜欢看书，在她的办公桌旁的柜子里以及幼儿休息室的衣柜下，堆满了各种实用的学前教育书刊，有专业理论与指导方面的、环境创设方面的、育儿方面的、活动组织与班级管理方面的、美术手工方面的……笔者也曾走访某老师的宿舍，发现她的宿舍里放的大多是诗歌、小说、理财、地理天文与随笔札记。当有人赞扬某老师好学时，她哈哈大笑起来："我也是被逼的，因为孩子会问我各种奇奇怪怪的问题，所以我必须去买很多书，久了就成习惯了。要是回答不出孩子的问题，那太丢面子了！"

"作为一名幼儿园教师，不一定要在各方面都有很深的造诣，但必须要有很宽广的知识面，简直就要做一部活生生的百科全书，因为你不晓得孩子会向你抛出一个什么问题。"所以生活中的某老师一直保持着好学的态度，并树立了"终身学习"的观念，遇到自己不懂的知识和事务，多多少少都会主动去了解与学习一些。

第四，社会阅历处于体验期。幼儿园新教师由于刚入园不久，对幼儿园的环境、情况等的了解并不全面。为了避免由于社会经验缺乏而带来的困惑，经常需要向园内老教师请教与学习。新教师通常会通过教师间的学习与合作，与幼儿家长间沟通交流以及参加职后培训等方式促使自己的业务能力和社会阅历迅速提升。

新教师社会阅历处于体验期，特别是在家长工作方面存在困难。其中，最大的困难就是跟家长交流不够，对于家长的疑问也不知道该如何回答，在家园合作中，往往只是利用家长的各种资源，而真正与家长合作，开展家园共育的机会较少。

案例 2：

B 老师的故事

同班老师向家长反映她的孩子最近表现不好，第二天，家长问我有关她孩子的情况，我不知道该怎么回答，于是就说："我不知道啊，我觉得你孩子还好啊。"作出这样的回答一方面是由于经验不足，另一方面是在幼师学到的东西和实际带班脱离。但挑剔的家长就会认为："你怎么不知道呢？你们都是老师啊。你是不是对我的孩子不好，有意见啊？"

从 B 教师的案例中，我们可以看出，新教师在与家长的相处和沟通方面确实存在一些不足。同时，家长可能也会对新教师抱有怀疑态度，对教师的教育配合度不高。此外，对于其他幼儿园园内工作常以园长或其他指导者的评价为主的情况，会使新教师感觉压力较大。当一个幼儿园教师第一次正式走上工作岗位时，他的心情是激动的，他对待孩子是有耐心的，对待工作是积极的、充满热情的。总之，处于本阶段的大部分幼儿园教师对自身专业发展水平的认识比较中肯，对提高自身专业发展的愿望比较强烈，对自身职业没有表现出倦怠和失望。而且他们在沟通能力、学科知识的掌握方面都是比较良好的，但本阶段的幼儿园教师在观察和解读幼儿能力、班级管理能力、教学能力、一般知识素养和反思与经验提升的能力方面还有待提高。

2. 迅速发展和稳定阶段幼儿园教师的特点

经过了三年时间的职业锻炼，这一阶段的教师已经能够按部就班地遵循幼儿园的各项管理和工作的秩序，熟练自如地组织和开展各项教育教学活动，得心应手地处理一些突发事件等。因此，这一时期的幼儿园教师具有一些独特的表现。

首先，逐步有了一定的专业见解和判断力，不断创造和尝试新的教学策略。这一阶段的幼儿园教师不是刚入职时期那么盲目地跟从前辈的言行了，他们已经敢于表现和表达自己的见解。因为对幼儿园日常教育和生活内容的熟悉，所以有些幼儿园教师往往不会只满足现有的经验和方式，开始有意识地尝试和创造新的教学策略；同时他们对外部世界的新观念和新事件，也表现的比老教师更易于接受，并把这些新的东西运用到教育教学之中。此外，他们还热衷于参加各种交流会和培训计划，能够积极认真地对待这些活动，甚至有些教师为了自身的发展去课外"充电"。

其次，在工作方面具有满足感和成就感。实际上说，本阶段的幼儿园教师其实是呈现两极分化的现象。一部分教师似乎已经开始变得和已经工作了几十年的老教师一样，也就是所谓的"做一天和尚，撞一天钟"的例行工作，按部就班，工作缺乏热情。还有一些幼儿园教师却恰恰相反，他们的工作热情能够继续保持，在这个职业生涯中获得乐趣，在工作中感觉到满足感和成就感。

最后，具有独立和创新意识。这时期有些幼儿园教师的教学生活逐步挣脱对他人的依赖，具有创新意识和自主精神，能够独立、自主地开展复杂的工作，承担更多的角色。在这样的动力之下，有些幼儿园教师能够清醒地认识到自己所处的位置，所扮演的角色已经发生变化，及时地改变心态和自己的行为，胜任自己的工作，找到新的突破点，从而获得更好地发展。反之，则容易产生职业倦怠，工作热情渐渐消失，甚至"泯然众人"。

案例3：

D 老师的故事

这个学期，我从配班到主班，感觉心态变化了。主班老师更紧张，责任更大，面向全体孩子，老要盯着，想得更多。今后呢，我就是觉得作为一线老师，看不到有一个像山峰一样的东西，等着你去攀登，工作特别没有挑战性。

从 D 教师的案例中，可以看出幼儿园新教师处在教学型教师探索的阶段，没有实现向学者型和研究型教师的转换，对在教育教学活动中实现自我价值的感受不深。按照美国人本主义心理学家马斯洛提出的需求层次论，人有生理、安全、归属、爱与尊重、自我实现五个层次的需要，自我实现是最高层次的需要，其目标是发挥自身潜能、实现人生价值。但在很多情况下，由于这一阶段幼儿园教师已经不是刚迈出学校大门不久的新手了，对终身学习的理念认识不足，在教学工作中也会出现教学预期与效果不等同的现象，对幼儿起到的榜样作用也不明显。由于教学成就感的缺失，使得教师很难从工作中感受到自我价值的实现，在专业成长上就体现为专业发展的目标不明确和专业成长的动力不足。

3. 停滞和退缩阶段幼儿园教师的特点

人的一生不是一成不变的，也不一定是一帆风顺的。人的发展有快速成长阶段，也有停止，甚至倒退阶段。当我们遇到挫折，失败的时候，要懂得"曲线救国"。有研究表明，现代从业人员在职业生涯中都曾经或多或少地感到一些压力和职业倦怠。当这些负面的感觉出现之后，正确的做法是及时调整心态，克服困难，迎难而上。本阶段的幼儿园教师可以说是处在一个充满挑战的阶段。因此，从另一方面而言，它也是一个充满机遇的阶段。本阶段的幼儿园教师主要有以下几方面的特点：

第一，不能成功地扮演专业角色，缺乏成就感，只能从教学之外去获得满足。很多幼儿园教师喜欢用"繁琐"来形容幼儿园工作事务，通过对某幼儿园小五班教师的采访可以描述他们一天的工作：早上7：40必须要到班级，准备迎接孩子，家长们陆续送幼儿入园，除了安抚孩子们的入园情绪，还要积极与家长进行沟通。对小班刚入园的孩子焦虑害怕的情绪要耐心安慰和照顾，对于没有及时送到班级的孩子，教师要赶紧电话联系家长，确认未到缘由。小班幼儿生活自理能力较差，一个班几十个幼儿，光靠一个保育员远远不够，因此幼儿园教师不仅承担着上课的责任，还要肩负起照顾幼儿饮食起居的重担。除了为他们安排好一切，还要做生活的启蒙者，帮助幼儿养成良好的行为习惯，这些都是经过无数次的练习和教导，慢慢积累起来的。班级环境的布置创设，各种教育资料的填写，需要经常组织一些公开活动，每逢节假日，都要精心设计一些与之有关的班级活动。总之，幼儿园教师在工作中需要投入100分的热情，掌握眼观六路、耳听八方的技能，处于不断的准备排练活动中。额外的工作时间占据了幼儿园教师们自己宝贵的私人时间，很多人以为做个幼儿园教师既轻松又快乐，却不知道这份工作的背后包含着多少大大小小的工作负担。

第二，出现职业倦怠，多半沉默寡言，跟随别人，消极行事。随着幼儿教育的发展，幼儿园教师应当成为幼儿成长的观察者，科学理论的研究者，教研方法的实践者，但是事实相反，很多幼儿园一日活动安排机械，具体规定了什么时间做什么事情，束缚了幼儿园教师个人思想与行为，有些刚入职的幼儿园教师总会有对职业的梦想，他们会有很多想法，有时候向园长征求意见，有的园长就会说："保证安全，要是出了什么事你要承担呀?"原来的热情之火就这样被熄灭了，还谈什么自主创新。日复一日地按部就班，丧失工作的积极性，很容易产生职业的倦怠感。某项调查中发现，对"我能积极参与到幼儿园教育管理上"这一项的回答，有87%填写"很不符合"，9%回答"符合"。① 这说明幼儿园管理严重缺乏民主，幼儿园教师作为主人翁的主体地位得不到尊重，这严重影响幼儿园教师的工作热情和积极性，增加了工作的压力。

有这样一则小故事，有人问两名工人："你们在做什么?"一位工人平淡地说："我在搬石头。"另一位工人激情澎湃地回答："我在建一座辉煌的宫殿。"这两个截然不同的回答反映了他们不同的心态，那些性格内向，孤僻胆小的幼儿园教师，对于幼儿园的工作总是提心吊胆，遇到困难就不知所措，每天在极度压抑的氛围里工作；而那些性格乐观开朗，意志力坚强的幼儿园教师，总是能怀着一颗积极的心态处理困难，努力学会接受工作、生活中的不顺的状态，微笑面对。当我们总是抱怨，压力只会有增无减，或许我们可以换个心态来对待，正如一位幼儿园教师所说："其实是看你用怎样的心情去对待工作。小朋友的一言一行都是很可爱的，有时他们会给你带来意想不到的感动和惊喜。"态度决定一切，繁重的幼儿园工作会让幼儿园教师疲惫不堪，如果再不能找到一个排解的办法，只能自己忍受着体力和精神上的双重压力，长此以往，就会陷入紧张焦虑的状态，终日不得轻松愉悦，进而影响工作和生活，并导致恶性循环。

第三，独来独往，或是行为极端，或是喋喋不休、牢骚满腹。不久前红遍网络的幼儿园教师虐童事件，引起极大关注。浙江温岭幼儿园教师颜某揪住一名幼童双耳，向上提起至双脚悬空，幼儿表情痛苦，颜某却乐在其中，之后广大网友还发现其社交网络空间中有多张儿童被虐图片，诸如被胶带封嘴、倒插垃圾筒等照片，顿时骂声一片，据她本人透露，这些虐童行为仅仅是因为

---

① 王小鹤. 幼儿教师职业压力的现状与对策 [J]. 平顶山学院学报，2008，23（3）：106-108.

"自己心情不好"，她认为幼儿园教师是一份苦差事且低薪，导致其心理反差极大。频频出现的幼儿园教师虐童事件，表明当幼儿园教师进入职业倦怠时，往往会造成对工作没有热情，对学生没有耐心，严重的可能还表现出某些过激行为，例如体罚幼儿、自闭等，从而造成教学质量低，进而导致幼儿身心发展没有保障，甚至出现虐童这种极端行为。

第四，人际关系不太和谐，家庭出现问题等。这里所指的人际关系主要包括同事之间以及下属与上级之间的关系，我们知道在幼儿园教师这个行业中，女性占了绝大多数比例，女性天生较为敏感，气量不够大，容易产生妒忌心理，往往会因为某些小事闹矛盾，使同事关系变得紧张起来。随着新时期幼儿园教师之间竞争加大，优胜劣汰的职业规则也渐渐被人们认同，同事之间更多的是一种竞赛和比拼的关系，这无疑加大了幼儿园教师的压力，这种同事之间关系变化带来的负面效应，严重影响着幼儿园教师的心态。

幼儿园教师对于幼儿园领导更是敬畏不已，他们希望得到领导的认可和赏识，美国著名心理学家赫兹伯格提出，领导的赏识是重要的激励因素和手段。有时候领导的一些管理方法与幼儿园教师的个人想法会产生矛盾，从而形成一些摩擦和隔阂，甚至会造成一种敌对的关系，这种状态会给幼儿园教师带来不可避免的压力和精神负担。

很多幼儿园教师认为他们将大部分的时间和精力投入自己的事业，在幼儿园处理大大小小的琐屑事务，等到下班回家后，总觉得筋疲力尽，没有心情再陪父母和自己的另一半，尤其对于已为人母的幼儿园教师来说，她们觉得自己的工作已经严重影响了家庭生活。某幼儿园小五班的叶老师说："当时我的孩子还小的时候，每次下班回家，都嚷着要我陪她玩，我就特别不耐烦，刚面对一大群孩子，好不容易下班解放了，就想好好休息，有时候自己的孩子做错一点小事，我就会对她发火，其实自己也不想发脾气，就是控制不住，甚至会打她，但是打过她之后往往会后悔不已。"很多幼儿园教师处在家庭与工作相互矛盾的困境，事业上的成功离不开家人的支持，以牺牲家庭为代价来发展自己事业的教师们觉得愧对家人，即使事业成功也深感内疚与不安，忍受着身体和精神的双重折磨，尤其对于女性来说，家庭是她们的支柱，她们当然希望可以付出更多的时间和精力给自己的家人，但是结果往往背道而驰。很多男性会觉得幼儿园女教师是结婚对象的好人选，她们活泼可爱，热爱孩子，有文艺细胞，有耐心、有爱心，觉得她们实在完美，但有的幼儿园教师说："我丈夫总觉得婚前理想的另一半与现实的反差着实大，让我很心酸无奈。"

4. 持续成长阶段的幼儿园教师的特点

经过迅速发展和稳定阶段之后，幼儿园教师的成长速度变得相对减缓，但许多幼儿园教师在强烈的职业发展动机和良好的发展环境支持下，以及在合理而有效的幼儿园教师教育模式和策略的促进下，一直保持着持续发展状态。也有部分幼儿园教师虽经历了发展的"高原期"或停滞和退缩阶段，但经过个人的主观努力和多方面关心、协助，也能突破高原现象，实现持续成长。这一时期的幼儿园教师也可以称为专家型的幼儿园教师。那么什么是专家型教师呢？

我们常常把在一定范围的教师群体中那些职业素质相对优异、在教育活动中发挥了骨干作用的教师称为专家型教师。专家型教师除了具备一般教师所具有的素质外，还必须具备教育科研素质。专家型教师教学方面能力出色，是教育学生的行家里手，善于探索和研究。具有以下特点：

第一，个性发展方面。具有恒久的职业动力，具有积极的自信心，具有强烈的成就需要，具有突出的心理调节能力和独特魅力的个性特征。

第二，专业发展方面。教育理念不断升华，专业关注追求卓越，专业能力达到较高水平，教育智慧不断生成。其中专业能力水平方面又包括以下几个方面的特点：超常的教学内容处理能力，娴熟的教材组织和管理能力，灵活的教学方法和手段，生动的语言表达能力，灵活的教育机智，扎实的科研功底，圆润的交往能力，自觉的教学反思能力。

第三，社会支持方面。家庭成员的一贯支持，组织成员的关心与协助，专家的鼓励与引领，社会媒体的扶植与支持，社会期待的不断推动。

第四，组织文化方面。显性文化的辅助，隐性文化的濡染。显性文化主要指良好的工作环境，也就是幼儿园的物质条件，经费的投入，待遇的优厚等。隐性文化主要指的是幼儿园的管理制度，园文化，园纪园风等。

随机应变也是幼儿园专家型教师所必须具备的素质，某教师对这一点的运用恰当自如。有一天早上，班里有个叫萱萱的小女孩是哭着来幼儿园的，某教师从萱萱妈妈那里得知，原来是萱萱的阿姨去世了，萱萱很想念她的阿姨。某教师马上就动手制作了一些"翅膀"，将上午的音乐课改换掉，给孩子们上了一堂叫"变成天使守护你"的心理健康课。

在一次早操活动上，中班幼儿原本跳的是"牛绳操"，待到孩子们手拿牛绳做好准备之后，广播室里播放的却是一段完全陌生的音乐（后来了解到这是为下一周要创编的"瑜伽操"而准备的音乐）。这段音乐十分欢快动感，节奏也很快，而原来"牛绳操"的音乐却是节奏明显、铿锵有力的类型。面对突如其来的音乐，某老师却用她手中的牛绳自编自创起动作来了，仔细一看，大多是平时早操、舞蹈和体育课上常用的动作，只是变换了节奏，再加上手中牛绳的运用，倒是与这段音乐十分相配。而幼儿的兴致也相当得高，居然可以跟随着老师，用手中的牛绳做出与平时不一样的早操。长达3分多钟的陌生音乐，场面却井然有序，师生配合默契，不得不令人佩服。而中班的另外两个班级呢？一位老师让小朋友把牛绳放下，全班一起拍拍手和做一些简单的手上动作，另一位老师则站在原地，等待广播室更换音乐，班上的小朋友则听着新音乐哈哈大笑……

当被问及为何能反应如此之快时，某老师说："幼儿园教师的头脑一定要灵活，不能僵化，我也是被逼出来的，因为我们每天所面临的情况都是不一样的，是不可预设的，并不是像外人所理解的那样，认为我们的工作每天都是重复的。我们的每一分钟都是现场直播，没有彩排！"

三、幼儿园教师专业发展规划的内容与程序

（一）幼儿园教师专业发展规划内容的价值取向

（1）幼儿园教师专业发展规划目标与内容的关系。幼儿园教师专业发展规划目标的设计与内容是相互关联的。有了设计目标，才有了依据目标的操作程序，才能选择恰当的方法达到预设的目标。因此，目标是内容的前提。设计的目标是预期达到的结果状态，而设计的内容则是自标的展开和具体化。两者相互影响、相互促进。

（2）幼儿园教师专业与幼儿园教师专业发展规划内容的关系。幼儿园教师专业，简而言之就是幼儿园教师职业专业化。首先就幼儿园教师这一职业而言，它是具有专业性的。特别是《专业标准》出台以后，我们应该明确幼儿园教师的专业性。幼儿园教师专业与幼儿园教师专业发展规划之间的关系是既有区别，又有联系。区别表现在：

第一，实践过程中，幼儿园教师专业性很难体现，甚至有些幼儿园教师终其一生也只是个"教书匠"。而幼儿园教师专业发展规划内容是具有可操作、实践的行为要求，它涉及幼儿园教师专业要求的各个方面，如素质、能力、水

平等。

第二，幼儿园教师专业是静态的一个标准，而发展规划的内容是幼儿园教师专业发展预期的结果，是一个可操作的步骤和实施的过程。

（二）幼儿园教师专业发展规划内容的体系结构

（1）幼儿园教师专业发展大周期的规划内容体系。幼儿园教师专业发展阶段按照时间可以划分为适应期、稳定发展成长期、高原期、超越期。这四个阶段都有自己发展规划的内容。只有完成上一阶段的发展规划内容，才可能去完成下一阶段的发展规划的内容。每一个阶段都有其具体的目标，完成各阶段的目标任务，也就完成了各自具体的规划内容。这些规划内容一个个地被完成，就构成了各自的规划内容链；依次有序地连接着各个规划内容链，即再对具体的内容链进行汇总，就构成了幼儿园教师专业发展规划的总的内容体系，即大周期的规划内容体系。

（2）规划内容体系结构。第一，体系结构的要求。幼儿园教师专业发展规划内容体系有哪些要求呢？规划内容的体系要求有"结构合理的系统"，只有这样才能使"整体功能大于部分之和"。第二，同时完成两至三个层面的可能性大小。不是说一定可以同时完成两至三个层面，它要看幼儿园教师个人在完成规划内容过程中的机遇、时机、精力等要素，尤其要看这些要素之间的互补或互竞关系。

（3）三因素与规划内容体系的关系。在规划内容体系时，一方面对整个大周期都要考虑"自我评价、生涯机会评估、相机抉择"三因素，即完成总规划内容需要考虑三因素；另一方面，幼儿园教师专业发展大周期包括四个时期，每个阶段都有它具体的规划内容，其中完成每个阶段的规划内容也要考虑这三个因素。

（三）幼儿园教师专业发展规划内容的分类

幼儿园教师工作的内容很多，如教育教学工作、班级管理工作、教务工作、家长工作等。我们把这些日常的教育教学活动按维度进行分类，形成幼儿园教师专业发展规划内容的分类标准。具体来说，可以分为三大类：

专业发展的广度（如教学者、研究者、组织策划者等）。

专业发展的深度（如教育教学专家、名园长、优秀教师等）。

专业发展的时间维度（新手教师、资深教师等）。

此外还可以把内容分类归纳为教育教学实践发展、工作发展、事业发展、成就发展等。

（四）幼儿园教师专业发展规划的程序

1. 幼儿园教师专业发展规划中的"知己""知彼"因素

我国人事科学研究者罗双平的公式：职业生涯规划＝知己＋知彼＋抉择。要了解自己所处的阶段，首先，要对自己本身拥有一个充实而客观的认识，即罗双平先生所讲的"知己"。"知己（内部关注）"就是自我认识与自我了解，只有"知己""知彼"相互关联，才能确定个人的生涯目标不是自己一厢情愿地去制定的，是符合现实的。幼儿园教师专业发展规划中所需要的"知己"有性格、兴趣、智力、特长、情商、气质、价值观七项。

（1）分析性格。幼儿园教师了解自己的性格是有自知之明的表现，也是扬长避短的关键。（2）关注兴趣。只有自己感兴趣的事情才能够全身心地投入。（3）发展智力。一般我们把能力也看成智力，包括注意力、观察力、记忆力、思维力和想象力，是从事任何职业都必需的能力。大量研究表明，人的智力都差不多，我们通常讲的发展智力应该指的是开发潜力。（4）特长评判。要成为优秀教师肯定有自己的"绝活"。（5）情商探究。对于成功的人来说情商往往比智商更重要。（6）注意气质。心理学家把人的气质类型分为四大类：多血质、黏液质、胆汁质和抑郁质。它们相互组合形成各种复杂的性格特征。它与性格特征紧密联系。（7）价值观。人接受什么、拒绝什么，接近谁、疏远谁，都有其内在的价值标准，也就是价值观。

其次，要了解自己所处的阶段，就要考虑"知彼"的因素。"知彼（外部关注）"主要包括社会与教育事业环境、社区与幼儿园环境、幼儿园发展战略、家庭环境等。在充分了解外部环境等要素的基础上，分析其中每一个因素有利的方面，不利的方面。最后就是进行有利于自身专业发展的抉择。

2. 幼儿园教师专业发展规划的程序

程序，具体地讲，它是由一个个基本的步骤所构成的。幼儿园教师专业发展规划的基本步骤包括确定志向、自我评估、生涯机会评估、幼儿园教师职业生涯路线选择、确定目标、制订行动计划、评估与反馈七个步骤。（1）确定志向。志向的基础是价值观，志向是事业成功的前提。（2）自我评估。包括自我分析、自我认识、自我了解。（3）生涯机会评估。它主要是分析内外环境对自己生涯发展的影响。（4）教师生涯路线选择。通过"知己""知彼"的自我评估、生涯机会评估后，认识自己，分析环境，对自己的教师职业作出选择，也包括对职业中工作方向作出路线选择。（5）目标定位。教师专业发展规划目标有短期、长期、中期之分。短期目标较易制定，中长期较难。在进行目标定位时，要依据个人的专业、性格、气质和价值观以及社会发展趋势等确定自己的长期目标。（6）制订行动计划与措施。在制定了目标之后，关键在于行动。（7）评估与反馈。影响教师专业发展的因素很多，有的可以预测，有的因素却难以预测。在这种情况下，就必须不断地对教师专业发展规划进行评估和修订。

第二节 幼儿园教师专业发展规划的原因与意义

一、幼儿园教师专业发展规划的原因

（一）幼儿园教师专业发展的目标不清晰

幼儿园教师对自身专业发展的目标没有清晰的认识，抱着做一天和尚撞一天钟，得过且过的心态。而且由于网络信息技术的迅速发展，抄袭、剽窃现象普遍出现，造成幼儿园教师自身的创造、创新能力得不到提高。有研究发现：幼儿园教师27%没目标；60%目标模糊；10%目标清晰但短暂；只有很少数3%目标清晰且长远。①

此外，农村幼儿园教师专业素质不高，专业知识和专业技能较欠缺。农村幼儿园以民办园为主，大多幼儿园教师毕业专业不是学前教育类，且学历较低，有职称的教师很少，这种现象在民办园中表现得尤为明显。大多幼儿园教师认识到自身职业的特殊性，需要大量的专业知识和技能，但现实环境很难满足这种需求。虽然很多幼儿园教师表示自身有强烈的学习愿望和学习需要，但其自身并没有利用各种机会进行充电学习，思想和行动严重脱节。同时，农村幼儿园教师由于园内师资不足，班级幼儿较多等多方面外部因素影响，在一些专业知识技能的学习方面表现出心有余而力不足。

（二）幼儿园教师压力大，易产生职业倦怠

在很多人眼中，幼儿园教师就是孩子们世界的头儿，带领着天真无邪的小朋友们一起游戏，天天快快乐乐、无忧无虑地玩耍，脸上总是挂着灿烂的笑

---

① 朱训林．教你成为专家型教师［M］．长春：东北师范大学出版社，2010：47.

容，他们能歌善舞，琴棋书画无一不晓。他们似乎没有压力，其实不然，幼儿园工作有其职业特殊性，大大小小事务非常繁琐，从早上幼儿入园到下午离园的一日中，幼儿园教师需要始终保持高度的热情去面对孩子，还要做好家长的沟通工作，幼儿园的活动安排要生动有趣，班级布置要亲力亲为，等等。幼儿园教师被赋予了不同角色，他们是妈妈、是老师、是玩伴，这无形之中给他们带来了巨大的工作压力。

如今的中国，对人才的要求越来越苛刻，人们也更加意识到作为基础教育阶段的幼儿园教育的重要性，新时期的幼儿教育旨在促进幼儿情感、态度、能力、知识、技能等方面全面和谐发展，从而对幼儿园教师提出了更高的期望与要求，也使得幼儿园教师面临更大的工作压力。调查显示：幼儿园教师普遍感到工作中承担着较大的心理压力，一半以上的教师认为自己现在承担的心理压力远比以前大，有26.5%的教师认为"大得多"，37.4%的教师认为"稍大"，30.0%的教师认为"差不多"，只有3.75%的教师认为"稍小"，2.5%的教师认为"小得多"。①

观察这些数据，我们可以明显感觉到新时期幼儿园教师承受更多的工作压力。当幼儿园教师进入职业倦怠时，往往会造成工作没有热情，对学生没有耐心，严重的可能还表现出某些过激行为，例如体罚幼儿、自闭等，从而造成教学质量低，进而导致幼儿身心发展没有保障。因此，迫切需要我们来具体分析产生压力和职业倦怠的因素，从而制定出有针对性的、全面的幼儿园教师专业发展规划。

（三）社会地位低下，工作强度大且时间长

当幼儿园教师被问起职业时，人们往往会不屑地说："哦，就是带小朋友玩呀！"相比小学、初中、高中、大学老师，幼儿园教师常常是个被忽略的角色，与人们心中那个伟大的教师称呼相去甚远，人们习惯于将其与保姆画上等号，以为只要有保姆的特质便可以做一名幼儿园教师。从历史文化方面，幼儿园教师大部分由女性担任，人们男尊女卑的惯性思维此时又放在她们身上，同化成女幼儿园教师社会地位的低下。在过去的很长时间里，幼儿园招聘并没有太严格的学历、经验的限制，哪怕随着时代的发展，学前教育日益成为社会的

---

① 陆珠玲. 幼儿园教师生存状况的调查研究 [J]. 广州教育学报，2021，21 (4)：77-80.

重要议题，在大部分落后地区，仍然存在着"人人皆可做幼儿园教师"的现象，幼儿园教师职业的门槛低下，使大多人相信这个角色在整个社会的地位不高。从社会舆论媒体方面而言，随着大量无证幼儿园教师虐童事件的曝光，在新闻媒体和各界人士对无证幼儿园教师所做的丧尽天良的行为的谴责中，人们渐渐将正常的大多数幼儿园教师与那些少数性格扭曲、行为恶劣的无证幼儿园教师混为一谈，让本来地位就不高的幼儿园教师受到人们的歧视，而无视他们的汗水与劳动。

课程教育改革方面，随着幼儿教育改革的不断推进，各级教育部门重视幼儿园教师素质的提高，要求其不断学习、不断进步，积极开展在职培训和进修，鼓励他们跟上课改的步伐，与时俱进。这在一定程度上，让本来就工作繁忙的他们变得更加忙碌，他们需要经常参加教研活动，提升学历和职称，不断为考证付出额外的时间和精力。经常性地应付上级视察，忙于公开课的准备，甚至为了公开课不停地进行课前演练，他们还需要写大量教育心得和读书笔记，每天都需要花大把时间处理这些工作，工作的地点就不仅仅局限于幼儿园，甚至在家中，都需要保持工作状态，周六、周日经常性地出差学习、培训进修，这些都无形之中给幼儿园教师增添了不少压力。一个幼儿园教师曾大胆地说出："每学期各种上级部门定期或不定期的工作检查、接待参观、安全检查、各类公共课（公开课），多得简直令人头疼！"

按国家颁布的《中华人民共和国劳动法》规定，教师的日工作时间为 8 小时，然而相关研究显示，大部分幼儿园教师的工作时间超过 8 小时，甚至有的达到 12 小时。在陆珠玲的调查中，当问到"你感到从事幼儿园教师工作的劳累程度如何"时，92% 的人回答"很累"，4.9% 的人回答"比较累"。长时间高强度的工作直接影响到幼儿园教师的正常生活，倦怠的精神状态不能得到及时的调整和修复，都将会影响他们的生活和工作，随之带来巨大的精神压力。①

（四）评价体系不完善，工作缺乏成就感

教师的工作成果若得到积极评价，其便会以更为饱满的热情和精力献身工作，相反，其则会产生心理负担，增加工作压力。至今我国也未对幼儿园教师

---

① 王延伟 . 幼儿教师职业压力及其影响因素研究 [D]. 重庆：西南大学，2016：97-98.

形成比较完善合理的评价体系，人们往往认为只要不出安全问题就可以衡量一个幼儿园教师称职与否。这一点固然重要，但若成为了唯一标准，就会严重削弱他们工作的积极性，我们将统一化的评价模式放在幼儿园，对工作失误的幼儿园教师便采取全盘否定的做法，而不是客观分析各方面原因，往往将犯错与简单的批评和扣工资挂钩，人们习惯于对于结果的评价，忽视了他们为之努力的过程。有些幼儿园教师经常为不能很好地处理评价和实施两者的关系而焦虑。曾有报道，在某幼儿园的年六会议上，园长按分数高低宣布教职工量化考核的结果，突然，会场上传来哭声，大家循声望去，原来是分数排在最后的一位教师在掩面而泣。由此不难发现，不完善的评价制度会给幼儿园教师带来或多或少的压力，往往造成精神高度紧张和严重的挫败感。

（五）自我期望过高，缺乏对职业的正确认识

女性占了幼儿园教师绝大多数比例，她们生性争强好胜，性格敏感多疑，凡事喜欢争个第一，过分追求结果的完美，害怕犯错。尤其在新时期对幼儿园教师的学历和素质有着更高的要求，那些作为知识女性代表的幼儿园教师们，具有非知识女性所不能及的优势，她们有理想、有抱负，具有强烈的成就动机水平，渴望在自己的岗位上发光发热，尤其对于刚上岗的年轻幼儿园教师来说，她们总是希望自己的事业可以蒸蒸日上，她们希望每次活动都可以组织得很有新意，师幼互动活跃，公开课表现出众，个人技能突出，总是希望得到他人的赞赏和表扬，这种高期望产生的结果一旦与现实不一样，就会产生紧迫的压力感，让人无所适从。

很多幼儿园教师认为他们工作的成就感稍弱，不像其他教育阶段的老师，他们虽然没有学生升学考试的压力，但相反也缺少某种动力的激励。他们每天按部就班地带孩子活动，保证了安全、完成了教学目标就是自己一天的工作任务，对未来职业前景慢慢丧失信心，也渐渐失去刚入职时的那份热情和梦想。某幼儿园小五班某教师如是说："我辛辛苦苦带班三年，等到孩子们幼儿园毕业，就基本不再会见着他们，很少有孩子还会回来看看我们，有时候在街上碰到以前班上的孩子，他们对我这个教师也会很陌生，甚至都会忘记，想想这些多少都有点难过，一点也没有工作的激情。"人们常说幼儿园教师也吃青春饭，只有那些活泼充满朝气的年轻人才适合，这种想法也使一部分幼儿园教师产生工作压力，他们会担忧如果有一天自己年纪大了，是不是不再适合，是不是要考虑换工作，某幼儿园教师曾谈论这个问题，她说："确实很多教师有这个担忧，总觉得这份工作不会长久，但我在这方面没有压力感，当我有了自己的家庭，有了自己的孩子后，反而工作得更如鱼得水，我变得更有耐心和爱心。"当幼儿园教师在入职前缺乏对幼教工作的一个正确认识，缺乏对幼教工作的认同感和归属感，就会对未来的职业生涯感到迷茫和焦虑，久而久之，就会感到沉重的工作压力。

二、幼儿园教师专业发展规划的意义

(一) 有利于追求卓越的职业生涯的人生信条

为什么要进行幼儿园教师专业发展的规划，因为作为幼儿园教师自己要拥有追求卓越的职业生涯的人生信条，这一切都要从改变自己开始。追求卓越的职业生涯必须谨记以下几个人生信条：

负责——敢于承担责任，做好每一件事。

计划——确立目标，制订行动计划，做正确的事情。

激情——爱上你的职业，"应付"比"认真"更累。

自控——挑战自我，学会欣赏别人，让大家欣赏自己。

执行——没有任何借口，立即行动。

思考——挖掘头脑的价值，做一个"有心人"。

行动——每天多做一点，机会是自己争取的。

超越——绝不满足现状，追随理想，追求精致。

树立明确的职业目标，有利于实现理想和目标。首先，幼儿园教师专业发展的目标就是要成为一个具备研究的意识、激情、精神和习惯的研究型教师，只有这样才能称之为幼儿园教师的专业发展。其次，幼儿园教师专业发展的首要条件就是要对幼儿教育、幼儿园及其自身存在与发展有着深刻的认识。所以，在自我充分认识的基础上才能制定幼儿园教师个人的专业发展规划。

(二) 有利于增加幼儿园教师的工作成就感和职业幸福感

幼儿园教师的幸福来自教师的专业成长。陶行知说过："我们做教师的人，必须天天学习，天天进行再教育，才能有教学之乐而无教学之苦。"教师应该在自己的专业发展过程中积极创造幸福和享受幸福。这种发展不仅意味着教师教育能力的增强，而且也体现出教师个人整体素质的发展，而发展本身就能给人幸福感。

增加职业幸福感，我们要了解不同阶段的幼儿园教师幸福感的源头。首先，工作 3~5 年的幼儿园教师，有了一定的经验基础，他们的幸福感主要源于自己观念的改变。其次，工作 5~10 年的幼儿园教师，往往带着初为人母/父的喜悦，更能理解幼儿，他们的幸福感源于自己和幼儿的成长。最后，工作 10 年以上的幼儿园教师，各方面相对稳定，他们的幸福感主要来自于工作的成就感。

有研究结果表明，教师是易产生职业倦怠的人群，特别是幼儿园教师。因为他们面临的对象与中小学不同，每天的工作相对更加琐碎、繁重。克服消极心态，制定专业发展规划、拥有一个清晰的目标更有利于教师切实发现自己发展的"脚步"，从而更有利于增加幼儿园教师的职业幸福感。

（三）有利于促进我国幼儿教育事业积极、健康发展

幼儿园教师要获得有效发展，同行之间的交流、幼儿园与幼儿园之间的交流、切磋以及专家的指导都非常重要。这些都有利于幼儿园教师对自己本身所在位置的准确定位、对自己所处的发展阶段、自己的能力和水平有客观的认识和评估，从而制定出更有利于专业发展的规划。幼儿园教师获得了专业的持续发展，更有利于推动我国幼儿教育事业的积极、健康发展。

第三节 幼儿园教师专业发展规划的技术指导

一、幼儿园教师专业发展规划的具体技术指导

SWOT 分析法是指个体通过分析自己的性格、能力、爱好、长处、短处、所处环境的优势和劣势，以及一生中可能会有哪些机遇，职业生涯中可能有哪些威胁，将自身条件和需求与外部环境结合起来，制定职业生涯规划。一般来说，在进行 SWOT 分析时，应遵循四个步骤。

（一）优势分析

主要分析自己出色的地方，特别是相对于其他竞争者的优势方面。在 SWOT 分析表里，列出你自己最喜欢做的事情和你的长处所在，主要包括以下几个方面：

第一，你学习了什么。在学校学习期间，你从专业学习中获得过什么收益，接受过什么培训，自学过什么，有什么独到之处，参加过什么社会实践活动，提高和深化过哪些知识，获得何种证书。

第二，你曾经做过什么。即自己已有的人生经历和体验，如在大学期间担任学生干部，曾经参与或组织的实践活动，取得的成就及积累的经验，获得的奖励等。

第三，你做过最成功的事是什么。你可能做过许多事，其中最成功的是什么，为何成功，是偶然还是必然。

（二）劣势分析

劣势分析主要是分析经验与经历中所欠缺的方面，尤其是落后于竞争对手的方面。主要包括两方面：第一，性格弱点。如不善交际、感情用事、优柔寡断、冲动盲目等。第二，经验或经历中所欠缺的方面。例如学管理专业，却没有当过学生干部。

（三）机会分析

机会分析主要指分析有利于职业选择和发展的机会，并在 SWOT 分析列表中列出。主要包括以下几方面的机会分析：

对社会大环境的认识与分析当前社会政治、经济、科技文化发展趋势是否有利于所选职业的发展。

对所处环境和以后所选择的单位的外部环境分析目前哪些因素对自己有利等。

以人际关系分析哪些人对自己的职业发展会起到帮助作用，能持续多久，如何与他们建立并保持联系。

（四）威胁分析

威胁分析是指分析外部环境中存在的潜在危险的方面。

SWOT 分析法（如表 8-1），这种方法有利于幼儿园教师更好地对自身的能力与情况进行评估、分析，从而制定出更合理有效、具有独特性的专业发展规划。

表 8-1　　　　　　　　　　　　　　SWOT 分析表

分析项目	内　容
优势	1. 曾经做过什么 2. 你学习了什么 3. 最成功的是什么

续表

分析项目	内　　容
机会	1. 对社会大环境的认识与分析 2. 所选企业的外部环境分析 3. 人际关系分析等
劣势	1. 性格弱点 2. 经验或经历所欠缺 3. 消除劣势和威胁的组合
威胁	1. 单位要重组 2. 新同事或竞争对手实力增强 3. 领导发生变化

二、幼儿园教师专业发展规划的基本素养

由国际培训、绩效、教学标准委员会（the Internet Board of Standards for Training，Performance and Instruction，以下简称"IBSTPI"）于 1993 年制定出台的针对教师的专业化标准，已成为全世界教师认证的基础。2004 年，考虑到教学实践和技术领域发生的巨大变化，JBSTPI 对教师能力标准进行了大规模的重新修订。

该标准认为幼儿园教师应具备专业基础、计划与准备、教学方法与策略、评估与评价、教学管理 5 大类能力，具体可分为有效地交流沟通的能力、更新和提高自己的专业知识和技能、遵守已有的道德规范和法律条文、树立和维护职业声誉、设计教学方法和教学内容、教学准备、激发并维持学习者的学习动机和学习投入、表现出有效的表达技巧、表现出有效的促学技巧、表现出有效的提问技能、提供阐释和反馈、促进知识和技能的巩固、促进知识和技能的迁移、使用媒体和技术来加强学习改进绩效、评估学习和绩效、评价教学效果、管理促进学习与改进绩效的环境、适当地使用技术管理教学过程 18 项能力。

《专业标准》课题组负责人北京师范大学教授庞丽娟和中国教育科学研究院研究员刘占兰指出《专业标准》具有以下五个突出特点：对幼儿园教师的师德与专业态度提出了特别要求；要求幼儿园教师高度重视幼儿的生命与健康；充分体现幼儿园保教结合的基本特点；强调幼儿园教师必须具备的教育教

学实践能力；重视幼儿园教师的反思与自主专业发展能力。《专业标准》较为全面地反映了幼儿园教师应该具备的专业标准和素养，有将幼儿生命安全放在首位、重视幼儿园教师的反思等重点，为幼儿园教师专业发展规划的个人发展目标的制订提供了思路和内容。

三、幼儿园教师专业发展规划的方法

幼儿园教师要进行专业发展规划，首先，除了要明确自己所在幼儿园所在的地域、所处的地区、环境之外，还要了解国家出台的相关幼儿教育事业方面的政策以及本地区制定的相关政策。了解自己幼儿园的发展策略，例如公办园的发展目标是成为市级、省级优秀园；民办园的发展目标是办成最好的艺术等方面特色园的发展策略。

其次，找准自己在幼儿园中所处的位置（实习教师到专家型教师）。

再次，根据内外部因素分析，来制订自己的发展步骤。例如，提高自身学历水平，通过自学考试、成人本科等途径；提高自身的教学水平，多参加公开课，参加优秀幼儿园教师教育教学活动的比赛；提高自身的科研能力，多反思，多写作，积极参加教研组活动等；提高自身文化素养；多多练习技能技巧，提高艺术修养。

最后，还要了解社区、幼儿园存在的不利的方面，以便于扬长避短，达到自身与幼儿园共同发展的局面。

表 8-2 是幼儿园教师专业发展规划书。

表 8-2 　　　　　　　　　　　幼儿园教师专业发展规划书

姓名		性别		年龄		政治面貌	
学历		学科		职称			
个人简历	生活经历		回顾从出生到现在生活经历，总结出自己最满意的 4~5 件事（社会责任、家庭责任、工作业绩、职务晋升、学业进步等）				
	工作经历		回顾工作经历（岗位变化、评先评优等），总结出最辉煌或最满意的 4~5 件事（工作业绩、职务晋升、学业进步等）				
	培训经历		回顾自己工作以来参加的各种培训教育情况，总结对自己影响最大的 2~3 次教育培训				

续表

姓名		性别		年龄		政治面貌
认识自我	我眼中的自己	充分认识自己的发展状况，概括自身的优势与劣势				
	别人眼中的我	充分了解他人对自己的评价，认清自己在团队中的位置				
建立愿景	个人愿景					
	愿景内涵					
忠诚愿景	态度	无论有多大困难，我都（是否）忠诚于自己的愿景				
	行为	1. 事业上如何忠诚愿景 2. 生活上如何忠诚愿景				
2022—2024 年三年专业发展目标、计划、措施	三年目标		包括教育、教学、教科研、自我成长方面、在幼儿园中的位置等			
	2022 年	目标				
		计划与措施	（包括学习时间、内容，业务提高程度，自我评估等）			
	2023 年	目标				
		计划与措施				
	2024 年	目标				
		计划与措施				

专业发展规划是一种实现幼儿园教师的专业化可持续发展的有效手段。而对每个人而言，职业生命是有限的，如果不进行有效的规划，势必会造成生命和时间的浪费。作为一名幼儿园教师，若是带着一脸茫然，踏入这个拥挤的社会怎能满足社会的需要，使自己占有一席之地？因此，我们要试着为自己拟定一份专业发展规划，将自己的未来好好地设计一下。有了目标，才会有动力。

（一）回顾自己的成长经历

这里的简历主要指生活经历、工作经历和培训经历，总结曾经发生过的个人重大事件，有利于认识个人专业发展基础，发现自己的成长点。其中要注意分析：自己的家庭环境给自己的成长带来了怎样的影响？现在的家庭对自己的工作是否支持？家庭的经济条件和文化氛围对自己的工作与发展有什么样的影响？你能否克服不利的影响？

（二）充分认识自己的发展状况

反思自身状况，是为了了解自己的长处和短处，在生涯设计中，扬长避短，或扬长补短。

1. 自身专业发展现状分析

活动教学方面。

班级管理方面。

教科研方面（成果列举）。

其他任职情况。

结合自身素质特点反思知识状况。比如，知识面宽不宽？哪些方面的知识多？哪些方面的知识少？教育教学活动中常因缺乏哪些知识而感到困难？读过多少书？对最新的知识动态是否了解？

2. 能力状况

自身能力分析（包括学科知识、教学风格、语言表达、沟通、领导力、管理能力等方面）。哪些能力强？哪些能力弱？教育教学活动中常因缺乏哪些能力而感到困难？

3. 个性特点

是内向的还是外向的？独立性强还是从众性强？是理智型还是情感型？和学生容易相处吗？因为缺少哪些素质而影响和学生的关系？

总体概括一下自身的优势与劣势。

4. 成长环境的分析

分析成长环境，是为了了解环境对自己成长有哪些有利因素或不利因素，以便确定自己的职业目标和成长途径。

（1）社会环境。我们所处的时代对自身职业和工作提出了哪些要求？提供了哪些条件？提出了哪些挑战？带来了哪些机遇？这样的环境对自己的工作和发展有什么样的影响？

（2）幼儿园环境及发展机会。你所处的幼儿园是一所什么类型、水平的幼儿园？这些对你的专业成长有哪些有利条件和不利条件？对有利条件，你是否充分地利用了？对不利条件，你能否克服和避免？目前你该如何利用这些因素促进自己的职业发展？

5. 成长历程的反思

成长历程的反思，有助于增强自己的生涯意识、成长意识、发展意识，有助于了解自己已取得的成绩和存在的不足，了解自己所处的成长阶段。

反思的内容可以包括：我在幼儿园教师中的位置如何？我的成长历程已经经过了几个阶段？这几个阶段各自解决了什么问题？有哪些成长的经验？还有哪些成长的问题和障碍？有哪些关键性因素影响了自己的成长？

自我反思的方法可以包括：教育日记；学生活动作品检查；参观考察与观摩；成长自传等。

（三）充分了解他人对自己的评价

从他人那里获得自身发展状况的评价，往往具有一定的客观性。自我认知和他人评价一般要综合考虑，以便做好专业发展规划。一般获取的途径如下：

（1）教学同行（教研员和区内其他同行、幼儿园同行）的评价，可采取对话形式获取。

（2）同级班际其他幼儿园教师的评价，可采取对话访谈形式获取。

（3）幼儿园和主管领导的评价，可通过对话、日常会议评价、年度总结评语等形式获取。

（4）学生家长的评价，可采取问卷调查表、学生家长座谈会等形式获取。

（四）建立和忠诚愿景

长期目标（可从教育、教学活动、教科研方面谈起，也可从在幼儿园中的位置谈起）：

（1）教育方面。比如成为"良好的班级管理者"：在班级的管理，学生的引导、补救教学，师生关系融洽、学习效果提升等方面形成专长。

（2）教学活动方面。比如成为"课程与教学专家"：幼儿园教师对某一课程的发展、教材的编写有独到的成就，或是对于所教学的某一领域知识点的教学活动方法改良有自己的心得，加以钻研。

（3）教科研方面。比如成为某一领域或项目专家：如学科教学活动（语言、数学、音乐、美工、社会）、信息、视听媒体、球类等。

（4）其他方面。在人际交往、其他任职方面是否有专长或发展机会？

总的来说，专业成功类型包括：教学成绩突出型、深受学生喜爱型、学者研究型、才华展示型、管理强势型、开拓进取型等。

专业成功层次：例如：成为园级、市级学科带头人，优秀幼儿园教师等。

教学目标：如成为幼儿园学科骨干幼儿园教师。

教育管理目标：如成为市级优秀班级负责人。

教科研目标：如论文发表、课题获奖数量。

强势项目目标：如成为市级学科带头人。

学习目标：如专业知识学习、教育教学理论学习、管理理论学习等。

其他目标：如做班主任、教研组长、年级组长、备课组长、入党、班子成员、副园长、业务园长等；争做优秀党员、先进教育工作者、三八红旗手等。

（五）职业发展目标与行动策略

在规划具体的奋斗目标时，建议用数字来说明自己到底要达到什么目标，三年内有什么目标，2010 年有什么目标等；看书，看几本，看什么；上课，上什么级别什么性质的课；参加教坛新秀评比，争取获得什么成绩；写论文，几篇，是否发表论文，什么时间发表什么级别的论文。短期目标要小，越容易达到越好。

三年目标：

（1）教育方面（可以有一些量化的目标）。

（2）教学方面（可以有一些量化的目标）。

（3）教科研方面（可以有一些量化的目标）。

（4）其他方面（在人际交往、其他任职方面是否有发展目标）。

幼儿园教师专业发展规划是对幼儿园教师专业发展的各方面和各个阶段进行的设想和规划。它包括各专业素养的具体目标设计、成长阶段的设计以及所要采取的措施等方面。在此我们首先要明确教师发展具有阶段性和连续性的特点。根据教师阶段发展理论把幼儿园教师专业发展大致分为适应期即新手教师阶段、迅速发展和稳定阶段、停滞和退缩阶段、持续成长阶段这四个阶段并分别阐述了这些阶段教师的特点。我们还依据《幼儿园教师专业新标准》来确定教师专业发展的主要内容并以此为依据来进行专业发展规划的前期分析。

参 考 文 献

［1］ 顾荣芳. 新手到专家——幼儿教师专业成长研究［M］. 北京：北京师范大学出版社，2007.

［2］ 刘德恩，包昆锦. 职业生涯规划：学习就业与创业指导实操［M］. 北京：北京师范大学出版社，2006.

［3］ 肖川. 教师的幸福人生与专业成长［M］. 北京：新华出版社，2008.

［4］ 杨翠荣. 教师专业发展：专长的视野［M］. 北京：教育科学出版社，2009.

［5］ 朱训林. 教你成为专家型教师［M］. 长春：东北师范大学出版社，2010.

［6］ 张燕. 幼儿教师专业发展［M］. 北京：北京师范大学出版社，2006.

［7］ 李生兰. 学前教育学［M］. 上海：华东师范大学出版社，2006.

［8］ 吴玲，葛金国. 幼儿教师专业成长［M］. 上海：华东师范大学出版社，2013.

［9］ 余新. 教师培训师专业修炼［M］. 北京：教育科学出版社，2012.

［10］ 鄢超云. 学前教育评价［M］. 北京：高等教育出版社，2010.

［11］ 王素珍. 幼儿教师口语训练教程［M］. 上海：复旦大学出版社，2013.

［12］ 李生兰. 学期教育学［M］. 上海：华东师范大学出版社，2006.

［13］ 中国就业培训技术指导中心组织：保育员［M］. 北京：中国劳动社会保障出版社，2011.

［14］ 屈玉霞. 幼儿园经营与管理［M］. 北京：科学出版社，2007.

［15］ 蔡秀萍. 幼儿园探究式环境创设［M］. 北京：北京师范大学出版集团，2013.

［16］ 蔡伟忠. 幼儿园教师实用手册［M］. 北京：农村读物出版社，2010.

［17］ Rebeccat, Isbell Shirley C，Raines. 幼儿创造力与艺术教育［M］. 王工

斌，杨彦捷，王景瑶，顾理澜，张丽娟等，译．北京：北京师范大学出版集团，2012.

[18] 项家庆．幼儿教师的十大教学技能及训练［M］．天津：北天津出版传媒集团，2012.

[19] 郑健成．学前教育学［M］．上海：复旦大学出版社，2007.

[20] 张燕．学期教育管理学［M］．北京：北京师范大学出版社，2009.

[21] 吴超伦．幼儿园一日活动的探索与实践：保教结合操作手册［M］．上海：科学技术出版社，2013.

[22] 顾兴义．教师的知识结构［M］．广州：广东教育出版社，1993.

[23] 于漪．现代教师学概论［M］．上海：上海教育出版社，2001.

[24] 叶澜．教师角色与教师发展新探［M］．北京：教育科学出版社，2001.

[25] 沙朗·卑尔根．专业幼儿教师培训指南［M］．李淑芳，寇丽娟，刘莉，沈凌玉，译．北京：北京师范大学出版社，2013.

[26] 刘启艳．语文微格教学［M］．贵阳：贵州人民出版社，2000.

[27] 杨连明．现代教师教育——专业引领案例评析［M］．上海：上科学技术文献出版社，2006.

[28] 庞丽娟．新纲要与幼儿园教师专业素质，幼儿园教育指导纲要解读［M］．南京：江苏教育出版社，2002.

[29] 步社民．幼儿园教师成长论［M］．北京：新时代出版社，2005.

[30] 陈娟娟，等．新手老师上路啰——幼儿教师入门必读［M］．南京：南京师范大学出版社，2003.

[31] 朱家雄，张亚军．给幼儿教师的建议［M］．上海：华东师范大学出版社，2010.

[32] 谭日辉．当前幼儿教师职业认同存在的问题、原因分析及其提高策略［J］．学前教育研究，2009（12）．

[33] 易凌云．美国优秀幼儿教师专业标准及其启示［J］．学前教育研究，2008（10）．

[34] 张元．试析幼儿教师专业化的特征及其实现途径［J］．学前教育研究，2003（1）．

[35] 吴荔红．试析影响幼儿教师专业成长的核心因素［J］．学前教育研究，2005（9）．

[36] 陈向明，王志明．义务教育阶段教师培训调查：现状、问题与建议［J］．开放教育研究，2013（19）．

[37] 林媛媛，张克明．贫困地区幼儿教师培训状况与发展建议［J］．学前教育研究，2012（1）．

[38] 秦奕．幼儿园教师反思的核心：问题意识情境［J］．上海教育科研，2006（6）．

[39] 苏贵民．经验、反思与教师专业发展之间的关系［J］．教育理论与实践，2008（12）．

[40] 赵思林，彭家寅，潘超．"导一研一行"教师培训模式与实践［J］．内江师范学院学报，2012，27（8）．

[41] 张二庆，王秀红．我国教师培训中存在的主要问题及其分析——以"国培计划"为例［J］．湖南师范大学教育科学学报，2012，11（4）．

[42] 刘亮．胜任力视阈下幼儿教师语言素养提升路径探究［J］．赤峰学院学报（汉文哲学社会科学版），2015．

[43] 逢红晶．幼儿教师语言表达存在的问题及对策［J］．科教导刊，2015（下）．

[44] 袁爱玲．精神环境的营造与幼儿积极心态的形成［J］．山东教育，2003（3）．

[45] 李梅．关于提高保教质量的一点思考［J］．南北桥教育研究学刊，2013（10）．

[46] 刘彦华．中国幼儿教师职业道德的回顾与前瞻［J］．学前教育研究，2002．

[47] 刘启艳．论教师教育的内涵及必然性［J］．贵州教育学院学报，2003（5）．

[48] 秦金亮．以"全实践"理念引领幼儿教师专业成长［J］．教师教育研究，2005（5）．

[49] 陈琴，庞丽娟，许晓晖．论教师专业化［J］．高等师范教育研究，2002（6）．

[50] 李生兰．农村幼儿教育的流弊及发展研究［J］．江西教育科研，1995（2）．

[51] 张福建．论教师专业化的实现途径［J］．教育评论，2003（3）．

［52］诚钧．我国教师专业发展研究综述［J］.课程·教材·教法，2004（12）.

［53］钟启泉．教师"专业化"：理念、制度、课题［J］.教育研究，2001（12）.

［54］张元．试析幼儿教师专业化的特征及其实现途径［J］.学前教育研究，2003（1）.

［55］李焕稳．促进幼儿教师专业化的实践探索［J］.学前教育研究，2003（10）.

［56］赵芙蓉．幼儿教师的素质与修养［J］.教育实践与研究，2001（7）.

［57］康建琴．幼儿教师专业能力标准框架的初步构建［J］.继续教育研究，2007（3）.

［58］冯晓霞．幼儿教育应立足于儿童生的可持续发展［J］.人民教育，2002（6）.

［59］杜少玉，吴荔红．幼儿教师的继续教育［J］.学前教育研究，1994（3）.

［60］黄绍文．幼儿教师专业发展的现实困境［J］.学前教育研究，2006（6）.

［61］冯晓霞，蔡迎旗．我国幼儿因教师队伍现状分析与政策建议［J］.人民教育，2007（11）.

［62］李焕稳．教育行动研究是幼儿教师成长的重要途径［J］.天津师范大学学报（基础教育版），2002（12）.

［63］何锋．反思能力——幼儿教师专业发展的核心元素［J］.教育导刊，2005（11）.

［64］朱家雄．幼儿园教师专业成长的途径——基于行动的幼儿园园本教研［J］.早期教育，2004（10）.

［65］刘红喜．园本教研与教师专业成长［J］.学前教育研究，2008（9）.

［66］张婕，朱家雄．在反思中成长——论怎样开展基于行动的园本教研［J］.幼儿教育，2005（21）.

［67］向小荚，姜勇．博客——教师专业发展的新途径［J］.教学与管理，2006（8）.

［68］顾荣芳．论幼儿园教师专业成长的本质［J］.幼儿教育，2005（3）.

［69］刘占兰．让教师在参与式培训中主动发展与提高［J］.学前教育，2003（3）.

[70] 朱家雄．幼儿园园本教研刍议 [J]．教育导刊，2006（6）.

[71] 陈世滨．农村教师专业成长：困境与出路 [J]．中国农村教育，2007
（1）.

[72] 刘洁．试析影响教师专业发展的基本因素 [J]．东北师大学报（哲学社
会科学版），2004（6）.

[73] 陈剑光．教师资格证是教师专业化的起点 [J]．继续教育研究，2004
（1）.

[74] 冯君．幼儿教师专业化发展途径与方法的行动研究 [J]．黑龙江教育学
院学报，2009（8）.

[75] 王建军．我国城市小学教师专业发展途径与效果的调查研究 [J]．上海
教育科研，2008（3）.

[76] 余文森．自我反思、同伴互助、专业引领——以校为本的教学研究的三
个基本要素 [J]．黑龙江教育，2003（10）.

[77] 殷洁．幼儿教师专业发展个案研究 [D]．西南师范大学硕士学位论文，
2005.

[78] 杨宏伟．临洗县农村幼儿教师继续教育问题的调查研究 [D]．兰州：西
北师范大学，2003.

[79] 郭海燕．农村幼儿教师专业发展的现状研究 [D]．重庆：西南大学，
2006.

[80] 罗亚琅．幼儿园特级教师专业成长研究 [D]．南京：南京师范大学，
2004.

[81] 刘严．幼儿园本位的教师培养的理论与实践 [D]．上海：华东师范大
学，2005.

[82] 徐春华．中学教师专业发展的途径研究 [D]．上海：上海师范大学，
2006.

[83] 唐敏芳．中学英语专家型教师专业发展途径研究 [D]．上海：华东师范
大学，2006.

[84] 钟桃英．四川省中等职业学校教师专业发展途径探析 [D]．成都：四川
师范大学，2008.

[85] 李青云．论高中英语教师职业素养的在职发展途径 [D]．武汉：华中师
范大学，2006.

[86] 赖映红. 幼儿园园本教研的特点与存在问题研究 [D]. 长春：东北师范大学，2007.

[87] 孟霞光. 校本教研：教师专业发展的有效途径 [D]. 济南：山东师范大学，2005.

[88] 逄明波. 校本教研中教师同伴互助问题研究 [D]. 长春：东北师范大学，2009.

[89] 周丹. 校本教研中的教师共同体建构 [D]. 南京：南京师范大学，2008.

[90] 张强. "师徒制"与新教师专业发展的个案研究 [D]. 上海：华东师范大学，2009.

[91] 池春燕. 教师专业发展背景下的师徒制研究 [D]. 上海：华东师范大学，2007.

[92] 孟霞光. 校本教研：教师专业发展的有效途径 [D]. 济南：山东师范大学，2005.

[93] 逄明波. 校本教研中教师同伴互助问题研究 [D]. 长春：东北师范大学，2009.

[95] 周丹. 校本教研中的教师共同体建构 [D]. 南京：南京师范大学，2008.

[96] 张强. "师徒制"与新教师专业发展的个案研究 [D]. 上海：华东师范大学，2009.

[97] 池春燕，教师专业发展背景下的师徒制研究 [D]. 上海：华东师范大学，2007.